Israel e Judá no período bíblico

COLEÇÃO JUDAÍSMO E CRISTIANISMO

I. O Ciclo de Leituras da Torah na Sinagoga
   Pe. Fernando Gross

II. Jesus fala com Israel: uma leitura judaica de parábolas de Jesus
   Rabino Philippe Haddad

III. Convidados ao banquete nupcial: uma leitura de parábolas nos Evangelhos e na tradição judaica
   Pe. Dr. Donizete Luiz Ribeiro, nds

IV. Jubileu de ouro do Diálogo Católico-Judaico: primeiros frutos e novos desafios, 2ª EDIÇÃO
   Organizadores: Donizete Luiz Ribeiro, nds; Marivan Soares Ramos

V. Pai Nosso – Avinu Shebashamayim: uma leitura judaica da oração de Jesus
   Rabino Philippe Haddad

VI. As relações entre judeus e cristãos a partir do Evangelho de São João.
   Pe. Manoel Miranda, nds

VII. Introdução à leitura judaica da Escritura
   Irmã Anne Avril, nds e ir. Pierre Lenhardt, nds

VIII. A Unidade da Trindade: A escuta da tradição de Israel na Igreja.
   Ir. Pierre Lenhardt, nds

IX. Por trás das Escrituras. Uma introdução a exegese judaica e cristã
   Prof. Marivan Soares Ramos

X. Judaísmo simplesmente
   Irmã Dominique de La Maisonneuve, nds

XI. As Sagradas Escrituras explicadas através da genialidade de Rashi
   Ir. Elio Passeto, nds

XII. À Escuta de Israel, na Igreja. Tomo I
   Ir. Pierre Lenhardt, nds

XIII. A Trilogia Social: estrangeiro, órfão e viúva no Deuteronômio e sua recepção na Mishná
   Pe. Antônio Carlos Frizzo

XIV. À Escuta de Israel, na Igreja. Tomo II
   Ir. Pierre Lenhardt, nds

XV. Uma vida cristã à escuta de Israel
   Ir. Pierre Lenhardt, nds

XVI. O ciclo das festas bíblicas na Escritura e na Tradição judaico-cristãs.
   Pe. Manoel Miranda, nds e Marivan Ramos

XVII. Fraternidade ou a Revolução do Perdão
   Rabino Philippe Haddad

XVIII. Escritura e Tradição: Ensaios sobre o Midrash
   Renée Bloch

XIX. Jesus, o Mestre entre os sábios
   Marivan Soares Ramos e Márcio M. Matos

XX. Como Jesus lia a Torá: sair do mal-entendido entre Jesus e os fariseus
   Rabino Philippe Haddad

XXI. Deus, um homem, uma mulher e uma serpente
   Rabino Philippe Haddad

XXII. A justiça de Tamar. Estudo exegético de Gênesis 38.
   Francisca Cirlena Cunha Oliveira Suzuki

XXIII. Israel e Judá no período bíblico. Memórias de um povo em peregrinação de fé
   Donizete Scardelai

Donizete Scardelai

Israel e Judá no período bíblico
Memórias de um povo em peregrinação de fé:
Religião, sociedade e política com incursões na arqueologia bíblica

1ª edição
São Paulo – 2024

Edições Fons Sapientiae
um selo da Distribuidora Loyola

Direitos:	© Copyright 2024 – 1ª edição, 2024 – CCDEJ/FASI - Religiosos de N.S. de Sion
ISBN:	978-65-86085-44-0
Fundador:	Jair Canizela (1941-2016)
Diretor Geral:	Vitor Tavares
Conselho Editorial e Consultivo:	Dr. Donizete Luiz Ribeiro, CCDEJ e PUCRIO Dr. Donizete Scardelai, PUCCampinas Dr. Jarbas Vargas Nascimento, PUCSP Dr. Ruben Sternschein, CIP Dr. Fernando Gross, CCDEJ e PUCSP Me. Elio Passeto Me. Manoel Ferreira de Miranda Neto Me. Marivan Soares Ramos
Prefácio:	Moshe Orfali
Revisão:	Equipe do CCDEJ/FASI-SP
Capa e diagramação:	Telma Custódio
Imagem de capa:	James Tissot (1836-1902)

Dados Internacionais de Catalogação na Publicação (CIP)
(Câmara Brasileira do Livro, SP, Brasil)

```
Scardelai, Donizete
    Israel e Judá no período bíblico : memórias de
um povo em peregrinação de fé : religião, sociedade
e política com incursões na arqueologia bíblica /
Donizete Scardelai. -- 1. ed. -- São Paulo :
Edições Fons Sapientiae, 2024. -- (Coleção
judaísmo e cristianismo)

    Bibliografia.
    ISBN 978-65-86085-44-0

    1. Antigo testamento - Pentateuco 2. Arqueologia
3. Israel - História 4. Israel - Política e governo
5. Israel - Religião 6. Judaísmo - História
I. Título II. Série.

24-230523                                      CDD-933
```

Índices para catálogo sistemático:

1. Israel : História antiga   933

Aline Graziele Benitez - Bibliotecária - CRB-1/3129

Acesse a loja virtual para adquirir os livros:
https://loja.sion.org.br | www.livrarialoyola.com.br

Edições Fons Sapientiae
é um selo da Distribuidora Loyola de Livros
Rua Lopes Coutinho, 74 – Belenzinho 03054-010 São Paulo – SP
T 55 11 3322 0100 | editorial@FonsSapientiae.com.br
www.FonsSapientiae.com.br

Todos os direitos reservados. Nenhuma parte desta obra pode ser reproduzida ou transmitida por qualquer forma ou quaisquer meios (eletrônico ou mecânico, incluindo fotocópias e gravação) ou arquivada em qualquer sistema ou banco de dados sem permissão escrita

Coleção
"Judaísmo e Cristianismo"

O Centro Cristão de Estudos Judaicos – CCDEJ (http://ccdej.org.br), dirigido pelos Religiosos de Nossa Senhora de Sion e mantido pelo Instituto Theodoro Ratisbonne, com a colaboração de associados cristãos e judeus, no espírito suscitado pela Declaração da Igreja Católica *Nostra Aetate* e suas ulteriores aplicações e desenvolvimentos, apresenta a coleção intitulada "Judaísmo e Cristianismo".

O objetivo desta coleção, ao publicar textos originais e traduções, é cultivar o conhecimento mútuo entre judeus e cristãos. Queremos, com isso, valorizar o enraizamento judaico das Sagradas Escrituras e o diálogo entre judeus e cristãos com base no "patrimônio espiritual comum". Que esta coleção possa produzir cada vez mais frutos. Nisto consiste a vocação e o carisma de Sion na Igreja a serviço do Povo de Deus.

Por meio desta Coleção "Judaísmo e Cristianismo", o CCDEJ, junto com a Distribuidora Loyola/Edições Fons Sapientiae, apresentará pouco a pouco o pensamento e ação de alguns autores que contribuem para a difusão da Tradição de Israel e da Igreja. São João Paulo II confirmou o ensinamento dos Bispos da Alemanha, quando afirmou "quem se encontra com Jesus Cristo encontra-se com o Judaísmo"; e o mestre judeu Chalom Ben Horin dizia "a fé de Jesus nos une e a fé em Jesus nos separa".

Que esta coleção "Judaísmo e Cristianismo", graças, sobretudo ao "*e*", possa de fato significar e transmitir o "patrimônio comum", pela mútua estima, escuta da Palavra viva e diálogo fraterno.

Pe. Dr. Donizete Luiz Ribeiro, NDS
(Diretor Acadêmico do CCDEJ)

Sr. Jair Canizela *(in Memoriam)*
(Diretor Geral da Distribuidora Loyola)

"Uma história de Israel que não seja de alguma maneira também uma história de sua fé não é nem significativa nem possível"
(John BRIGHT)

Sumário

PREFÁCIO 11

INTRODUÇÃO 15

CAPÍTULO I
HISTÓRIA E CIÊNCIAS AFINS 23
    1.1 Linha do tempo: Breve esboço do Israel bíblico no curso histórico 23
    1.2 Historiografia e arqueologia: Origem e formação do Israel bíblico 26
    1.3 Os limites do rigor historiográfico. 30
    1.4 Hebreu, Israelita e Judeu: Questão semântica 37
    1.5 Narrativas da criação no Gênesis sob o olhar mítico 40

CAPÍTULO II
CONCEITOS-CHAVE NA TEOLOGIA DO ISRAEL BÍBLICO 49
    2.1 História Deuteronomista 49
    2.2 Cronista: uma revisão da história 54

CAPÍTULO III
PRÉ-HISTÓRIA 57
    3.1 Histórias de fundação 57
    3.2 Sagas: Noé e os patriarcas 59
    3.3 Canaã ou Palestina? 71
    3.4 Histórias de origem no Êxodo: 'habiru' e 'hebreu' 73
    3.5 Jacó e 'Israel': narrativas sobre migrações 77

CAPÍTULO IV
ÊXODO 81
    4.1 Moisés e a libertação dos hebreus 81

CAPÍTULO V
CANAÃ E O PERÍODO TRIBAL 91
    5.1 Josué e as Doze Tribos 91
    5.2 Juízes 96

CAPÍTULO VI
MONARQUIA UNIDA 107
    6.1 As origens da monarquia com Saul 107

    6.2 O trono e a realeza de Davi 110
    6.3 Salomão, o sucessor 116

CAPÍTULO VII
O REINO DIVIDIDO 123
    7.1 Os dois reinos: reis, rainhas e profetas 123
    7.2 As primeiras crises políticas 128
    7.3 Atalia: inflexão no curso monárquico (841-835) 136
    7.4 Ruína de Israel-norte e o profetismo 139
    7.5 Reino de Judá 144
    7.6 Josias e o mito da unidade nacional 146
    7.7 Reis reformadores em Judá e a propaganda monárquica 149
    7.8 1–2Crônicas: breve ponderação sobre o anacronismo nas fontes 157

CAPÍTULO VIII
PROFETAS E PROFETISMO EM ISRAEL 161
    8.1 Moisés: paradigma do profeta na Bíblia 164

CAPÍTULO IX
EXÍLIO BABILÔNICO E O SEGUNDO TEMPLO 179
    9.1 Significado e contribuição cultural do Exílio 183
    9.2 Projetos de reconstrução e a vida na diáspora 192
    9.3 Judaísmo até o final do Segundo Templo 196
    9.4 Samaritanos 200

CAPÍTULO X
JUDEIA SOB A DOMINAÇÃO GREGA 205
    10.1 Helenismo e dominação grega 205
    10.2 Ideais nacionalistas restaurados sob os macabeus 210
    10.3 A guerra macabaica e a ascensão dos hasmoneus 212
    10.4 Produção literária e as teologias produzidas durante o helenismo 217
    10.5 A ressurreição 222

CONCLUSÃO 227

REFERÊNCIAS 233

Prefácio

Este livro pode ser considerado um clássico por pelo menos três razões: porque propõe uma discussão historiográfica profunda de grande repercussão sobre a natureza da fé dos judeus, seu processo, fortaleza e dedicação, desde os Patriarcas a Moisés, desde os profetas até o começo da hegemonia do rabinismo, que definiu o judaísmo normativo; porque apresenta de modo proeminente a questão a respeito do povo de Israel na época bíblica e pós-bíblica, não apenas dos estratos superiores; porque constitui uma análise histórica das duas entidades geopolíticas, a saber, os reinos de Judá e Israel, que formavam um só povo vinculado a uma mesma fé, bem como os acontecimentos históricos, que configuraram o judaísmo tal como o conhecemos hoje.

Antes, porém, de dar sequência ao prefácio do livro é necessário apresentar, brevemente, seu autor. Professor de Sagradas Escrituras em faculdades de Teologia de São Paulo e Campinas, o doutor Scardelai possui uma longa trajetória de pesquisa científica centrada no estudo da história do povo judeu na antiguidade e no messianismo judeu nos tempos de Jesus. Entre suas publicações, frutos de cuidadosa busca, destacam-se as seguintes obras: *Movimentos messiânicos no tempo de Jesus* (1998); *Da religião bíblica ao judaísmo rabínico* (2008); *O escriba Esdras e o judaísmo* (2012) e, mais recentemente, em coautoria e parceria com Luiz Alexandre Solano Rossi, foi publicado o livro *Jesus, o messias dos pobres. Por uma teologia do messianismo libertador e integral* (2021). O livro que agora lhes apresentamos e que se publica na coleção "Judaísmo e Cristianismo", do CENTRO CRISTÃO DE ESTUDOS JUDAICOS (www.ccdej.org.br) em parceria com distribuidora Loyola/Edições *Fons Sapientiae*, é fruto de uma longa trajetória de pesquisa e docência acumulada por seu autor, como pode ser comprovado pelo leitor. Scardelai evita a tensão e opta pela serenidade em seu texto; trata-se de um estudioso versado e intuitivo, refinado e honesto, dotado de grande capacidade de síntese, além de tratar de relatos transcendentais que, para o deleite do leitor, redige com uma escrita atenta e fluida.

O livro apresenta em seu início, de maneira sintética, a história do povo de Israel e sua cronologia, desde o período bíblico até a revolta dos Macabeus (167-160 a.C.) contra o império selêucida e a influência helenística na vida e cultura do povo judeu. O enfoque metodológico que Scardelai utiliza é o mais adequado, dada a amplitude e a complexidade do tema que envolve Teologia e História. Isto o leva a utilizar respectivamente três fontes básicas que se complementam: Bíblia, descobertas arqueológicas e documentos do antigo Oriente Médio, fontes às quais também são acrescentadas referências a publicações científicas importantes. Há que se levar em conta que, do ponto de vista teológico, a religião bíblica parte do dado revelado monoteísta, javista, a fé em um Deus, que se manifesta a seu povo. Do ponto de vista histórico, esta mesma religião se encarna em um determinado contexto cultural, sofre adaptações e evolui em um processo de assimilação e purificação. O autor logra superar esta brecha, estabelecendo uma ponte entre Teologia e História, sem prejuízo de uma ou outra. É de se agradecer também os esclarecimentos e definições que dá a termos e vocábulos próprios, entre eles "hebreu", "israelita" e "judeu", sem se afastar de sua etimologia e do valor semântico próprio que circula entre os conhecedores da língua hebraica e do texto bíblico.

Da mesma forma, ocorre, quando trata das distintas tradições literárias bíblicas que os especialistas modernos conseguiram distinguir, a saber: "Javista", "Elohista", "Deuteronomista" e "Sacerdotal" e que o autor denomina 'teologias'. Trata-se das tradições literárias clássicas do Antigo Testamento, cujos textos se entrecruzam, como quatro fios condutores narrativos de diferentes cores para formar um só tecido bíblico. Ainda que estas tradições e/ou teologias tenham sido transmitidas oralmente e em diferentes lugares e épocas, chegaram a modelar um grande cenário de teofania definitiva: o da Revelação que Deus faz de si mesmo aos homens ao longo da história de seu povo eleito: Israel.

Com efeito, nos espaços dramáticos (*escénicos*) e nos momentos deste grande acontecimento é onde e quando se desenvolve a forja da fé judaica, sujeita às mesmas tradições literárias. Dois daqueles espaços geopolíticos

■ Prefácio ■

– Reinos de Israel e de Judá – são tratados neste livro com a respectiva dedicação que delimita com clareza seu título. De sua abordagem, conclui-se que o colapso do reino de Israel e o fortalecimento do reino de Judá, a abolição dos sacrifícios e o fortalecimento do *status* de Jerusalém constituem os fatores, que contribuíram para a configuração do judaísmo para sempre. E naquele cenário de fundo da história judia, dramas políticos e o Livro da Aliança, que havia sido encontrado no templo de Jerusalém, texto cujo núcleo original e a parte fundamental do *Deuteronômio* 12-26 deve ter servido de base à reforma cultual de Josias (621 a.C.), deu lugar a um renascimento da fé judaica, terminou com a influência das religiões cananeia e assíria e centralizou o culto purificado no templo de Jerusalém. Este movimento vigoroso de restauração, levado a cabo pelos sacerdotes e levitas, possivelmente também por profetas, segundo especialistas, transmitiram a consciência da eleição privilegiada de Israel, nos termos de uma aliança amorosa estabelecida pelo Senhor (Iahweh), que fez com eles, "povo eleito", para ser depositário e fiador da revelação ou concessão de Deus ao homem.

Contemplando a tortuosa jornada de Israel e Judá pelos caminhos da fé que Scardelai narra em seu livro, despontam várias mensagens teologais comuns a judeus e cristãos, com destaque para a preponderância moral, que torna notório o nulo valor cultual, se não se cumprem os mandamentos morais nem se pratica a justiça social. Cumprindo, dessa forma, a experiência vital do Israel bíblico e seu aprofundamento no conhecimento de Deus terá, desta maneira, valor perene para todos nós, judeus e cristãos.

Moisés Orfali
Catedrático de História do Povo Judeu
Universidade de Bar-Ilan (Israel)
Membro Correspondente da Real Academia Espanhola de História

Introdução

Israel e Judá, hebreus, israelitas e judeus são conceitos equivalentes dentro do universo bíblico? Para além da esfera semântica, quando, como e por que essas expressões assumiram contornos próprios? Em que momento houve inflexão entre elas, se é que é possível determinar? No horizonte histórico bíblico, o pêndulo oscila na tênue fronteira entre o sagrado e o profano, monoteísmo *javista* e religiões pagãs, passado e presente, entre o eterno e o efêmero.

Livros e manuais de Teologia costumam trazer no título *História de Israel* quase que um postulado obrigatório, para discorrer sobre o universo bíblico em chave histórico-diacrônica, um curso cronológico que vai das origens abraâmicas aos macabeus. O problema é que esse 'Israel bíblico' pode também estar associado a um construto teológico, um conceito idealizado e, por que não dizer, romantizado da religião bíblica, usado para justificar camadas sobrepostas num curso histórico evolutivo mais ou menos linear e passivo, desde os tempos primitivos do mundo patriarcal até a plenitude, com Jesus e o cristianismo. Uma visão, assim, evolutiva e linear da religião bíblica, não resiste a um estudo crítico e falha ao subestimar as tensões sociopolíticas, que marcaram a relação de forças entre os antigos Israel e Judá, interfaces de uma história marcada por conflitos e desacordos. Por mais que agentes políticos ou religiosos influentes, reis e clero, tenham tentado instrumentalizar a religião para legitimar o poder, no fim eles não prevaleceram graças ao profetismo, que circula nos fundamentos éticos da religião bíblica. Israel constitui o lugar geográfico por excelência, no qual a religião bíblica teve origem histórica e foi edificada. No entanto, coube aos escribas judaítas formular os fundamentos ideológicos, que garantiriam a identidade de povo eleito, restabelecendo os elos com o conturbado passado israelita, integrando-o à história judaica.

Este livro avalia Israel e Judá como duas nações politicamente autônomas em suas origens, estados independentes, que protagonizaram intensa rivalidade decorrente de crises geradas na monarquia e que levaram ao cisma político, no séc. X a.C.. De um lado, escritores bíblicos judaítas deram eco a essa rivalidade, fazendo prevalecer o tom hostil dirigido contra Israel-norte, cujos dirigentes são acusados de praticar idolatria (cf. 1-2Reis); de outro, paradoxalmente, parece ter havido um esforço em conciliar as duas histórias, como que duas faces de uma mesma moeda em que uma não existe sem a outra. É o que sugere a história do antigo Israel ter sido preservada, adotada e incorporada na Judá pós-exílica. Nesse processo de convergência e interação cultural, Israel teria sido esquecido não tivessem os escribas judaítas o absorvido em suas tradições, da mesma forma que Judá/judaísmo teria sua identidade comprometida, se o antigo Israel lhe fosse negado como parte indissociável da história. Pensar no judaísmo sem o passado israelita seria como conceber uma construção religiosa sem alicerce. Essas breves observações convergem para um tratamento que transcende a religião bíblica como organismo monolítico sobre um passado estático e sem vida, ou ainda, um passado apresentado em narrativas preocupadas com um conjunto de doutrinas ou dogmas.

Ocupando o topo da literatura universal, a Bíblia também se impõe como uma das obras religiosas mais influentes no ocidente cristão, no que tange a normas comportamentais e códigos morais. A natureza essencialmente religiosa dessa obra antológica magnífica encontra-se entranhada numa rede de variáveis, não raro confusas e até desconexas, quando contrapostas ao mundo real de quem a lê. O universo bíblico original pressupõe o contexto histórico-social e cultural subjacente ao povo que a escreveu. Trata-se, portanto, de patrimônio cultural acumulado em gerações, reunido e organizado em camadas e gêneros literários também diversos. Além do universo, quase impenetrável, imposto pelo limite idiomático, o leitor ordinário da Bíblia ainda tem de enfrentar o abismo cultural que o separa em mais de dois milênios em relação aos escritores. Por um lado, existe um Israel que só poderá ser decifrado com base em conceitos e valores formulados nas línguas originais: hebraico e aramaico. Por outro lado, sabe-se que a Bíblia judaica, não sendo uma obra orgânica e estática, também recebeu influxos de outras culturas, séculos afora, que potencializaram sua expansão no ocidente romanizado, após o séc. IV a.e.c. Essa expansão seria improvável sem a língua grega, por exemplo.

Além do limite imposto pelo idioma, para se penetrar mais a fundo o universo israelita-judaico bíblico, ordinário, em seu horizonte histórico-cultural mais largo, impõe-se outro enorme esforço: Compreender judaísmo como 'judaísmos', no plural, em que pese o modo como as condições sócio-religiosas fluidas e diversificadas marcam o período do Segundo Templo e impedem conceber o judaísmo tanto como ortodoxia formal, quanto como matriz religiosa plenamente definida antes da ascensão dos sábios rabis.[1] Estudos sobre o contexto original de Jesus, por exemplo, mostram que ele e seus discípulos galileus eram judeus praticantes, como tantos outros, não obstante pouco afeitos a uma ortodoxia religiosa definida. Após o séc. II a.e.c. houve um deslocamento demográfico, compreendido como intensa atividade missionária junto à gentilidade e que levou ao afastamento crescente das origens judaico-palestinenses em que estava inserida a primeira geração de judeu-cristãos. Essas e outras transformações e até rupturas entre os judeus no séc. I e.c. ilustram o que foi o período do Segundo Templo, não apenas um tempo cronológico senão como travessia existencial de resistência, que levou o povo judeu a construir a própria identidade em meio a dissidências.

Numa perspectiva diacrônica, o Israel bíblico subverte a ordem cronológico-linear convencionalmente aplicada à história, dado que o objeto principal dessa trajetória se confunde com a construção da fé. São tradições orais moldadas por leituras teológicas num grande empreendimento literário, organizado por escribas judeus, que haviam passado pelo exílio (*bnei ha-golá*). O regime da Torá deu amparo à existência religiosa e constituição social ao povo judeu, o 'novo' Israel emergente após o exílio. Nessa ótica, o sagrado e o profano se confundem, religião e secularismo se encontram, convivem e até divergem sob tensões permanentes até os dias atuais.

---

[1] Uma obra de referência que explora essas variedades de judaísmos, ou "judaísmo intermediário", é Gabriele BOCCACCINI, *Além da hipótese essência*, São Paulo, Paulus, 2010.

Em relação ao cristianismo ocidental tardio, um grande e quase intransponível abismo o separa do Israel originário. Essa premissa tende a se tornar um problema, quando o intérprete cristão se nega a reconhecer em Jesus um judeu do século I, homem que viveu segundo os preceitos religiosos ensinados por pais também judeus. Alienar Jesus de seu povo tende a transformá-lo no fundador de uma nova religião, ou seita, algo historicamente anacrônico, para dizer o mínimo. Sob pretexto dessa retórica, repúblicas democráticas, estados monárquicos absolutistas, ditaduras militares autoritárias e estados totalitários de toda sorte no curso histórico moderno e contemporâneo, pleiteiam valores supostamente 'cristãos'. Não raro, fundamentalistas sequestram fragmentos da Bíblia, para legitimar poderes arbitrários sob pretexto de inspiração religiosa. Estudos sobre o Israel bíblico, sobretudo desenvolvidos nos últimos tempos, têm contribuído para superar leituras superficiais, que tendem a desaguar em fundamentalismos. Dentre os desafios desse trabalho destaca-se o protagonismo do Israel bíblico como pré-requisito, condição *sine qua non* para superar uma teologia construída com sobressaltos históricos e anacrônicos.

A religião do Israel bíblico deixou monumental legado humanitário ao ocidente cristão. A literatura profética, de modo geral, revela o excepcional engajamento dos profetas na defesa da ética na política. Como guardiões dos compromissos éticos assumidos por Israel a Deus, os profetas se apresentam como principais defensores da justiça social. Denunciam o desamparo e o abandono dos mais pobres, desprezados pelas classes ricas, situação agravada, sobremaneira, após o advento da monarquia. Os profetas concebiam Israel como organismo social vivo, existencial. Uma indagação incômoda, persistente atualmente, parece ecoar o mesmo drama milenar: Qual a relevância da ética para o poder econômico sem escrúpulo, gerador de exclusão e potencialmente legitimado pelos textos da Escritura? Com efeito, profetas do antigo Israel reagiram, com veemência, contra a exclusão social, que condenava órfãos e viúvas à marginalidade. A Teologia da Prosperidade, excrescência que persiste e impulsiona o rentável comércio religioso nos templos contemporâneos, com seus 'vendilhões', não passou despercebida por profetas do calibre de um Jeremias (Jr 17,1-11) ou Oseias (Os 6,6).

■ Introdução ■

É pertinente a constatação feita por um renomado biblista, que carrega em seu bojo uma triste realidade:

> A Bíblia contribuiu para a violência no mundo precisamente porque se considerava que ela conferia um grau de certeza que transcende toda discussão e argumentação humana. Talvez a coisa mais construtiva que um crítico bíblico pode fazer para diminuir a contribuição da Bíblia para a violência no mundo é mostrar que tal certeza é uma ilusão (John J. COLLINS, 2006, p. 48).

Não parece exagero constatar aí certo fracasso humano, na medida em que o extremismo religioso tenha logrado êxito, ao reivindicar, por exemplo, a imposição de regras morais, comportamentais, em detrimento das virtudes éticas. Ignoram-se, facilmente, os compromissos assumidos por Israel na história, cujo enredo épico culminara na Aliança com IHWH, no Sinai. Essa história emerge condicionada à experiência fundante do Êxodo, sob a saga dos hebreus libertos da servidão egípcia. Ignorá-la significa negligenciar a força latente do maior evento que inspirou os escritores a exaltarem a soberania de Deus em Israel. No Êxodo, IHWH se apresenta a Moisés como Deus que liberta seu povo da escravidão (Ex 3). Em diálogo permanente com Israel na história, IHWH significa um Deus 'Presente' (*Eu serei o que serei*). Esse Deus libertador não se encontra mais lá em cima, nos céus, onde o humano não pode ser encontrado: "IHWH viu o sofrimento do povo, ouviu seu clamor e, por isso, desceu, a fim de salvá--lo da servidão" (Ex 3,7).

Há tempo, sinto-me motivado a rever a tradicional disciplina *História de Israel*, sob um novo formato, com foco numa história, desculpe-me a neologismo, 'teologizada'. Com efeito, mais do que um trabalho investigativo original e detalhado, esta obra não tem a pretensão de travar debates acalorados, evocados por escolas acadêmicas divergentes, nem trazer revelações bombásticas acerca dos últimos resultados científicos, muitos ainda incertos, no que tange à arqueologia, por exemplo. Não deixa de ser um manual, mas com questionamentos críticos sobre os novos rumos da pesquisa. Ao invés de me ater a debates e argumentações acadêmicos áridos sobre escolas arqueológicas divergentes, o interesse maior está em pinçar pontos relevantes e ao mesmo tempo objetivos, mais ou menos consolidados. Incursões breves na arqueologia, por sua vez, servem-se de matérias bibliográficas especializadas, visando a oferecer ao leitor/a breve aprofundamento sobre questões, que resistem ao debate e continuarão a fazê-lo nas próximas décadas. Como exemplo, menciono o renomado arqueólogo israelense contemporâneo, Israel FINKELSTEIN. Ele se autodeclara um meio-termo entre duas perspectivas antagônicas, muito comuns no meio acadêmico recente, popularmente denominadas 'minimalistas' e 'maximalistas'. Diz fazer parte de uma "visão de centro", que "preconiza uma atitude crítica tanto dos textos quanto da arqueologia".[2]

O conteúdo tratado não se reduz à historiografia, nem se limita a artefatos arqueológicos, que confirmem ou rejeitem narrativas bíblicas controversas. É, antes, uma honesta tentativa de traçar uma história 'teologizada' de Israel, tendo a Bíblia por base, assumida como principal fonte literária, polifônica, passível de (re)interpretações. Sua composição redacional, como é sabido no meio acadêmico, não constitui descrição do passado estático, dominado por uma ótica monolítica e linear. A linha temporal adotada em cada capítulo serve apenas de esboço metodológico visando a facilitar a cronologia em sentido minimamente ordenado.

Reconhecida sua complexidade literária, a Bíblia é fonte inspiradora que nos conduz ao Israel em sua essência. Constitui, pois, o pano de fundo contextual dos escribas empenhados em dar voz a todo o patrimônio cultural, dinâmico, variado e, não raramente, divergente entre um livro e outro. Esse trabalho é também um tributo às ciências modernas – história, sociologia, arqueologia – cujos pesquisadores/as contribuíram para uma necessária revisão e reformulação de paradigmas teológicos, envolvendo um universo tantas vezes aprisionado nos textos canônicos da Bíblia.

O livro está organizado em dez capítulos. Por considerar o tempo anterior ao advento do cristianismo, referências à história seguirão o padrão adotado nas abreviaturas a.e.c (antes da era comum) e e.c (depois da era comum), ao invés do tradicional aC e dC. O nome de Deus, impronunciável, transmitido no tetragrama das letras hebraicas *Iod, Hê, Vav, Hê*, será transcrito por IHWH.

---

[2] FINKELSTEIN-RÖMER, *Às origens da Torá*, Vozes, 2022, p. 17.

■ Introdução ■

Saliento que esse livro é uma síntese atualizada de quase três décadas de trabalho, tempo em que ministro disciplinas bíblicas em Faculdades de Teologia. A obra cobre o período do Primeiro Testamento, desde a assim chamada era patriarcal, ou Pré-História, até os Macabeus. Servi-me de anotações de aulas e cursos ministrados, complementados com fontes bibliográficas acadêmicas mais recentes.

Por fim, quero expressar minha profunda gratidão à Congregação dos Religiosos de Nossa Senhora de Sion. Guardo com carinho o generoso acolhimento da comunidade Sion, onde obtive o mais sólido alicerce para minha formação e estudos sobre Escritura e Judaísmo.

CAPÍTULO I
História e ciências afins

1.1 Linha do tempo: Breve esboço do Israel bíblico no curso histórico

É comum à maioria dos manuais de introdução ao antigo Israel, apresentar um plano mais ou menos linear, cronológico, para inferir os principais episódios espalhados desordenadamente nos livros sagrados. Mesmo reconhecidos os desafios para fixar ou estabelecer uma historiografia bíblica, sem se limitar a um roteiro linear isento de incertezas, o que se esboça abaixo objetiva seguir uma orientação cronológica plausível, a partir das principais etapas, numa visão panorâmica e sincrônica. Sem rigor historiográfico, essa configuração tem a ver com o padrão consagrado nos estudos bíblicos contemporâneos. Uma disposição sincrônica plausível contempla o seguinte quadro cronológico o qual, ao longo do livro, será subdivido em capítulos menores:

a) **Período patriarcal e matriarcal**. Referências bíblicas – Gn 12-50. Os primeiros onze capítulos do Gênesis se enquadram no gênero literário das narrativas de Criação, cujo fundo lendário emerge de outras culturas mesopotâmicas. O escritor bíblico sugere certo anacronismo, ao antecipar no relato sobre Noé que a sua geração é a que irá 'repovoar a terra'. Noé é apresentado como viticultor, dedicado ao cultivo da terra, quando terminou o diluvio (Gn 9,18ss).

b) **Organização das tribos e época dos Juízes** (tradições situadas no período entre 1200 e 1020 a.e.c). Referências bíblicas a esse tempo formativo e incertezas políticas perpassam os livros de Josué e Juízes (1200 a.e.c). As narrativas nesses livros encontram-se ambientadas em confronto militares, as lutas pela posse da terra de Canaã pelo povo hebreu libertado do Egito. Narram-se os dramas vividos por clãs invasores, os duros golpes sofridos durante as primeiras incursões na nova terra, bem como as hostilidades dos povos vizinhos. Tempo marcado pela falta de coesão política; mudança na forma de vida sedentária, impactada, sobretudo pela agricultura.

c) **A Monarquia Unida**. Surge a nova organização político-social – (1020 - 931 a.e.c): SAUL – entre 1020-1010 a.e.c; DAVI – entre 1010 e 971 a.e.c; SALOMÃO – entre 971 e 931 a.e.c. Principais fontes bíblicas: 1-2Samuel e 1Reis. O período de cada reinado foi cuidadosamente calculado para atender às pretensões teológicas do escrito Dtr. Não por mera coincidência, os reis Davi e Salomão, reinaram, cada um, quarenta anos (2Sm 5,3 e 1Rs 11,42).

d) **Cisma político-religioso, o reino dividido**. Reino de Judá-Sul: Duas tribos se mantêm fiéis à dinastia de Davi e Salomão até o exílio babilônico. Tempo de duração: 931-586; Reino de Israel-Norte: Dez tribos se rebelam contra Judá, após a morte de Salomão, resultando no processo cismático político-religioso. Tempo de duração: 931-722. Fontes bíblicas sobre o período: 1-2Reis. Trata-se de memórias recolhidas da tradição oral desprovidas de crítica política. Omitem-se, portanto, informações sobre decisões políticas dos governantes, para se prender em uma visão notadamente teológico-religiosa e ideológica sobre a monarquia. No viés teológico, por exemplo, a crítica à idolatria encontra em Jeroboão I o principal responsável pelo cisma político sofrido, após a morte de Salomão, memória recuperada em 1Rs 11,26ss e 12,26-33. A destruição de Jerusalém – capital de Judá – marca o início do exílio do povo judeu na Babilônia – 586 a.e.c. Jerusalém sofreu três invasões seguidas: 598, 586 e 582, informações registradas em Jr 52,28-30 e em 2Rs 24,10ss. Nabucodonosor, reis dos babilônios, leva parte da população para o cativeiro, mas os mais pobres permanecem em Judá: 2Rs 24,13ss.

e) **Exílio na Babilônia** (586-538): Principal acontecimento em Judá ocorrido durante a 2ª deportação, em 586 a.e.c. Nabucodonosor conquistou Jerusalém, destruiu a cidade, incendiou o templo e deportou muitos judeus para a Babilônia. Embora o período do Exílio seja escasso em informações e pouco documentado nas fontes bíblicas, foi um tempo assaz decisivo para a composição dos grupos sociais, que ressurgiriam durante e após a reconstrução de Jerusalém. Alguns grupos judeus pressupõem o seguinte quadro: 1 – Camponeses pobres que permaneceram na terra; 2 – Os que foram levados para a Babilônia: dignatários, notáveis, ferreiros e artífices (2Rs 24,13ss). Deu origem à elite intelectual e religiosa; 3 – Fugitivos para o Egito (Jeremias?). O reino do Norte, Israel, já havia desaparecido em 722 a.e.c, quando foi conquistado pelo rei da Assíria, Salmanasar V. Em seus 209 anos de existência, Israel-norte teve 19 reis em nove dinastias. Destes, sete ao todo, foram assassinados.

f) **Reconstrução, retorno e Pós-Exílio** (538-400). Volta dos judeus exilados: decreto de Ciro, rei da Pérsia – 538 (Is 45,1ss, Esd 1,1-4). Reorganização das comunidades: emerge o que será identificado mais tarde como Judaísmo; período particularmente dinâmico na literatura, no qual o Pentateuco foi concluído. Fontes bíblicas sobre o período, não obstante parciais, incluem Ageu e Zacarias, Esdras-Neemias e 1-2Crônicas. É difícil dizer, porém, até quando se estende esse processo literário.

g) **Diáspora** ("dispersão") **e a consolidação do judaísmo**: Período que se estende de Alexandre até a conquista de Jerusalém por Pompeu, em 63 a.e.c. Fontes bíblicas: 1-2Macabeus, Daniel e outros escritos de cunho sapiencial, especialmente Jó, Cântico, Eclesiastes e a tradução da *Septuaginta*. Judeus piedosos reagem às ofensas provocadas pela difusão da cultura grega às tradições religiosas judaicas. Choque cultural. A reação mais hostil aos gregos encontrou em Judas Macabeu seu maior representante, conforme as memórias transmitidas em 1-2Macabeus. Teologias do martírio (2Mc 7,1ss) e a Ressurreição dos mortos surgem nesse tempo (2Mc 7,9.14; 12,43b; Daniel 12,12-13).

1.2 Historiografia e arqueologia: Origem e formação do Israel bíblico

O presente livro não tem o objetivo de mensurar grau de confiança prestado pela arqueologia nos estudos bíblicos, como o título possa insinuar. Hoje, mais do que antes, se reconhece a inegável contribuição das ciências, sobretudo da arqueologia, nos estudos bíblicos, cujos resultados promovidos em estudos acadêmicos não comprometem o legítimo patrimônio religioso-cultural, humano, que se acumulou dentro do complexo universo bíblico israelita. Se se reduzir a Bíblia à mera obra de ficção religiosa ou espiritual, implicaria ignorar o arcabouço cultural complexo que ela carrega, o que só empobreceria a discussão. Num sentido extremo, poder-se-ia incorrer em equívoco atribuir à arqueologia um pragmatismo de resultados, que beire ao dogma, desejando outorgar-lhe a última palavra, para determinar o que é 'verdadeiro' ou 'falso' sobre passagens bíblicas. Tal extremismo tornaria obsoletos os gêneros literários, que deram forma original às narrativas bíblicas, comprometendo, pois, a subjetividade nelas contida: lenda, saga, parábola ou conto, por exemplo. Noutro extremo, letal para o processo epistemológico, é o fundamentalismo religioso, postura alienante presente em movimentos radicais contemporâneos. A euforia no campo arqueológico marcou presença no meio religioso, na primeira metade do século XX, quando pesquisadores norte-americanos se sentiram compelidos a liderar equipes de escavações na Palestina, munidos da pá numa mão e a Bíblia na outra.

Frente aos novos desafios e avanços, trazidos pelas escavações arqueológicas, faz-se necessário um diálogo plausível e menos hostil entre Teologia e ciência, baseado em métodos. É o que sugere o documento da Pontifícia Comissão Bíblica, *A Interpretação da Bíblia na Igreja*, aprovado pelo Vaticano em 1993. Com efeito, um dos compromissos assumidos por estudiosos da Bíblia é zelar, para que premissas falsas, sobretudo enviesadas por distorções fundamentalistas, não se convertam em dogmas. Existe uma tendência em curso de demonizar o estudo científico da Bíblia, sob o pretexto de que seu *status* estritamente 'religioso-espiritual' não pode ser 'profanado' por técnicas de intepretação tidas como ilegítimas e, motivadas, sobretudo, por teorias de conspiração sobre a Bíblia. Segundo esse raciocínio, esvaziá-la do seu sentido religioso abriria campo para um processo de secularização religiosa, que poderia levar à proibição da Bíblia pelo Estado laico. O texto sagrado, nesse caso, se torna refém do apelo emocional, que setores religiosos reacionários evocam. Essa relação tensa na Bíblia permanece realidade a ser superada e, por vezes, ela transparece de forma um tanto sutil e pode contribuir para alavancar o próprio fundamentalismo com leituras rasas e pessoais em detrimento do trabalho exegético nas academias de Teologia Bíblica[1].

Há, sem dúvida, escassez de evidências extrabíblicas sobre o *status* 'histórico' da Bíblia, cujas narrativas carregam uma visão teológico-religiosa em sua essência. Textos do Pentateuco, livros sapienciais ou discursos proféticos estão carregados de sentido teológico, em detrimento da historicidade eventualmente neles contida. A ausência de apetrechos materiais arqueológicos naturalmente não desabona ou invalida o valoroso patrimônio religioso-sociocultural construído e acumulado na literatura bíblica, ao longo de quase três milênios. Trata-se de arcabouço literário tão único quanto complexo, universo religioso *sui generis*, portador de idiossincrasias próprias de Israel-Judá. Nos relatos bíblicos, consignados como 'textos sagrados', assim transmitidos em Josué, Juízes, 1-2Samuel e 1-2Reis, por exemplo, sugerem um curso próprio, não linear, longo e complicado, cuja compreensão se dá à luz dos gêneros narrativos que lhe são próprios.

De maneira alguma a Bíblia é feita refém da arqueologia, condição que, para muitos, poderia significar espécie de antessala obrigatória para convalidar ou reprovar relatos bíblicos. Com efeito, a arqueologia pode, sim, fornecer objetos e documentação confiáveis que agregam ao que já se conhece sobre o complexo universo temporal que circunda a Bíblia. Sua contribuição pode ser reconhecida na medida em que se promove diálogo

---

[1] O estudioso Sèan FREYNE, por exemplo, expõe a complexidade desse problema no Magistério da Igreja, embora de maneira bem mais sutil. FREYNE traz à tona duas posições conflitantes, ou "duas tendências bem diferentes" no que tange à "aplicação do método histórico-crítico no estudo da Bíblia", isto é, sua interpretação no contexto pós Conciliar. Parece haver, segundo ele, uma relação conturbada e mal resolvida entre Bíblia e Teologia, Catecismo e Interpretação da Escritura. Ver o artigo "Bíblia e teologia. Uma tensão não resolvida". Revista CONCILIUM, 279 – 1999/1, p. 28-34.

sério com os intérpretes e exegetas modernos. Israel constitui, pois, um tecido humano vivo através da história. Com reiteradas investidas críticas o renomado arqueólogo israelense em atividade, na atualidade, Israel Finkelstein se mostra perspicaz na capacidade de ponderar a questão: "Sou propenso a conceder à arqueologia um papel central, independente, e trato os textos como obra literária estratificada, cujas camadas estão entretecidas com os fins ideológicos de seus autores e com as realidades de seu tempo".[2] Posturas tanto quanto ortodoxas e obsessivas, assumidas por minimalistas e maximalistas, às vezes, tendem a se desviar o foco na Bíblia: A experiência milenar do divino em Israel, que resultou no extraordinário trabalho redacional, arquitetado e construído à semelhança do que se poderia denominar hoje 'mutirão de tradições', cujo acabamento consagrou a Bíblia como principal fonte identitária. Ignorar isso significa desconsiderar o fundamento basilar dessa história, desviando-se para argumentos circulares.

Nunca é demais salientar a premissa de fundo que orienta os estudos bíblicos, em que o objeto fundante da reflexão é o encantamento pelo sagrado. Este transcende o valor material dos artefatos arqueológicos, os quais podem ou não validar passagens bíblicas, digamos, 'suspeitas'. Os escritores bíblicos eram movidos por uma apaixonante experiência com o sagrado, que costumavam expressar nas mais diversas formas e gêneros literários: poesia, provérbios, mitos, lendas, sagas, códigos legais, e por aí vai!

Para os que esperam muito, pode parecer frustrante que apenas uma fonte 'confirma' a existência de Israel fora da esfera literal bíblica. A mais antiga inscrição documental, proveniente do final do séc. XIII a.e.c, lança luz à existência de Israel. Encontrada na estela memorial egípcia de *Merneptah*, faraó sucessor de Ramsés II, o monumento que celebra uma das campanhas militares bem-sucedida travada em Canaã (1213-1203 a.e.c). Uma parte da inscrição em hieróglifo egípcio gravada no monumento traz a seguinte transcrição:

Os príncipes inimigos estão prostrados 'Misericórdia'! [...] Canaã foi saqueada por todos os males; Ashkelon foi conquistada, Gezer foi tomada; Yanoã é

---

[2] I. FINKELSTEIN, *Realidades hasmoneias subjacentes...* Paulinas, 2022, p. 80-81. O destaque em itálico é meu.

como se não existisse; **Israel** é terra deserta, destruída, não tem mais semente. A Síria tornou-se viúva do Egito [...]."³.

A menção a Israel parece acidental e não deixa clara sua localização geográfica na região, nem sugere a dimensão territorial e populacional em relação aos outros 'povos' ou cidades existentes no Levante: Canaã, Ascalon, Gezer, por exemplo.

Nesse período, o Egito, abalado internamente por agitações políticas internas, assistia à incursão dos chamados *povos do mar*, que invadiam a região, gerando nela profundas mudanças, o antigo Oriente. Merneptah foi o primeiro a investir pesado na luta militar, visando a reprimir os invasores. A Bíblia contém duas breves notas referentes a essa época da história universal. Uma menciona o faraó Ramsés II (1290-1224 a.e.c–Ex 1,11), e a outra remete aos ataques do também faraó Sesac a Jerusalém (925 a.e.c–1Rs 14,25). Deve-se salientar, em vista disso, que os escritores bíblicos se veem comprometidos com o passado em função das memórias coletivas de Israel. O período histórico, tão complexo e praticamente inacessível, prolonga-se na transmissão oral, que pode ter durado séculos até a sua redação final.⁴

Até o Exílio babilônico nenhuma outra civilização manteve maior influxo sobre Israel do que o Egito. Coube ao Egito dos faraós, aliás, exercer a mais forte e duradoura dominação em toda a Canaã, por meio dos diversos centros administrativos estabelecidos em locais estratégicos, como Gaza, Jope, Betsã, Cumidi etc, pelos quais o Egito exerceu controle e exploração sobre as cidades-estados da região (MAZAR, p. 233-236). Foi esse contexto de dominação egípcia, com desdobramentos na deterioração cultural na região cananeia, o berço do povo israelita.

Com efeito, não é tão simples montar esse 'quebra-cabeças', considerando as peças soltas no tabuleiro de histórias desencontradas, muitas delas anacrônicas e estereotipadas, segundo a visão de mundo dos escribas, bem como a cultura subjacente em seus escritos. Por isso, seria impossível recuperar fontes capazes de fornecer dados seguros sobre o processo

---

³ Tradução em Amihai MAZAR, 2003, p. 235.
⁴ Cf. PEETZ, 2022, p. 55; I. FINKELSTEIN, 2022, p. 27-28 e 36-43.

embrionário, que levou à formação de Israel, antes do séc. XII a.e.c. Pesa contra as evidências materiais a escassez de artefatos, principalmente a documentação escrita, considerando que os primeiros textos bíblicos devem ser datados somente a partir do século VIII a.e.c.

No curso formativo do Israel bíblico, uma distinção pode fornecer preciosa chave para balizar nuances decorrentes do seu uso no tempo. É comum, por exemplo, reduzir 'Israel' apenas à história política, patrocinada pela ascensão da monarquia, em detrimento do alcance que o termo passou a assumir à luz do evento maior que o transcende e o antecede: a libertação do Egito e a caminhada pelo deserto. Com efeito, antes de existir como 'Nação', ou se formar como entidade política de Estado, Israel se consagrou como 'povo de Deus'. A história de Israel na Bíblia começa no seu nascimento, isto é, como povo de IHWH no Egito. Essa nuance permite-nos, não por acaso, traçar uma distinção bastante peculiar, voltada para compreender que "não se pode confundir a existência de Israel como 'Nação' e a existência de Israel como 'povo de Deus', cuja existência teve início no Egito".[5] Essa diferença, porém, não se explica simplesmente como duas realidades antagônicas, ambíguas; apenas realoca a ordem coerente das coisas, sublinhando a primazia da realidade teológico-religiosa e, ao mesmo tempo, a "existência de Israel como realidade sócio-religiosa".

1.3 Os limites do rigor historiográfico.

Nosso ponto de partida bíblica para essa questão vai de encontro à tese proposta por John Bright: "Uma história de Israel que não seja de alguma maneira também uma história de sua fé não é nem significativa nem possível" (BRIGHT, 2003. p. 15). Na verdade, a Bíblia é produto literário impulsionado, essencialmente, pela fé. Muitas informações aí contidas coincidem com dados historiográficos do período investigado, mas não a comprovam. Sob esse prisma, episódios e personagens retratados na Bíblia, além de panorâmicos, não contam com a mesma densidade

---

[5] Caetano Minette de TILLESSE, org., *O Deus pelas costas. Teologia Narrativa da Bíblia.* REVISTA BÍBLICA BRASILEIRA, Ano 15 – Número Especial 1-2-3, Fortaleza, Nova Jerusalém, 1998, p. 363.

factual esperada. O caráter panorâmico previsível e retrospectivo, como bem sugere a obra *Deuteronomista*, foi preservado nos livros desde Josué a 2Reis. Moldadas sob experiência religiosa única de *aliança* e *eleição*, essas narrativas constroem uma versão literária incipiente, inovadora para a época, voltada para a interpretação dos tempos mais antigos, os primórdios. Essa história pressupõe, portanto, os fundamentos religiosos orientados pela crença de Israel em Deus transcritos num curso de salvação pouco linear. Seu resultado se confunde com uma obra literária bíblica de grande envergadura teológico-religiosa. Suas narrativas preservam as memórias de um povo, cujo passado emerge em estreitas relações com o divino. Nessas narrativas subjaz o conceito *aliança-eleição*, que transcende qualquer esboço historiográfico para falar do encontro entre Israel e seu Deus, IHWH. Não se avança na compreensão desse Israel bíblico, se essa premissa for ignorada.

Sob esse viés, as primeiras narrativas da Bíblia, especialmente aquelas construídas nos livros de Gênesis e *Êxodo*, não obstante se prolonguem nos livros subsequentes, até 2Reis, constituem histórias de fundação do povo israelita, cuidadosamente redigidas, após o século VIII a.e.c. Os escribas as expressam sob o termo hebraico técnico *toledot*, que as Bíblias modernas traduzem por 'histórias'. Seu sentido imediato compreende "narrativas", "descendências", "gerações", "relatos". Faltam, nesse caso, material ou artefatos arqueológicos, que confirmem a veracidade literal dessas narrativas. Isto posto, as assim chamadas 'histórias dos patriarcas' fazem parte da tentativa exitosa de compor uma pré-história, cuja finalidade é vincular os patriarcas às origens mais remotas do povo israelita. É fácil verificar o modo organizado e, em certa medida cronológico, de contar essas histórias e seus desdobramentos no Gênesis. As narrativas, por sua vez, podem ser enquadradas num programa temporal linear, porém flexível e compatível com a dimensão sagrada de Israel. Alguns ciclos no Gênesis, mesmo sem o rigor histórico, vislumbram certa ordem temporal: Ciclo de Abraão – Gn 12-26; Ciclo de Isaac e Jacó – Gn 27-36; Ciclo de José – Gn 37-50. Os ciclos patriarcais merecem o devido cuidado metodológico por envolver a investigação da literatura bíblica, sob o postulado da *crítica-histórica*. Ademais, como a Bíblia é produto de construção teológica, suas narrativas ou relatos também estão sujeitos a anacronismos. O cenário histórico que perpassa certas passagens bíblicas não está em harmonia com tempo da redação. A datação, portanto, não só é um fator secundário, sujeito à especulação, como não constitui objeto de fé. Em síntese, existe uma lacuna cronológica entre informações historiográficas e a redação final, isto é, a distância entre o tempo do redator bíblico e a época a que determinado texto se refere.[6] Com efeito, o anacronismo que permeia os relatos bíblicos em nada diminui o seu propósito essencialmente religioso, teológico. As histórias reunidas e compiladas como antologia religiosa israelita constituem o resultado de um produto literário teológico.

Num primeiro plano, todo esse capital literário, mantido sob *status* canônico bíblico-hebraico, constitui em sua essência patrimônio sagrado, fonte identitária de Israel; num segundo plano, desde o século III a.e.c, essa vasta literatura sofreu mudanças ao ser submetida à tradução para a língua grega, visando atender às comunidades judaicas da diáspora; um terceiro plano, um tanto mais distante, situa-se o ocidente cristão. Em tensão permanente com o ambiente social judaico da Terra de Israel, no século I e.c, o cristianismo sofreu um processo histórico que o levou a se desprender por completo dos vínculos identitários que, nas origens históricas, mantinham com o povo judeu. Esse cristianismo, tendo evoluído ao longo de quase dois milênios até culminar na ruptura irreversível com o povo judeu, onde o próprio Jesus e seu movimento foram originalmente gestados, acabou sofrendo um processo de alienação histórica em relação às tradições que os judeus partilhavam com o passado bíblico israelita.

Outro elemento não menos relevante nesse processo migratório da cristandade para mundo gentio foi, obviamente, certa estranheza que muitas tradições bíblico-judaicas causavam na vida social pagã. Certo anacronismo cultural pode ser detectado em livros como Levítico, Deuteronômio

---

[6] Cf. Melanie PEETZ, *O Israel bíblico,* Paulinas, 2022, p. 19; Thomas RÖMER (*As origens da Torah,* 2022, p. 54-55) sugere o método de datação baseado na "alegoria". Um exemplo disso pode ser o episódio do "Bezerro de Ouro em Ex 32, no qual uma datação alegórica é associada a argumentos intertextuais. Ex 32,4 e 1Rs 12,28 são claramente interligados". Assim, é plausível questionar se "uma primeira versão de Ex 32 teria sido escrita no tempo do reino do Israel a fim de criticar os santuários de Betel e Dã, no norte?". A abordagem dessa questão passa pela interpretação teológica, não pela fixação de datas.

e Cântico dos Cânticos, para ficar em três exemplos apenas, cujos valores sociais e conceitos religiosos soavam estranhos frente aos padrões de comportamento greco-romanos, sobretudo no campo da moral. Para conciliar dois universos antagônicos – Bíblia hebraico-judaico e gentilidade cristã – um pensador extremamente habilidoso, Paulo, com largo conhecimento dentro do judaísmo formativo, recorreria à versão grega das Escrituras para construir uma ponte entre a mensagem do Jesus judeu e as novas comunidades emergentes no mundo gentio. Uma nova força sociorreligiosa, dinâmica, tendo se afastado das origens judaicas, iria se impor no mundo gentio até conquistar o coração do império romano séculos mais tarde. A penetração da fé cristã no Império, através das atividades do judeu Paulo, se deu fora dos círculos judaicos palestinenses mais influentes onde o movimento de Jesus teve origem. Somente uma a três décadas após Paulo, é que escribas se puseram a redigir as memórias orais sobre Jesus que resultaram nos Evangelhos.

Essa relação dinâmica, atemporal, entre tradição oral e tradição escrita faz da Escritura 'Palavra viva', sem se tornar refém do dogma canônico ou da palavra aprisionada no tempo. Estimulada pelos desafios em cada novo tempo, há um dinamismo num horizonte aberto à investigação, à interpretação da Palavra estimulada pelo diálogo permanente com o texto canônico. Cria-se, pois, um círculo virtuoso aberto entre Tradição Escrita e Tradição Oral. Com efeito, mais de dois mil anos separam os redatores bíblicos e seu mundo dos leitores contemporâneos. Um documento recente da Igreja católica reconhece, aliás, o descompasso entre a Bíblia Escrita e a sua interpretação, e propõe métodos científicos para interpretar a Escritura, afirmando: "A Bíblia exerce a sua influência no curso dos séculos. Um processo constante de atualização adapta a interpretação à mentalidade e à linguagem contemporâneas".[7] Prevendo o pernicioso avanço do fundamentalismo bíblico, a Igreja católica reveste-se de esmero ao tratar com ponderação e sabedoria os excessos cometidos por leituras ingênuas, superficiais, principalmente quando predominadas pelo proselitismo e extremismo devocional. A cada dia, fiéis dedicados e generosos são coop-

---

[7] PONTIFÍCIA COMISSÃO BÍBLICA, *Interpretação da Bíblia na Igreja*, p. 22. Essa questão estende-se para o campo dos "gêneros literários", cuja abordagem não faz parte do escopo proposto nesse livro.

tados por líderes maliciosos que, sem escrúpulo, destorcem e exploram o texto sagrado com a finalidade de arregimentar seguidores para igrejas que mais se assemelham a 'empresas'. Contra esse perigo, o Magistério da Igreja lança sonoro alerta:

> A abordagem fundamentalista é perigosa, pois ela é atraente para as pessoas que procuram respostas bíblicas para seus problemas da vida. Ela pode enganá-las oferecendo-lhes interpretações piedosas, mas ilusórias, ao invés de lhes dizer que a Bíblia não contém necessariamente uma resposta imediata a cada um desses problemas.[8]

A Constituição Dogmática da Igreja Católica, *Dei Verbum* (DV), por sua vez, lança mão de um conceito-chave, paradigmático, no limiar da leitura e interpretação bíblica: *Revelação Divina*. Sobre a interpretação da Sagrada Escritura, o documento afirma:

> Como, porém, Deus na Sagrada Escritura falou por meio dos homens e à maneira humana, o intérprete da Sagrada Escritura, para saber o que ele quis comunicar-nos, deve investigar com atenção o que os hagiógrafos realmente quiseram significar e que aprouve a Deus manifestar por meio das suas palavras. (DV, 12)

E acrescenta:

> para descobrir a intenção dos hagiógrafos, devem ser tidos em conta, entre outras coisas, 'os gêneros literários' [...] Importa, por isso, que o intérprete busque o sentido que o hagiógrafo em determinadas circunstâncias, segundo as condições de seu tempo e da sua cultura, pretendeu exprimir e de fato exprimiu por meio dos gêneros literários então usados. (n. 12)

A Igreja Católica não ignora os desafios enfrentados nos estudos bíblicos contemporâneos. Pelo contrário, orienta intérpretes da Sagrada Escritura a buscarem suporte científico para uma exegese séria, evitando, assim, incorrer em abusos ou distorções decorrentes da leitura fundamentalista.

---
[8] Ibidem, p. 86.

Para penetrar o fértil terreno bíblico é preciso portar certas 'ferramentas', ou chaves de leitura, sem as quais as janelas e as portas do texto permanecem fechadas, bem como a Palavra de Deus trancafiada no antigo mundo de quem a escreveu. É o que se pode denominar, grosso modo, a 'Exegese', sujeita às exigências acadêmicas da interpretação. Sua utilidade é imprescindível para o estudo moderno da teologia bíblica. A exegese permite lançar luz sobre o sentido dos textos originais mediante leituras e interpretações consignadas pela hermenêutica. Dando mais um passo à frente, o documento ainda reforça que "a Bíblia é Palavra de Deus para todas as épocas que se sucedem".[9] Isso significa reconhecer, conforme já salientado acima, existir uma lacuna histórica entre o trabalho redacional, produzido há mais de dois milênios atrás, e a vida contemporânea. A Bíblia, produto literário concluído no mundo antigo cujo propósito é eminentemente religioso, tem trânsito livre no mundo contemporâneo porque traduzida nas mais variadas línguas. Nenhuma instituição religiosa, por mais poderosa ou influente que seja, responde por direitos autorais sobre ela!

Sobre o surgimento e formação de Israel na história, os livros bíblicos não estabelecem um roteiro cronológico linear. Se hoje podemos conhecer um esboço mais ou menos confiável sobre essa história, deve-se à somatória de resultados solidamente construídos nos últimos dois séculos no meio acadêmico. Resultados que, longe de constituírem conclusões dogmáticas e inquestionáveis, encontram fundamentação no estudo científico-teológico, como crítica literária, arqueologia, antropologia e sociologia, só para ficar em exemplos elementares. Nos estudos bíblicos, um postulado largamente aceito há um ou mais séculos atrás, não pode ser reduzido a dogma. Exemplo disso é a hipótese documental clássica das "Quatro Fontes", postulada pelo renomado teólogo alemão Julius Wellhausen (1844-1918). Reconhece-se, hoje, que a tradicional datação das quatro fontes, demasiada simplista e "circular", não responde mais à complexidade que uma análise séria demanda, sendo submetida à crítica desde os anos 1970 (RÖMER, 2022, p. 48-49). Não obstante a hipótese documental ainda dê embasamento acadêmico aos estudos do Pentateuco, atualmente outros estudiosos têm

---

[9] Ibidem, p. 90.

oxigenado a discussão, propondo significativo avanço mediante métodos, técnicas e aproximações não pensadas na época de Wellhausen. Um bom exemplo disso emerge nos trabalhos acadêmicos de Jean Ska.[10] A depender da 'teoria documental', ou de inúmeras discussões que aparecem em círculos acadêmicos, a realidade exegética do Pentateuco emerge muito mais complexa do que se pode imaginar. Sem uma mudança na teoria documental, a leitura do Pentateuco fica comprometida. Pressupõe-se para tanto uma abordagem mais flexível, dialética, interlinear e polifônica, para que suas narrativas não permaneçam reféns do método tradicional que consistia em retalhar o Pentateuco classificando seus textos conforme as quatro fontes: JEDP. Ao humanizar esses relatos, Ska não busca opor um método a outro, mas reforça que "a história da formação do Pentateuco é a mensagem do Pentateuco, porque a sua história é uma história de morte e ressurreição, a história do povo de Israel redivivo após o exílio" (SKA, 2003, p. 14).

Entre os mais diversos desafios enfrentados estão as fontes extrabíblicas. Estudos de arqueologia, história e exegese modernas, não obstante divergentes em muitos pontos, levantam algumas hipóteses até consensuais a partir da premissa hoje muito comum. A saber, que não se explica Israel como realidade proveniente de fora, isto é, não resulta da aventura imigratória de hebreus fugitivos do Egito, conforme narrada no livro de Josué. A teoria da conquista militar violenta, relâmpago, sugerida nesse livro, deve veementemente descartada. Israel envolve fenômeno interno complexo, vivido na terra de Canaã, sendo resultado de processo histórico também complexo, cujo desenvolvimento e formação envolve outros grupos ou populações locais. Em síntese, Israel seria um produto interno incipiente construído a partir da confluência com outros habitantes em Canaã.[11] Assim, as tradições que compõem o Pentateuco, como, por exemplo, a narrativa sobre a saída dos hebreus do Egito, em Ex 1-15, redigida durante o exílio, não parecem inclinadas a fornecer detalhes historiográficos confiáveis.

---

[10] Ver especialmente a obra *Introdução à leitura do Pentateuco*, Loyola, 2003. Jean SKA chama atenção sobre os avanços trazidos pela pesquisa acadêmica moderna, marcada sobretudo pela falta de consenso.

[11] Cf. especialmente M. SCHWANTES, 2010, p. 11s; Norman K. GOTTWALD, *As tribos de Israel*, 1986; M. PEETZ, 2022, p. 72-74. Essa questão será tratada mais adiante.

Para compreender melhor as origens de Israel, é imprescindível considerar um esboço mínimo das teorias sobre assentamentos dos grupos, bem como seu desenvolvimento à luz das turbulências vividas na região do Levante, causadas por invasões dos povos do mar, no sec. XII e.c.. Esse processo, por sua vez, colocará em curso o aparecimento de povoados em direção às áreas montanhosas, afastadas das planícies costeiras então dominadas pelas cidades-estado. Em algum momento, no séc. XII, teria havido intensa movimentação demográfica na região, provocada por 'povos do mar' que se instalaram em Canaã. As cidades-estado, por sua vez, já estavam submetidas a um dinâmico e irreversível processo de desintegração social, o que teria corroborado para que grupos nômades se sentissem mobilizados a se organizarem nas regiões montanhosas daquela região, Canaã. Entre os 'invasores', ou povos do mar, que navegavam a esmo pelo Mediterrâneo, fugindo da fome e à procura de melhores condições de vida, encontram-se os filisteus, grupo muito proeminente nos textos bíblicos. Devido às contingências próprias desse contexto, qual seja, a desintegração das cidades-estado, a migração de grupos invasores (incluindo 'habirus') e as demandas por reorganização social em áreas mais afastadas acabariam criando condições propícias para explicar o surgimento de Israel no Levante. Mas, assim como Israel, outros povos também tendiam a emergir na região: moabitas, amonitas, edomitas e outros (PEETZ, 2022, p. 76). Os filisteus, por sua vez, parecem exercer maior poder e controle sobre seus vizinhos, talvez por se estabelecerem na costa mediterrânea e formar uma união entre as cidades de Gaza, Ascalon, Azoto, Acaron e Gat.

1.4 Hebreu, Israelita e Judeu: Questão semântica

Até que ponto é possível delimitar as fronteiras conceituais que separam esses três termos, convencionalmente subentendidos como sinônimos nos estudos bíblicos? Embora não sejam a mesma coisa, convém ressaltar não se tratar de expressões antagônicas ou incompatíveis entre si, como se a 'história de Israel' fosse algo essencialmente desconexo da 'história judaica', ou que a história dos hebreus, conforme concebido no livro do Êxodo, não tivesse conexão com aquelas duas anteriores. Pode parecer confuso e historicamente embaraçoso, senão incompreensível, essa estranha mistura de expressões, a menos que um esclarecimento mínimo possa ajudar a reordenar melhor suas nuances na histórica de Israel.

Em termos de conteúdo curricular ordinário, tradicionalmente tratado nas faculdades de teologia, é comum esquematizar uma linha temporal e nele circunscrever um esboço básico e evolutivo pretendendo abarcar todo Israel bíblico. A expressão clássica 'história de Israel', contudo, não cabe num conceito rigoroso e restrito a menos que seu uso subentenda um alcance mais flexível, e até anacrônico, sem o rigor intransigente e obediente à cronologia. Em seu uso histórico mais estrito, Israel identifica a nação emergente após o episódio cismático-político, liderado por Jeroboão I, em 931, que deu surgimento ao Israel-norte. Desde 931 até as invasões assírias na região, em 721, subsistiram dois Estados independentes, Israel-norte e Judá-sul. A partir daí apenas o reino davídico, em Judá, resistirá sobrevivendo às vésperas das incursões militares babilônicas que culminaram no Exílio (586–538 a.e.c). Após esse tempo, no entanto, Israel e Judá tendem a se tornar termos cambiáveis, sendo "Israel" um construto teológico usado em sentido mais abrangente, se comparado àquele político-nacional usado anteriormente para se referir às Tribos que se separaram no pré-exílico. Há que considerar que os termos Israel e Judá, antes de se tornarem sinônimos, envolvem ruptura, já que antes do Exílio ambos refletem Estados independentes, ambíguos e notadamente hostis entre si; do exílio em diante, contudo, as principais lideranças judaicas deportadas para a Babilônia (2Rs 24,13ss) tomarão para si grande parte do patrimônio social-religioso outrora associado ao 'antigo Israel norte'.

Seguindo o raciocínio acima, tendo inaugurado um movimento de retorno à pátria judaica, patrocinado por Ciro (539 a.e.c; 2Cr 36,22-23), os judaítas, invocados em Esdras como *bnei ha-golah* ('filhos do exílio'–Esd 4,1), colocaram em curso um complexo de reconstrução que se estenderá por séculos, durante todo o Segundo Templo (515 a.e.c–70 e.c). A repatriação de grupos judeus a Judá encontraria na Torah sua principal força motriz, este um trabalho redacional que se confunde com as tradições herdadas também do passado israelita, do período pré-exílico. Essa simbiose cultural resultará na identidade do povo judeu. Constata-se que em livros bíblicos redigidos nos séculos V-IV a.e.c, os termos *bnei Yisrael* ('filhos de Israel' – Esd 3,1), *anshei am-Yisrael* ('homens do povo de Israel' - Esd 2,2b), *bnei ha-golah* ('filhos do exílio' – Esd 4,1; cf. 1,11 e 9,4) e *Amáh-Yisrael* ('povo de Israel – Esd 7,13) são cambiáveis e se confundem referindo-se aos 'judeus' que habitam Judá. O exemplo mais bem-sucedido dessa interação cultural-religiosa encontra-se no Código Deuteronômico (Dt 13-26), documento originário de Israel-norte (séc. VIII), cujo projeto serviria às pretensões reformistas empreendidas em Judá, primeiro por Ezequias, e mais tarde pelo seu bisneto, Josias.

Feitas as ponderações acima, é plausível constatar certo grau de continuidade, pouco linear é bem verdade, entre o Israel pré-exílico e Judá, na construção identitária do povo judeu após o Exílio. Ainda que o cisma político evidencie a ruína e o completo colapso do Israel-norte, permanecem elos comuns entre hebreu, israelita e judeu na história bíblica. Não obstante, Abraão, Isaac, Jacó e seus filhos, bem como Davi, Salomão, Josias etc, ou qualquer dos profetas, não sejam literalmente chamados "judeus", termo anacrônico se empregado antes do exílio, por certo todos eles são legítimos precursores do povo judeu, pois todos encontram-se inseridos no antigo Israel pré-exílico. Diz-se, pois, que as fontes bíblicas que retratam esses personagens não são historicamente confiáveis. Uma das razões para isso, entre outros fatores, repousa no fato de que essa "confiabilidade histórica pode variar fortemente de um texto para outro" (PEETZ, 2022, p. 21). Outra razão, não menos relevante, vai de encontro com o que a arqueologia tem defendido há algum tempo, sobretudo à luz do processo literário construído a partir do Deuteronômio, patrocinado pelas reformas de Josias. Os esforços se concentram em "fazer de Judá um 'Novo Israel'", ao tentar inserir as tradições do Israel-norte nos textos que se produziam em Judá.[12]

É mais plausível empregar *História de Israel* em sentido irrestrito e amplo, visando cobrir toda a história nos tempos bíblicos para acomodar tanto hebreus, quanto israelitas e judeus. Essa amplitude, por sua vez, permite incorporar num curso histórico mais ou menos regular e didático vários períodos 'judaicos', desde o retorno do Exílio até a destruição do

---

[12] Cf. I. FINKELSTEIN, Às origens da Torá, 2022, p. 42.

Segundo Templo (70 e.c), bem como o complexo período que se seguiu a ele, protagonizado pela ascensão do judaísmo-rabínico sob o limiar da era Mishná. Rupturas, tensões e 'descontinuidade' acompanham esse processo, e devem ser concebidas como elementos intrínsecos ao arcabouço formativo, à construção identitária de um determinado grupo social. E ainda que se pretenda reduzir o assim chamado Segundo Templo (515 a.e.c–70 e.c) ao 'judaísmo', tomado como religião monolítica de todos os judeus, falta-lhe consenso no meio acadêmico. A expressão 'judaísmos', no plural, parece traduzir melhor todo dinamismo de uma época tão singular, marcada por profundas transformações sociais e religiosas no povo judeu.[13]

Os escritos bíblicos, sejam canônicos ou não, não permitem traçar uma cronologia histórica linear isenta de incongruências e anacronismos. Por exemplo, Gênesis nunca chama Abrão de 'israelita', não obstante o nome 'Israel' terá origem no seu neto, Jacó, quando este teve o nome alterado por Deus (Gn 32,23-33). Essas e outras histórias no Gênesis nada informam sobre a época ou o contexto histórico em que os patriarcas teriam existido. Narrativas sobre Abraão, Isaac e Jacó são resultados de um trabalho literário tardio bastante complexo, sem precisão histórica alguma. Convertidas em obra literária, essas narrativas merecem ser corretamente chamadas de 'sagas', ou relatos de fundação. Nelas, os escribas ganham liberdade poética para retratar e criar personagens com perfis paradigmáticos que os representem em tempos tardios. Por ser arte viva, a literatura é compreendida à luz dos diversos gêneros literários. Servindo-se de fragmentos literários precários, emprestados de fontes diversas, provenientes até de culturas estrangeiras, os escritores bíblicos deram vida nova às suas histórias através de sagas sobre heróis, discursos divinos, aforismos, canções e poesias. Mas, elas não resistiriam a uma análise histórico-crítica mais criteriosa (PEETZ, 2022, p. 20).

1.5 Narrativas da criação no Gênesis sob o olhar mítico

Formado por narrativas inspiradas na compreensão antropológica do sagrado no mundo antigo e sua ação divina, o Pentateuco comporta algum

---

[13] Conferir, por exemplo, a hipótese recente que trata o 'judaísmo enóquico', defendida por Gabriele BOCCACINNI, brilhante discípulo do estudioso Paolo SACHI.

influxo da cosmovisão religiosa partilhada com culturas com as quais o povo israelita esteve em contato, sobretudo durante e após o exílio, na diáspora. Esse conteúdo comporta, em sua essência, a compreensão essencialmente teológico-religiosa que transcende à história. Nessa trajetória existencial, Israel pode ser elevado a outro patamar com significados que fogem do curso linear e temporal. Esse 'tempo', porém, não pode ser mensurado pela cronologia ordinária, nem ser refém dela, tal como o homem moderno compreende numa sucessão de fatos definidos na história. O pensador judeu Abraham J. Heschel[14] é quem melhor traduz com perspicácia esse conceito, ao afirmar que "a Bíblia se preocupa mais com o tempo do que com o espaço [grifo meu]. Ela vê o mundo na dimensão do tempo. Presta mais atenção às gerações, aos eventos, do que aos países, às coisas; preocupa-se mais com a história do que a geografia". Nesse sentido, história não está confinada ao tempo, tomado no sentido do *cronos* grego. A premissa para superar a definição estritamente temporal, cronológica, é que o "o tempo tem um significado para a vida que é, pelo menos, igual ao do espaço, que o tempo tem uma significação e soberania próprias". Para ilustrar essa relação dialética, necessária, entre tempo e espaço, HESCHEL evoca as festas agrícolas que entraram no calendário religioso de Israel. Explica, por exemplo, que a Páscoa, festa originalmente associada ao tempo da primavera, se convertera na festa que celebra o Êxodo, a saída do Egito; outro exemplo pode ser encontrado na Festa de Tabernáculo, antiga festividade que celebrava vindima (Ex 23,16). Mais tarde, Tabernáculo foi convertida numa festa comemorativa em memória da travessia do deserto quando o povo israelita habitava em cabanas (Lv 43,42ss). Existe, pois, um considerável avanço na consciência religiosa de Israel, na qual "o Deus de Israel era o Deus dos acontecimentos", enquanto "as divindades de outros povos estavam associadas aos lugares e coisas".[15]

Nesse imenso arcabouço bíblico-literário, temas do Pentateuco eclodem com renovado significado e coerência própria, organizados de maneira relativamente harmônica. O Pentateuco se apresenta como com-

---

[14] Cf. Abraham Joshua HESCHEL, *O Schabat. Seu significado para o homem moderno*, Perspectiva, 2000, p. 16.
[15] Ibidem, p. 17.

plexa obra literária orgânica, cuja proposta é discorrer os momentos cruciais e marcantes sobre a 'origem' do mundo, tomada como prefácio para a formação de Israel como povo. Dispensa-se o rigor cronológico dos acontecimentos, não obstante algumas narrativas permitem ao leitor reconhecer certas informações e até especular sobre historicidade. A narrativa da "Torre de Babel" (Gn 11,1ss), por exemplo, trazendo clara alusão à Babilônia, refere-se ao período em que o povo judeu se encontrava exilado na Babilônia, para onde muitos foram deportados após as invasões babilônicas, em 586 a.e.c. No Pentateuco, as narrativas se confundem com uma grande meditação sobre a história da salvação, seguindo um itinerário peculiar próprio no qual se revela um plano de salvação bem harmônico, consciente. Começa com as narrativas da *Criação* (Gn 1), como obra de Deus, cujo desfecho se dá com a *morte de Moisés* (Dt 34).

Alargando o horizonte literário do Pentateuco, os leitores se deparam com as duas tradições narrativas que o compõem. A assim chamada fonte *Javista*, cujas origens à redação do Pentateuco se perdem no tempo, engloba três livros principais: G*ênesis, Êxodo e* N*úmeros.* Do ponto de vista teológico, algumas características podem ser delineadas nesse documento, dentre as quais: Utiliza o potencial humano para expressar a aproximação entre o humano e Deus; IHWH é um Deus próximo e fala diretamente com o primeiro humano criado, sem mediadores (Gn 3), mas também com Abraão (Gn 12ss) e os patriarcas, com Moisés (Ex 3). Essa consciência da comunicação sem intermediários será assumida pelos profetas na história (Jr 1; Is 6; 61 etc); o sobrenatural advém da maneira humana de lidar com o divino; a humanidade parece ser vista sem grandes ilusões; a mulher é concebida tanto como figura sedutora (Gn 3,6), como geradora da vida (Gn 4,1); preocupação com a fecundidade da mulher. Esse tema, a propósito, permite que todas as matriarcas e mulheres de destaque sejam retratadas com o 'útero fechado' (*akarah*) por Deus: Sarah, Rebeca, Raquel, Ana, mãe de Sansão são temporariamente 'impedidas' por Deus de darem à luz; uso recorrente de antropomorfismos e otimismo religioso. A teologia *Javista* apresenta um Deus em comunhão direta com os humanos. Texto chave do programa teológico *Javista* pode ser encontrado em Gn 12,1-3. Sua 'teologia' também se reflete em

Gn 18,1-15.¹⁶ Outros textos mais longos permeados com essa teologia incluem: O ciclo das origens (Gn 1-2); Ciclo dos patriarcas (Gn 12-36); História de José (Gn 37-50); Saída do Egito: Ex 1-37.

A Tradição *Javista* emprega linguagem carregada de imagens vivas impulsionadas por traços antropomórficos atribuídos a Deus, uma história sagrada permeada por uma teologia fortemente edificada sobre o relato da promessa de Deus a Abraão e à nação eleita que o representa, Israel. Essa promessa foi modelada por meio de explanações teológicas cheias de brilho, inseridas antes e depois de Gn 12. Com efeito, Gn 1-11 compreende um grande conjunto narrativo dominado por temas sincrônicos: *Criação do Mundo, Criação do homem-mulher, origem da vida*, o *Jardim do Éden, queda*, criando espaço também para as ambiguidades humanas (perfeição, pecado e tensão com Deus). Após o evento diluviano a Torre de Babel encerra essas primeiras narrativas.

Já a tradição *Eloísta*, em contraste com a *Javista*, constrói narrativas sob visão teológica distinta: O principal contexto da composição *Eloísta* (em que Deus é chamado *ELOHIM*) emerge ligado aos abalos político--sociais que culminaram na divisão do reino de Salomão, em 931 a.e.c. O reino de Israel-norte buscava sua autonomia política ignorando as instituições monárquicas associadas a Davi, Judá. Para isso foi preciso investir na própria versão sobre suas origens. Esta pode ter surgido por volta de 800-700 a.e.c, cujo escritor mostra preocupação em garantir a independência de Israel-norte. Algumas tendências notáveis nessa tradição, incluem: "Evitar o nome próprio de IHWH até o momento em que esse nome seja revelado a Moisés em Ex 3,14" (CERESKO, 1996, p. 73). Um primeiro esboço teria sido escrito pouco depois das narrativas *Javistas*, no final do século IX, ou começo do VIII; Suas tradições, paralelas às *Javistas*, refletem preocupações provenientes dos meios proféticos do reino norte, em cujo contexto atuaram Elias e Eliseu, e mais tarde Amós e Oséias; Destacam-se personagens como José e seus filhos Efraim e Manassés, e Josué. Um dos relatos estratégicos mais bem identificado com o *Eloísta* é a narrativa da *Akedáh,* ou *Sacrifício de Isaac*

---

¹⁶ Cf. Anthony R. CERESKO, *Introdução ao Antigo Testamento numa perspectiva libertadora*, Trad. José Raimundo Vidigal, São Paulo, Paulus, 1996, p. 50-51 e 76-80; José L. SICRE, *Introdução ao Antigo Testamento,* 1995, p. 93-94.

(Gn 22,1-19).[17] Em contraposição à visão 'exagerada' do antropocentrismo *Javista*, o *Eloísta* se mostra bem mais reticente, conservador e escrupuloso. Assim, o *sacrifício de Isaac* evita a todo custo estabelecer uma relação estreita e pessoal entre Abraão e Deus, visando a preservar a transcendência divina. Abraão é um homem que se mostra incondicionalmente obediente, reverente e temente a Deus (Gn 22,1ss).

O mais antigo documento, contendo a narrativa mítica da criação, encontrado pela arqueologia é proveniente da região mesopotâmica. Datada do segundo milênio a.e.c, a narrativa é relativamente extensa e conta com mais ou menos de 1645 linhas. O documento descreve o encontro de divindades numa assembleia para resolver desavenças com os deuses inferiores, rebeldes, os *Igigu*, que se sentiram revoltados com os duros trabalhos a que eram submetidos para servir aos deuses superiores. *Enki* ficou encarregado de resolver a contenda. A solução encontrada foi criar o homem para dele se servirem os deuses. Essa história encontrou repouso em tabuinhas confeccionadas de barro, argila. Um trecho do texto se lê o seguinte:

> Enki abriu sua boca e falou aos grandes deuses: 'O primeiro do mês, o sétimo quinto dia desejo estabelecer uma purificação, um banho. Um deus seja imolado e purifiquem os deuses o seu interior. Em sua carne e seu sangue Nintu misture a argila, de modo que o deus e o homem se misturem juntamente com a argila. Para os dias futuros, escutemos o tambor. Na carne do deus haja um espírito que mostre seu sinal ao vivente, e para que não caia no esquecimento, haja um espírito [...] Os Igigu, os grandes deuses, cuspiram saliva com a argila.[18]

O termo 'argila/barro/solo', matéria prima usada na Mesopotâmia para compor a narrativa da criação, ressurgiria séculos mais tarde na história do Gênesis, referindo-se ao "Ser Humano" (do hebraico *adam*), moldado por

---

[17] Uma datação tardia para a história da *Akedá* em Gn 22 é defendida por T. Veijola e K. Schmid, eruditos citados por Thomas RÖMER. Eles ponderam que a *Akedá* é do Período Persa, sendo "reflexo do crescimento dos habitantes da província de Yehud, no início do Período Persa, sobre o futuro (a descendência) de Israel". RÖMER, 2022, p. 54.

[18] Jesus G. RECIO, In: Félix G. LÓPEZ (org.), *O pentateuco* [Trad. José Afonso Beraldin Silva], São Paulo, Paulinas, 1998, p. 18-19 (Coleção Resenha Bíblica).

Deus da "argila/barro" (*adamah*). Na Bíblia, 'argila' serve para lembrar a fragilidade do ser humano. Insinua ainda o lugar do humano na obra da criação divina. Afirmar que *o homem é pó, e ao pó tornará* (Gn 3,19), não implica torná-lo subserviente à divindade que o criou, como transmitido na versão mesopotâmica mais antiga e que a precede.[19]

Outra narrativa extrabíblica muito popular a retratar um acontecimento catastrófico sobre o começo da criação é o dilúvio, cuja analogia com a história bíblica protagonizada por Noé não deixa dúvida. O antigo relato *Emuna Elish* circulava entre os povos mesopotâmicos, desde o segundo milênio a.e.c. e contava a história da "Criação do mundo" pelo deus *Marduk*. Os babilônios, portanto, já estavam providos de lenda mais antiga que a Bíblia, em cuja aventura havia a participação do herói chamado Guilgamesh. Tudo indica que a versão do dilúvio bíblico foi inspirada na narrativa assíria, proveniente de tabuinhas descobertas pela arqueologia:

> Sebe de bambus, sebe de bambus! Muro, muro!.. Homem de Shurupaque, filho de Ubar-Tutu, destrói a tua casa, constrói um barco! Abandona as riquezas, procura a vida! Detesta os tesouros e guarda vivo o sopro! Faze entrar no barco todas as espécies vivas! Meçam-se as dimensões desse barco que tu construirás: sejam iguais o comprimento e a largura, e tu o cobrirás com um teto como o Apsu (V 21-31) [...] Durante um dia inteiro a tempestade se desencadeia; sopra com fúria, provoca inundação: esta, como um exército, se abate sobre os homens. Eles não se reconhecem mais uns aos outros, as pessoas não são mais discerníveis nos céus. Os deuses, amedrontados com o dilúvio, fogem, sobem até o céu de Anu... Quando chegou o sétimo dia, a tempestade diluviana tombou no combate que ela tinha sustentado como um exército: o mar se acalmou, o vento se abrandou, o dilúvio cessou. Abri uma fresta e a luz bateu em meu rosto. Olhei o tempo: o silêncio era completo, e toda a humanidade se tinha transformado em lodo; como um teto, a planície úmida se perdia de vista. Deixei-me cair e, permanecendo assentado, chorei; as lágrimas escorriam pelas minhas faces (vv.128-138 [...]. Quando chegou o

---

[19] Segundo abordagem de gênero, a leitura Adão e Eva, como nomes próprios, são produtos de interpretação tardia, oriundas das traduções para o grego e o latim, já que "as fontes originais falam de 'homem' e 'mulher' sem usar nomes próprios". Cf. SCHÜNGEL-STRAUMANN, "Sobre a criação do homem e da mulher em *Gênesis* 1-3: Reconsiderando a história e a recepção do texto", In: Athalya BRENNER, org., *Gênesis a partir de uma leitura de gênero*. Paulinas, 2000, p. 66ss.

sétimo dia, separei uma pomba e a soltei: a pomba partiu e voltou; não encontrando onde pousar, retornou. Separei uma andorinha e a soltei; a andorinha partiu e voltou; não encontrando onde pousar, retornou. Separei um corvo e o soltei: o corvo partiu e viu as águas secando; comeu, voou, grasnou e não retornou. Abri as portas, soltei os animais, ofereci um sacrifício... (vv.146ss).[20]

O mito, gênero literário presente nas mais antigas culturas mesopotâmicas, não deve ser subestimado nos escritos bíblicos. Em Gênesis 1-11 encontram-se condensadas reflexões milenares acerca do universo e do homem, com temas comuns a outras culturas presentes no Antigo Oriente: Criação, queda, dilúvio e Torre de Babel.[21] Não se trata de história na acepção moderna do termo, nem deve ser confundido com o mesmo sentido de mitologia grega em que as aventuras ou confrontos entre deuses e heróis marcam o ponto alto. Os relatos bíblicos abordam um olhar ao homem e ao seu mundo a partir de posições eminentemente religiosas no mundo israelita. Mas, a linguagem e os episódios trazem traços comuns aos mais antigos mitos do Egito, da Mesopotâmia e de Canaã, das cosmogonias (trata da origem e evolução do universo) e antropologias, com suas tradições religiosas. As narrativas bíblicas da criação do mundo, embora inspiradas em antigos relatos mesopotâmicos, foram moldadas segundo interesses teológicos que estavam se desenvolvendo em Israel.

Etienne Charpentier afirma o seguinte:

> O mito consiste em tomarmos uma grande questão que trazemos em nós e a projetarmos, na forma de história, num mundo irreal, num tempo de antes do tempo, o dos deuses, quando o homem ainda não existia. Esta história dos deuses é a nossa, transposta. Ela se torna, então, o modelo que o homem deve copiar. As histórias míticas são, portanto, muito sérias: elas são a primeira reflexão da humanidade. Inspirando-se nos grandes mitos, especialmente nas narrações da criação, a Bíblia a retoma em função da sua fé num único Deus [grifo meu], que intervém em nossa história e que quer que o homem seja livre.[22]

---

[20] Texto extraído de Pierre GRELOT. *Homem, quem és?* São Paulo, Paulinas, 1982. Coleção Cadernos Bíblicos.
[21] Cf. *Vademecum para o Estudo da Bíblia / BÍBLIA* – Associação laical de cultura bíblica [trad.: José Afonso Beraldin], São Paulo, Paulinas, 2000, p. 61 (Coleção: Bíblia e história).
[22] Etienne CHARPENTIER, *Para ler o Antigo Testamento. Orientação inicial para entender o Antigo Testamento*, São Paulo, Paulinas, 1986, p. 36-37.

Essa questão ganha relevo no estudo crítico do Gênesis. Comparado com outras culturas, Gn 1-11 condensa reflexões milenares acerca do universo e do próprio ser humano. Suas histórias ou relatos "representam um olhar ao homem e a seu mundo a partir de posições eminentemente religiosas". Por conseguinte:

> a linguagem e os episódios trazem, em larga medida, a marca de antigos mitos do Egito, da Mesopotâmia e de Canaã, das cosmogonias e antropologias de suas tradições religiosas. A sequência criação do mundo [...] provém de algumas narrações mesopotâmicas nas quais o conjunto dos onze capítulos se inspirou. No entanto, sua colocação na Bíblia e em Gênesis esclarecem outros aspectos não menos importantes. Os onze primeiros capítulos de Gênesis são um prolongamento das tradições patriarcais (Gn 12-50). Deste modo, dois itinerários da humanidade são contrapostos. Um deles viu-se impulsionado pelo afã desmedido de igualar-se a Deus, semeado de maldições e ruptura de relações, que começou no jardim do Éden e continuou com os episódios de Caim e Abel, do dilúvio e da torre de Babel. O outro foi iniciado pelo Senhor com o chamado dirigido ao primeiro dos patriarcas, com a intenção de reunir a humanidade dispersa, livrá-la das maldições e orientá-la para o caminho das bênçãos e das promessas.[23]

---

[23] Jesus Garcia RECIO, o. cit. p. 10.

CAPÍTULO II

Conceitos-chave na teologia do Israel bíblico

2.1 História Deuteronomista

A assim chamada *História Deuteronomista* (daqui em diante abreviada para HDtr) constitui uma obra teológica de ficção literária que, em sua extensão, perpassa os livros de Josué, Juízes, 1-2Samuel e 1-2Reis. O livro de Rute, colocado entre Juízes e Samuel, não pertence a esse conjunto. Sendo a primeira tentativa de compor uma 'história' de Israel na Bíblia, para os padrões da época, HDtr não corresponde ao sentido moderno alçado pela ciência historiográfica.

Seu maior propósito é, portanto, teológico, orientado pela preocupação de avaliar as ações dos líderes e do povo israelita na história da salvação. Se as etapas que a compõem coubessem numa linha do tempo, cobririam um período histórico que vai da entrada na Terra Prometida (Josué) até o começo do Exílio Babilônico (2Reis), estendendo-se por aproximadamente sete séculos (XII–VI a.e.c). Ainda que os escritores bíblicos revelem invejável destreza em recuperar e ordenar informações sobre o passado de Israel, num curso histórico bem articulado e consistente, fato é que suas narrativas não pretendem oferecer um quadro linear e fiel dos acontecimentos mencionados.

Para entender melhor seu alcance teológico estamos inclinados a recuperar o programa, ou ideologia político-religioso, submerso no que se costuma denominar 'livros Históricos', em que sobressai a obra monumental histórica *deuteronomista*. Como o próprio nome sugere, o programa é identificado com o atual livro do Deuteronômio (chamado *Devarim*, em hebraico, oriundo de 'Palavra' – Dt 1,1). Mas, é o núcleo legislativo do livro, constituído por Dt 12-26, que forma o programa teológico sobre o qual se ergue o passado de Israel, desde a entrada na Terra até o Exílio.

Livro da Lei/Torah, inicialmente identificado com o Dt 12-26, foi encontrado no Templo de Jerusalém durante o reinado de Josias (640-609 a.e.c), conforme consta em 2Rs 22. Embora carente de maiores detalhes, o livro teria alavancado o projeto reformista do rei, em 621 a.e.c. O mais provável é que Josias tenha se servido desse programa para legitimar a centralização nacional-administrativo-religiosa que pôs em curso durante seu governo.

A primeira edição da obra histórica *Deuteronômica*, iluminada pelo código (Dt 12-26), foi resultado de uma grande revisão da história de Israel impulsionada pela visão reformista, após 621 a.e.c. Suas origens mais remotas, contudo, remontam o séc. VIII, quando o livro teria sido escrito, resultando no Código de Leis no Reino do norte, após este se separar de Judá, em 930 (1Reis 11). A destruição da Samaria, capital do Israel-norte, pelo exército assírio, em 721, por sua vez, deu um curso inusitado ao código *deuteronômico*. Enquanto buscavam refúgio em Judá, Sacerdotes samaritanos em fuga teriam levado consigo uma cópia do livro sagrado e depositado no Templo de Jerusalém.

Acredita-se que o código deuteronômico esteja por trás das reformas religiosas originalmente propostas por Ezequias (2Rs 18-21), bisavô de Josias. Já sob a total dominação assíria no Israel-norte, e temendo ataques a Judá, o rei Ezequias (716-687) pôs em curso um ousado plano visando à sobrevivência na nação. Discretamente e sem causar alardes, Ezequias promoveu um êxodo rural da população para Jerusalém, evitando um confronto militar em campo aberto com o exército assírio (Is 7,14).[1] O rei se mostra convencido de que o confronto militar com a belicosa Assíria não era solução inteligente. Acuado, Ezequias se rende prometendo obediência ao rei Senaquerib (2Rs 18,13-16). Sua estratégia, então, se concentra na reforma religiosa que traria desejada unidade à nação já rendida e fragilizada. Ao que tudo indica, a base dessas ações em Jerusalém pressupõe o programa contido no código deuteronômico (comparar Dt 12 e 2Rs 18,1-8). Tendo se inspirado no *Deuteronômio*, ou

---

[1] Para mais detalhes, ver Pedro KRAMER, *Origem e legislação do Deuteronômio. Programa de uma sociedade sem empobrecidos e excluídos*, São Paulo, Paulinas, 2006, p. 18 [Coleção Exegese].

parte dele, Ezequias se apressa em promover reformas, especialmente no campo religioso e social. Cem anos mais tarde, no tempo de seu bisneto Josias (621 a.e.c), esse código viria a se tornar a primeira constituição pública de Judá, tendo papel decisivo na reconstrução do povo judeu durante o exílio e, sobretudo, após o exílio. Desse livro nasceria uma obra literária maior, formada pelo Pentateuco e os livros que compunham a monumental História Deuteronomista.

Ao incentivar maior concentração da população rural na cidade, o rei Ezequias deu o primeiro passo para um projeto maior: a centralização do culto no templo de Jerusalém. Caberia a Josias, no entanto, retomar o projeto parcialmente fracassado do bisavô e atribuir ao Deuteronômio o *status* de livro sagrado. Estava oficializada a primeira constituição de Judá na história.

2.1.1 Motivações que impulsionaram a teologia Deuteronomista

A obra HDtr procura legitimar o reinado de Josias (640-609). Mas para isso precisa reconstruir o passado, voltando-se para os feitos de seus antepassados que convergem para os fundadores da monarquia, sobretudo, Davi e Salomão. Sem desviar o foco, seus autores sentem-se engajados nessa reconstrução, uma espécie de revisão com o intuído de firmar a identidade de povo. Não apenas os eventos foram recuperados, como também os heróis, que marcaram época e ajudaram a consolidar o ideal monárquico-nacional pretendido nos tempos do escritor *deuteronomista*. Com esse propósito, figuras como Josué, Débora, Sansão, Samuel, Davi, Salomão, entre outros, ganharam contorno heroico para modelar a utopia da grande nação nos tempos de Josias.

O livro encontrado em Jerusalém (2Rs 22,8) e promulgado solenemente por Josias (2Rs 23,1ss) em 621 teria estimulado um plano audacioso de reunificar as antigas tribos de Israel, tal como ocorrera nas origens da monarquia sob os reinados de Davi e Salomão. Após a morte de Salomão a monarquia unida sofrera duro golpe político. Dez tribos ao norte romperam com Jerusalém e proclamaram sua independência, que durou até 721 a.e.c, quando a capital Samaria foi arrasada pelos assírios. A expectativa de unificar novamente as tribos para restabelecer o antigo Israel davídico virou utopia. Analisaremos as causas e as consequências dessa separação num capítulo mais à frente.

Dentre as principais motivações para escrever essa 'história', podemos destacar as seguintes:

1. Propaganda a favor da monarquia (1Sm 8,1ss);
2. Exaltação de heróis nacionais (1Rs 3,4ss);
3. Pedagógica e didática, ensinamento (1Rs 3,16ss). Como obra apologética favorável à monarquia, suas narrativas exaltam o "bom comportamento" dos líderes que viviam misturados às populações pagãs (Js 23,6ss). Mas condena os que se *desviaram do caminho de IHWH*, praticando a idolatria;
4. Visa a preservar a memória, o passado de Israel: Sansão (Jz 13,1ss), Débora (Jz 5) e outros heróis. A monarquia também emergiu em meio a sérias polêmicas. Encontram-se textos antagônicos, como os discursos desfavoráveis à monarquia, 1Sm 8; 10,17-27 e 13,7-15, só para recordar alguns deles. Essa avaliação negativa, por sua vez, se deve tanto às frustrações trazidas pela experiência monárquica colhida nos séculos seguintes à instalação da monarquia davídica, quanto por ter resultado no fracasso do exílio.[2]

A voz profética permeia toda a HDtr. Contém antigas tradições proféticas, como mostram as narrativas de Elias e Eliseu (1Rs 17–2Rs 8), bem como anais ou registros dos reis, que governaram os dois estados, Judá e Israel. Os personagens aí mencionados são chamados de 'profetas anteriores' pela tradição bíblica judaica. Foram adicionados também diversos fragmentos (2Rs 22,8.14-19). Elias merece tratamento à parte por representar uma voz profética marcada pela ruptura do profetismo israelita com o palácio e seus representantes. Sua entrada em cena pode ser contextualizada à luz do profetismo de protesto nascido no interior da própria monarquia em seu auge e desenvolvido pela consciência crítica do deuteronomista. Frente à situação social de empobrecimento gerado pela monarquia, representado pelo órfão e a viúva, Elias emerge como defensor incontestee radical da religião Javista: "Pela vida de IHWH, o Deus de

---

[2] Cf. Francisco J. F. VALLINA, In: Luis Fernando Girón BLANC (org.), *Israel, uma terra em conflito*, São Paulo, Paulinas, 2000, p. 20.

Israel, a quem sirvo" (1Rs 17,1b). Ele foi chamado por Deus, quase como um convite a se retirar em fuga do palácio, para cuidar da viúva e do órfão num país estrangeiro (1Rs 17,7ss).

Quanto à questão redacional, a obra HDtr compreende várias camadas literárias até sua conclusão durante o Exílio. É o que se pode observar na composição 1Rs 23,24-27. O versículo 25 expõe que "não houve antes dele [Josias] rei algum que se tivesse voltado, como ele, para IHWH, de todo o seu coração [...]; nem depois dele houve algum que lhe pudesse comparar". A expressão *"nem depois dele"* [grifo meu], não seria um acréscimo adicional feito por redatores durante o exílio? Alguns detalhes serão tratados mais à frente.

A exemplo do profetismo, o exílio é outro tema que subjaz nessas histórias. O Pentateuco, por exemplo, retrata o período exílico dissimulado nas narrativas de Abrão (Gn 12,10ss; 20,1ss), Isaac (Gn 26,1ss), Jacó (Gn 46) e José (Gn 37ss), todos eles forçados, por motivos variados, sobretudo a fome, a deixar Canaã para habitar temporariamente uma terra estrangeira. Assim também em relação a Moisés quando, já no momento derradeiro da vida, é avisado por Deus que não entrará na terra, mas que morrerá fora dela (Dt 34,1.4.5-6). Essa narrativa, possível tradição tardia no final do exílio, tem o propósito de consolar os exilados, que almejavam retornar à terra, mas não conseguiram fazê-lo. O relato é endereçado aos judeus, que se encontravam na diáspora, portanto fora da Terra prometida. A terra, no entanto, será o principal tema do livro seguinte ao Deuteronômio. António Lamadrid diz que a terra, "dom de Deus", constitui o principal tema no livro de Josué, com um discurso inicial (Js 1) e outro conclusivo (Js 23). A terra pertence ao povo de Israel, sendo sua a entrada em Canaã retratada como "dom de Deus", o cumprimento da promessa anunciada aos patriarcas (Js 23,14).[3] Seu propósito teológico é narrar a conquista triunfal e a entrada na terra pelos hebreus após a jornada no deserto.

Na sequência, escritor HDtr apresenta no livro Juízes o primeiro estágio da ocupação, marcado pelo avanço da idolatria na história de Israel. É o marco divisor sobre a etapa da conquista da terra por Josué. Comparado

---

[3] Cf. Antonio Gonzalez LAMADRID, *As tradições históricas de Israel. Introdução à história do Antigo Testamento,* [Tradução: José Maria de Almeida], Petrópolis, Vozes, 2015, p. 48-50.

com Josué, que faz uma avaliação teológica positiva da conquista, Juízes tece uma avaliação um tanto negativa, uma terra marcada pelo crescimento e disseminação da idolatria.

2.2 Cronista: uma revisão da história

Uma nova versão de Israel na Bíblia foi elaborada após o Exílio, em boa parte construída a partir do material empregado na história *Deuteronomista*, basicamente os livros de Samuel e Reis. Essa versão foi arquitetada com base em novos critérios e na visão teológica emergentes no contexto histórico-social judaico da reconstrução pós-exílica. Atribuiu-se autoria a esse trabalho um escritor anônimo, ou escola, denominado Cronista, formado pelos livros 1-2Cr e Esd-Ne.[4]

O cronista constrói um esboço de tempo numa concepção um tanto distinta da HDtr, cujas etapas são assim delineadas por Antonio LAMADRID (2015, p. 143ss):

1. Origens ou Pré-história da monarquia que, começando em Adão, se estende até o começo da monarquia (1Cr 1-9);
2. Monarquia áurea propriamente dita, sob os reinados de Davi (1Cr 10-29), Salomão (2Cr 1-9) e demais reis de Judá (2Cr 10-26), até o Exílio;
3. Exílio (586-538 a.e.c), cujas narrativas, não se sabe porque, são omitidas;
4. Restauração pós-exílica, com Esdras e Neemias (livros de Esd-Nee). O trabalho redacional Cronista, composto entre os séculos IV e III, deve ser considerado uma nova história, portanto original, porque seus 'autores' também o são.

A propósito, para se ter uma vaga ideia da complexidade que cerca a obra *Cronista*, a mais longa lista genealógica na Bíblia encontra-se em 1Sm 2-9. Essa descrição enfadonha pode ser inserção de um trabalho redacional composto no final do século II, ou seja, no contexto em que o estado hasmoneu procurava se impor como força política na Judeia.

---

[4] Para uma síntese e esquema prático do seu conteúdo, bem como os principais temas e a teologia da obra cronista como um todo, cf. Antonio LAMADRID, 2015, pág. 134-159.

Parece razoável assumir, de acordo com sólidos argumentos mostrados pelo eminente arqueólogo Israel FINKELSTEIN, que afirma: "A expansão hasmoneia foi vista como reconquista legítima do território do Israel bíblico, uma ideologia representada da melhor maneira nas palavras colocadas na boca de Simão", ideologia transcrita durante o governo de João Hircano (134-104 a.e.c). Não por acaso, o livro de *Macabeus* procura reforçar a legitimidade sobre a conquista da terra, argumentando: "Não é a terra alheia a que tomamos, nem de coisas alheias nos apoderamos, pois trata-se da herança dos nossos pais: contra todo direito foi ela, por certo tempo, ocupada por nossos inimigos" (1Mc 15,33). Conclui-se, disso, que as chamadas 'listas genealógicas' com suas cidades, transcritas em 1Cr 2-9, podem ser contemporâneas aos dias de João Hircano e concorrem para justificar a expansão territorial que estava ocorrendo no séc. II a.e.c (FINKELSTEIN, 2022, p. 145-6). A terra, desnecessário dizer, é tema recorrente já na história *deuteronomista*, e ajudou a legitimar a visão utópica da monarquia davídica assumida no tempo de Josias. Concorre em favor da hipótese acima que o sonho de um Estado judeu independente após o exílio voltou a tornar-se exequível apenas sob o regime hasmoneu. Não é de se estranhar, com isso, que o glorioso passado monárquico judaíta tenha sido convocado para justificar a nação em formação sob os hasmoneus.

Seu trabalho redacional de viés teológico é guiado pelo propósito de "re-escrever", compor uma nova história de Israel após o exílio. Contudo, adota uma postura singular de alcance teológico para abranger toda história de Israel, eliminando conscientemente as dinastias e reis do reino de Israel-norte. Estes, com efeito, já haviam sido condenados na redação Deuteronomista por terem praticados idolatria. Eles já não exercem mais influência alguma no curso do povo judeu após o Exílio. Podemos dizer, com certa segurança, que sua motivação primária era fazer teologia, deixando a história apenas como pano de fundo. Por isso, o autor 'passeia' livremente pelas fontes antigas (especialmente os livros de Samuel e Reis) a fim de reler acontecimentos mais antigos à luz de um novo tempo, isto é, o seu tempo presente. A compreensão dos mesmos reis de Judá, na história *Cronista*, pode ser exemplificada, quando contraposta ao escritor *Deuteronomista*, conforme os exemplos abaixo:

Redação Deuteronomista	Redação Cronista
Asa (1Rs 15,9-24): *Asa fez o que é reto aos olhos de IHWH, como seu pai Davi... Os lugares altos não desapareceram; mas o coração de Asa foi plenamente fiel a IHWH, por toda a sua vida.*	**Asa** (2Cr 14-16): O escritor dedica ao rei um eloquente elogio por seus feitos contra a idolatria, com acréscimos que superam, em muito, o breve texto em 1Reis.
Josafá (1Rs 22,41-51): *Seguiu em tudo o procedimento de seu pai Asa... fazendo o que é reto aos olhos de IHWH. Entretanto, os lugares altos não desapareceram* (v.43-44).	**Josafá** (2Cr 20,31–21,1): Semelhante a Asa, também aqui há um longo e rasgado elogio a Josafá, muito diferente da tradição em 1Reis, acrescentando ser um homem piedoso e devoto a Deus (20,18ss).
Manassés (2Rs 21,1-18): O rei é condenado com veemência por suas práticas idolátricas.	**Manassés** (2Cr 33,1-20). Ao mostrar um rei penitente que se humilha diante de Deus, o escriba o absolve de seu pecado, imagem oposta a 2Reis.

Davi atua como figura central, desempenhando papel de protagonista. É por onde o escritor cronista começa, de fato, a contar sua versão. A morte de Saul (1Cr 10), por sua vez, serve apenas de pretexto para a ascensão de Davi, cuja figura domina o livro. Essa nova história serve para consolidar a unidade do povo de Deus, bem como assegurar a unidade religiosa do povo judeu após o exílio, nas comunidades da diáspora. A preocupação com o ideal de unidade impõe-se como linha de frente.

As tribos de Judá e Benjamim recebem atenção especial 1Cr 2-4 e 7-8). Mas, Judá é, por excelência, "A" tribo de Davi, com quem Deus fez aliança, sendo Jerusalém o único lugar de culto. O *Cronista* deposita em Davi atenção especial, encarregando-o dos preparativos para a construção do templo e a organização do culto (1Cr 22-29). Os reis de Judá são elogiados conforme as reformas que conduziram no Templo, razão maior da aprovação que recebem. Tudo nessa história parece convergir para o trono de Davi, para Jerusalém e para o Templo.

Temos, portanto, duas 'histórias', ou duas 'teologias' distintas. A morte de Josias, narrada pelo deuteronomista, em 2Rs 23,29, é modificada pelo escritor 'cronista', em 2Cr 35,20-23. Nesta, a 'conclusão' se encontra na explicação ou justificativa do pecado cometido por Josias, razão da sua derrota e morte: "Josias não escutou as palavras de Necao, as quais vinham de Deus" (2Cr 35,22). Toda essa estrutura teológica mostra que os textos bíblicos não podem ser avaliados pela veracidade histórica das narrativas, mas pelo teor teológico com que estão comprometidas.

CAPÍTULO III
Pré-história

3.1 Histórias de fundação

O termo Israel é praticamente desconhecido fora da Bíblia. Aparece pela primeira vez na famosa inscrição da "Estela egípcia de Merneptah", monumento dedicado a uma campanha militar em Canaã, ocorrida entre os anos 1213 e 1203 a.e.c. Sucessor de Ramsés II, Merneptah é, até o momento, o mais antigo artefato documental. O trecho encontrado foi assim traduzido: "Israel é terra deserta, destruída, não tem mais semente".[1] Dada tão escassa evidência arqueológica, fica difícil associar a existência dos patriarcas hebreus do Gênesis bíblico, Abrão, Isaac e Jacó ao segundo milênio, como normalmente pressupõe alguns manuais de teologia.[2]

O livro do Deuteronômio pontua traços bem superficiais sobre os patriarcas. Insinua, por exemplo, a relação de Abrão com um povo nômade, identificado com um vago 'arameu errante': "Meu pai era um arameu errante: ele desceu ao Egito e ali residiu com poucas pessoas; depois tornou-se uma nação grande, forte e poderosa" (Dt 26,5). Pode-se dizer que "assim começa uma profissão de fé israelita, recolhida no Deuteronômio, por ocasião do rito da apresentação das primícias. Independente-

---

[1] A. MAZAR, *Arqueologia na terra da Bíblia*, 2003, p. 235.
[2] Essa discussão ultrapassa as fronteiras e objetivo propostos neste livro. Do ponto de vista da documentação arqueológica, por exemplo, não há evidencias que ajudem a reconstruir, com segurança, a datação tradicionalmente atribuída ao chamado 'período patriarcal'. Certas conclusões acadêmicas nas últimas décadas não passam de especulações cujos resultados levam a desapontamentos. Também não é interesse trazer a discussão sobre minimalistas e maximalistas. Para maiores detalhes sobre essa discussão, ver o estudo de Airton José da SILVA. "A história de Israel na pesquisa atual". In: Jacir de Freitas FARIA (org.). *História de Israel e as pesquisas mais recentes*. Vozes, 2003. p. 43-87, especialmente pág. 47-49. O autor possui um site acadêmico avançado e atualizado acessível online. Consultar www.airtonjo.com (23/05/2023).

mente de sua originalidade histórica, o que mais chama atenção é que essa antiga confissão expressa a origem do povo de Israel".[3] Exceto o fato de o Deuteronômio, o texto final, constituir uma produção literária tardia, cujo intuito é reforçar a identidade de Israel durante e depois do exílio, nenhuma informação histórica relevante poderia acrescentar algo novo sobre os patriarcas.

A Idade do Ferro I (1200-1100 a.e.c) se desvela como período mais provável da formação dos povos e grupos que habitavam o Oriente Próximo, tempo caracterizado por forte movimentação demográfica na região quando se deu o assentamento de grupos seminômades em Canaã. O litoral Mediterrâneo foi abalado por invasores identificados como 'Povos do Mar', dando origem a ondas migratórias na costa marítima. É bem provável que, nessa época, a terra de Canaã (a Palestina romana) tenha sofrido um influxo demográfico sem precedentes, que submeteu a região à ocupação de grupos migratórios diversos. Israel, ao que tudo indica, emergirá dessa ocupação iniciada na Idade do Ferro I. Embora não seja tão simples reconstruir em detalhes o processo de ocupação no qual teve origem Israel, é plausível supor que as narrativas bíblicas sobre os patriarcas se misturam às migrações em Canaã. Não se descarta, de um lado, tratar-se de grupos seminômades, que buscavam se estabelecer na região e, de outro lado, grupos mobilizados e já estabelecidos, que impunham resistência aos novos 'intrusos'. Com efeito, é tão difícil reconstruir o processo formativo das ondas migratórias desde sua gênese, quanto estabelecer o tempo que um determinado grupo social levou para se organizar e constituir um povo independente no local. A Bíblia os retrata sem nenhuma precisão ou contorno cultural próprio: edomitas, moabitas, amonitas e amorreus. O povo moabita, por exemplo, é mais sedentário do que Edom, tirando daí proveito da combinação do pastoreio com a agricultura. Parece estar presente o modelo urbano de sociedade.

Escavações arqueológicas recentes têm se notabilizado, ao propor métodos científicos, que exigem mudanças de paradigmas diretamente associados à incerteza sobre historicidade das fontes bíblicas. Os novos desafios colocados pela arqueologia, por sua vez, encontram forte resis-

---

[3] Joaquín González. ECHEGARAY, *O Crescente fértil e a Bíblia*. Petrópolis, Vozes, 1993, p. 66.

tência, sobretudo no ambiente religioso confessional, tradicionalmente nutrido pela leitura literal, quando não fundamentalista, da Bíblia. Pesquisadores modernos se mostram reticentes até quanto ao emprego de uma "arqueologia bíblica", dada a tendência ideológico-teológica assumida pelos pioneiros da arqueologia no início do século XX, em detrimento de "uma abordagem secular e profissional".[4] Hoje reconhece-se, porém, que "a relação mútua entre estudos bíblicos e a arqueologia na terra da Bíblia continua a inspirar estudiosos de ambos os campos" (MAZAR, 2003, p. 53). A arqueologia bíblica tem origem em informações de fundo, ou até despretensiosas, deixadas no livro sagrado muitas das quais serviram de estímulo incipiente à pesquisa como um todo.[5] Obviamente, a motivação original que teria atraído arqueólogos norte-americanos a Israel, no início do séc. XX, tinha por premissa um pressuposto equivocado: "A Bíblia numa mão e a pá na outra". Sabe-se hoje que a pesquisa arqueológica bíblica vai muito além dessa dicotomia. Esse assunto receberá o devido tratamento com ponderações ao longo dos capítulos seguintes.

3.2 Sagas: Noé e os patriarcas

Entra em ação a criatividade redacional dos primeiros escribas em usar recursos literários disponíveis em sua época para expressar a consciência identitária construída em séculos. Um desses recursos foi a "saga", muito comum no livro do Gênesis. "A saga de uma tribo ou de um povo narra a história de um ancestral, real ou fictício, cujos traços essenciais e cujo destino se prolongam em seus descendentes", salienta Cássio M. D. Silva.[6] É o que sugere Gn 9,18-27 ao retratar como Noé se tornou "viticultor".

---

[4] Cf. A. MAZAR, 2003, p. 52-3. Não é tão simples quanto parece dispensar a tal abordagem teológica, ou negá-la, justificada apenas por motivações ideológicas que, circunstancialmente, existem. Muito se tem criticado a postura parcial assumida por arqueólogos tradicionais da Bíblia, porque baseada em uma "abordagem muito específica da relação entre arqueologia e estudos bíblicos" (p. 52).
[5] Existe hoje abundância de publicações com estudos acadêmicos muito sérios com discussões acaloradas sobre a interpretação de construções e utensílios trazidos à luz durante expedições arqueológicas em Israel, desde o século XIX. O que os pesquisadores têm comum, em muitos casos, é a falta de consenso envolvendo a interpretação desses achados. Um exemplo clássico dessas discussões diz respeito às escavações realizadas nas últimas décadas no sítio arqueológico de Mequido, local que sofreu inúmeras transformações. Cf. I. FINKELSTEIN, 2015, p. 46-55; A. MAZAR, 2003, p. 450-5.
[6] Cássio M.D. da SILVA, *Metodologia de exegese bíblica*, S. Paulo, Paulinas, 2000, p. 191 (Col. Bíblia e história).

Ao encontrar-se embriagado, estabelece o destino de seus filhos, baseado em "benção" e "maldição". Curiosamente, Cam, epônimo de Canaã, é amaldiçoado, enquanto Shem, epônimo de semita, é abençoado (vv. 25-27). Percebe-se aqui que os "filhos de Noé" representam populações que conviviam no mesmo ambiente em que os futuros filhos de Israel buscavam se estabelecer: Na saga, *Shem* prefigura Israel, personagem que legitima o proprietário da terra; *Cam*, por sua vez, sugere epônimo para os cananeus, povo destinado a ser escravo; *Jafé* representa os filisteus, espécie de hóspedes protegidos por Shem.

A relação tensa de Israel com cananeus e filisteus é marcada por hostilidades permanentes ao longo do tempo. Ambos são retratados como inimigos viscerais de Israel em episódios bélicos, na época dos Juízes (Jz 1,1ss; 4,1ss; 10,6ss). Mas, a lista de inimigos não para por aí, incluindo amonitas (Jz 11,29ss), moabitas (Jz 3,12ss), madianitas (Jz 6,1ss; 7,21) e outros. Não obstante os exemplos sejam fartos, Sansão é quem melhor ilustra essa situação em relação aos filisteus, na saga contada em Jz 13-16.

A descendência de Noé ganhará força com *Shem*, cuja linha genealógica irá desaguar em Abraão, o primeiro patriarca e pai de Israel introduzido em Gn 11,10-26, nas dez gerações após o dilúvio. Originalmente, a convivência entre esses povos 'parentes' em Canaã, como, aliás, ocorre em culturas regionais modernas, nunca foi francamente pacífica. As dissidências ou conflitos internos mais profundos, no entanto, não vêm à tona senão por desentendimentos sutis mantidos às margens dos relatos. É o que perpassa nas "sagas de separação", nas quais um patriarca se vê em atrito com parentes próximos: Abrão e Ló (Gn 13,5-9), Jacó e Labão (Gn 31,31-35), Jacó e Isaú (Gn 33,1-16).

Existe um entrelaçamento quase sem suturas perceptíveis entre história e lendas que caracterizam a saga. O caso dos 'ídolos domésticos', em Gn 31,31-35, constitui um bom exemplo disso. Raquel se vê compelida a 'roubar os ídolos' escondendo-os na sela do camelo. Considerado tema central somente a partir das reformas religiosas inspiradas no Deuteronômio, a idolatria não é omitida nas tradições mais antigas, refletida em sagas como essa. Mas, não se deve descartar o lado irônico oculto na passagem. Conforme sugerido, a divindade pagã reverenciada por Labão não passa de ídolo doméstico estático, feito de madeira ou pedra e sem poder algum. Revestindo de ironia, o autor bíblico estaria submetendo o ídolo a um lugar de desonra, ao fazer que Raquel sentasse sobre o ídolo, onde Labão não ousaria procurá-lo. Assim, o objeto divino reverenciado por Labão é rebaixado à 'impureza', causada pelo sangue da menstruação.[7] Com efeito, ao invés de explicitar conflitos geradores de graves rupturas entre um grupo e outro, a saga busca harmonizar as histórias, fazendo com que Abraão, Isaac e Jacó se tornem personagens, que permitem traçar um passado comum no Israel bíblico. Sem dúvida, pode-se vislumbrar a consciência coletiva assumida, mais tarde, por grupos originalmente independentes, ou até separados, mas que, em meio a um passado comum, convergem para um mesmo destino. As sagas sobre os patriarcas e matriarcas no Gênesis emergem, portanto, como projeções identitárias sobre um passado fictício.

As narrativas do Gênesis buscam uma construção ficcional do povo hebreu em suas origens. Esse percurso foi organizado sob três principais tradições ou ciclos interligados e harmônicos entre si: 1) Abraão (Gn 12-26); 2) Isaac e Jacó (Gn 27-36); e 3) José no Egito (Gn 37-50). Por conseguinte, tais tradições, originalmente independentes umas das outras, sofreram modificações até resultar no trabalho redacional tardio. Um dos objetivos era suprir lacunas genealógicas, moldadas pelo ideal de continuidade temporal entre os personagens. São relatos construídos a partir da tradição oral com clara pretensão de traçar, em linhas gerais, um curso 'migratório' imaginário comum, envolvendo grupos e clãs originalmente independentes. Por isso, não constituem fontes históricas fidedignas e falham em fornecer informações ou dados demográficos precisos sobre um mesmo território. Há quem sustenta, ainda, serem 'mitos' de fundação (história de Jacó e Êxodo-deserto) trazidos para Judá pelos israelitas após a queda de Israel-norte (721 a.e.c).[8] Séculos mais tarde, tais tradições que circulavam oralmente foram adotadas pela teologia deuteronomista, que as adaptou para compor uma 'pré-história'. Sua provável intenção era construir a identidade, bem como reforçar a 'unidade' de povo pouco antes do exílio e mesmo durante o desterro na Babilônia. Ao situar Abraão (herói

---

[7] Cf. Pauline A. VIVIANO, In: Dianne BERGANT e Robert J. KARRIS (orgs.), *Comentário Bíblico*, São Paulo, Loyola, 1999, Vol. 1, p. 81.
[8] Cf. Israel FINKELSTEIN, 2015, p. 171-2.

do sul) anterior ao patriarca Jacó (norte), o autor da narrativa pretende subordinar as histórias de Jacó à de Abraão, isto é, Israel e Judá.

Procurar por um Abraão histórico, bem como por qualquer outro patriarca, portanto, não está no radar da teologia bíblica. Uma leitura acurada das narrativas patriarcais, em Gn 12-36, sugerem dois principais ciclos: Abraão e Jacó. Seus relatos tendem a avançar o propósito de estabelecer uma correspondência entre eles, ambiente propício do pensamento teológico na Bíblia. Apresentar Abraão (sul) como avô de Jacó (Israel-norte) significa também dar maior relevância a Abraão como representante do sul, Judá, onde essas histórias estavam sendo escritas na fase final. Na tradição patriarcal, Abraão tem a primazia sobre Jacó por refletir a perspectiva do sul. Por constituir um relato mais antigo, o ciclo de Jacó (Israel-norte) foi herdado por escritores sulistas em tempos tardios, para compor uma grande história na qual ambos parecem partilhar um mesmo projeto de nação.[9] O ciclo de Jacó, surgido no séc. X e "promovido como um mito de todo Israel (Norte)", sob o reinado de Jeroboão II (783-743 – 2Rs 14,23ss), teria sido posteriormente incorporado à tradição patriarcal de Judá, no sul. Os conflitos frequentes narrados mais tarde no Gênesis parecem refletir o passado marcado por discórdias entre Israel e Judá: Conflito entre irmãos (Gn 25,24-26); luta de Jacó com personagem misterioso (anjo?) (Gn 32,23ss); a história de José, irmão mais jovem vendido para o Egito (Gn 37) e o enriquecimento de Jacó (Gn 30,25-43).[10] Este último é para disfarçar a superioridade econômica de Israel sobre Judá.

Narrativas patriarcais, em Gn 12-50, compõem uma unidade orgânica complexa. Sua principal função é servir-se da literatura como meio para reforçar e unificar grupos distintos. Relações sociais entre grupos, tribos ou clãs são formuladas por meio de contratos comerciais de cooperação. Do ponto de vista socioeconômico, interesses comerciais comuns podem ser formalizados por meio de genealogias entre grupos distintos com a finalidade de fortalecer a união e a convivência tolerável entre um grupo e outro (CERESKO, 1996, p. 51). Desse processo redacional complexo, feito em mutirão, resultaram as histórias dos patriarcas e matriarcas – *Abraão*, *Isaac* e *Jacó* – tomados como precursores e fundadores de Israel.

---

[9] Cf. FINKELSTEIN – RÖMER, Às origens da Torá, 2022, p. 66ss.
[10] Cf. Ibid, p. 71-72.

Seu objetivo consistia em reforçar a unidade nacional idealizada, consolidada em suas origens monárquicas sob Davi e Salomão. O presente caráter identitário do Israel monárquico foi construído com um olhar voltado ao passado, cujas tradições tendiam a legitimar histórias partilhadas por grupos, cujos descendentes teriam vindos de um passado comum.

Interligados e perfeitamente harmônicos entre si, os relatos de fundação no Gênesis visam a preencher lacunas genealógicas deixadas pela imprecisão histórica relativa aos principais ancestrais. Fica claro o estilo narrativo adotado pelo escriba, ao organizar o conteúdo sob laços familiares. A estrutura do livro pressupõe fórmulas identificadas pelos exegetas de *toledot* (cf. por exemplo, Gn 4,17ss; 5,1ss; 10,1ss), expressão hebraica que pode significar 'descendentes', 'gerações', mas que as versões modernas também traduzem por 'histórias' (SKA, 2003, p. 35-36). Resulta que o Gênesis acomoda camadas redacionais distintas articuladas sob o formato de 'histórias' concisas, etapas em que uma é a extensão da outra, dando a sensação de sequência cronológica bem coordenada sob três principais ciclos narrativos: 1) Abraão (Gn 12-26); 2) Isaac e Jacó (Gn 27-36); 3) José (Gn 37-50). Originalmente independentes umas das outras, essas narrativas são fruto de um minucioso trabalho redacional tardio, construído a partir de tradições orais independentes. Os relatos dos patriarcas foram organizados sob a perspectiva de escritores de Judá (sul). No Gênesis a 'história' com Abraão é o começo (Gn 12). É o primeiro patriarca, avô de Jacó, este o antepassado de Israel-norte. Essa construção permitiu submeter Israel a Judá, legitimando, assim, a ideologia segundo a qual Judá assume o domínio sobre Israel, quando este já não existia mais. Mostra Abraão exercendo a primazia sobre os outros patriarcas.[11]

Assim como Abraão e Isaac, também os 'mitos' de fundação de Israel-norte, após o séc. VIII, traziam em seu bojo a história de *Jacó*, bem como a experiência do Êxodo-deserto. Mais tarde, após a queda do Reino de Israel (721 a.e.c), essas tradições foram incorporadas a Judá e adotadas como narrativas de identidade, para reforçar a 'unidade' de povo, seriamente abalada após o cisma político (1Rs 11-12). Abrão (herói do sul) é quem ganha destaque, fazendo-o preceder ao patriarca Jacó (norte).

---

[11] Cf. I. FINKELSTEIN-RÖMER, 2022, p. 99ss; 66ss.

Usando de licença poética, o redator final do Genesis altera a posição de liderança assumida pelos patriarcas, ao subordinar os relatos de Jacó aos de Abraão, isto é, Israel a Judá (FINKELSTEIN, 2015, p. 171-2).

Nas narrativas bíblicas, vistas em conjunto, os 'israelitas' constituirão uma nação formada pelos filhos que descendem de Abraão. Os israelitas, por sua vez, receberam esse nome do neto de Abraão, Jacó, que tem o nome intencionalmente alterado para Israel (Gn 32,23ss). Em Gn 32,23, Jacó é chamado 'Israel' pelo Reino do norte. Como ele está originalmente associado ao norte, escribas de Judá reconstroem sua tradição, fazendo-o aproximar-se de Abraão, processo de releitura que pretende adequá-lo às novas condições assumidas por Judá, desde pouco antes do Exílio babilônico. Os vínculos entre Abraão e Jacó se tornam tão expressivos que ambos se confundem até nas narrativas sobre a presença deles no Egito, motivados pela fome que assolava Canaã (Gn 37-50). Esses relatos sobre descendência são preparativos, visando a transformar os filhos de Jacó em Israel, isto é, no grande povo, que irá emergir no Egito, sob o olhar do *Êxodo* em diante. Essa narrativa, todavia, merece um tratamento à parte e cujos detalhes serão retomados mais adiante na história da libertação sob Moisés.

Os relatos dos patriarcas aparecem em linhas gerais sobre um suposto processo 'migratório' porque passaram os clãs num passado nebuloso. Mas, geograficamente são imprecisos e omitem dados demográficos relevantes. Sugere-se, por exemplo, que na época de Abrão o comércio na região seria impulsionado por caravanas de camelos (*Gn* 12,16; 24,10). Pesquisas arqueológicas revelam, no entanto, que o camelo se tornou animal domesticado como meio de transporte comercial somente por volta do século IX-VIII a.e.c. Aplicar a atividade comercial com camelo ao tempo que supostamente vivera Abrão (segundo milênio a.e.c), incorre em claro anacronismo.[12]

Já a história de José, na sequência, é praticamente o desdobramento 'natural' feito para interligar os relatos dos patriarcas (Gênesis), ao relato de Moisés, que surge no Egito (Êxodo). Alguns temas ligados a José são recorrentes aos patriarcas, como 'migração' e 'fome'. Os patriarcas des-

---

[12] Ver detalhes dessa discussão em A. MAZAR, 2003, p. 230-1.

ciam ao Egito sempre que a fome assolava Canaã. Jacó, pai de José, é obrigado a descer ao Egito (artifício literário da novela é a venda de José como escravo). José ganha notoriedade por sua notável inteligência, sendo-lhe delegado cargo de confiança junto ao Faraó. Por fim, no momento oportuno e à espera de um desdobramento dramático, convincente ao leitor, José convida seu pai Jacó a subir até ele no Egito. Tanto Jacó quanto seus filhos, incluindo o próprio José, são tratados como homens livres, não mais como escravos, antecipando, assim, a condição dos hebreus/israelitas em tempos futuros. Desse elo dependerá a "*benção de Israel*", que se estende ao povo eleito. Uma tradição mostra a benção concedida por Jacó/Israel aos netos Manassés e Efraim, os dois filhos de José nascidos no Egito e que foram adotados por Jacó. Este, por conseguinte, autentica a adoção sob o gesto da benção a Israel como nação: "Os dois filhos que te nasceram na terra do Egito, antes que eu viesse para junto de ti no Egito, serão meus! [...] Traze-os perto de mim, para que eu os abençoe" (Gn 48,5ss). A benção antecipa e legitima a posse da terra apesar das desavenças vindouras entre as tribos, que levariam à separação irreversível entre Judá e Israel. Remonta ao passado para explicar como os hebreus, por meio de José e o pai Jacó, foram parar no Egito, onde as gerações futuras viveriam como escravos até serem libertados por Moisés.

Não obstante os nomes dos patriarcas Abraão, Isaac e Jacó sejam os mais lembrados nas histórias do Gênesis, como se eles não dependessem tanto de suas mulheres, as narrativas sobre as origens de Israel não se reduzem a eles. Recordemos as mães que estão no centro dessas histórias, sobretudo, quando focadas nas narrativas de nascimentos. Chama atenção nessas histórias extraordinárias que nenhuma delas podia gerar filhos, situação recorrente em todas as matriarcas: Sarah, Rebeca, Raquel e Lia. A elas acrescentam-se Ana e a mãe de Sansão, cujo nome é omitido na Bíblia. No Novo Testamento, existem narrativas que lembram as matriarcas de perto: *Isabel* não pode ter filho, até gerar João; *Maria*, além de muito jovem para conceber um filho, não conhece nenhum homem, quando recebe a visita do anjo que anuncia que ela terá um filho. O que há em comum entre essas mulheres? Seria exagero acusá-las, simplesmente, de 'estéreis', termo desconhecido pelo escritor da Bíblia hebraica para descrever tal situação vexatória a uma mulher?

Podemos traçar um breve paralelo entre as várias narrativas, envolvendo as matriarcas, e concentrar a atenção sobre o significado que as mulheres tiveram na história de Israel. Para começar, vejamos os principais anúncios de nascimento de forma sintética: Abrão e Sara; Isaac e Rebeca; Jacó e Raquel; Ana, mãe de Samuel (1Sm 1,5-8); A mãe de Sansão (Jz 13,2ss); A mulher sunamita (2Rs 4,14-17).

Sara Gn 17,15-19 e 18,10-15	Agar Gn 16,1ss	Rebeca Gn 25,21s	Raquel Gn 30,1ss
"Deus disse a Abrão: 'A tua mulher Sarai, não mais a chamarás de Sarai, mas seu nome é Sara. (16) Eu a abençoarei, e dela te darei um filho; eu a abençoarei, ela se tornará nações, e dela sairão reis de povos'. (17) Abrão caiu com o rosto por terra e se pôs a rir, pois dizia a si mesmo: 'Acaso nascerá um filho a um homem de cem anos, e Sara que tem noventa anos dará ainda à luz?' [...] (19) Mas Deus respondeu: 'Não, mas tua mulher Sara te dará um filho; tu o chamarás Isaac; estabelecerei minha aliança com ele, como uma aliança perpétua, para ser seu Deus e o de sua raça depois dele".	"A mulher de Abrão, Sarai, não lhe dera filho. Mas tinha uma serva egípcia, chamada Agar, (2) e Sarai disse a Abrão: 'Vê, eu te peço: IHWH não permitiu que eu desse à luz. Toma, pois, a minha serva. Talvez, por ela, eu venha a ter filhos'. E Abrão ouviu a voz de Sarai... (8) Deus disse: 'Agar, serva de Sarai, de onde vens e para onde vais?' Ela respondeu: 'Fujo da presença de minha senhora Sara'... (11) O Anjo de IHWH lhe disse: 'ESTÁS GRÁVIDA e darás à luz um filho, e lhe darás o nome de Ismael, pois o Senhor ouviu tua aflição".	"Isaac implorou a IHWH por sua mulher, porque ela era estéril: IHWH o ouviu e sua mulher Rebeca ficou grávida. (22) Ora, as crianças lutaram dentro dela e ela disse: 'Se é assim, para que viver?' Foi então consultar a IHWH, (23) e IHWH lhe disse: 'Há duas nações em teu seio, dois povos saídos de ti, se separarão, um povo dominará um povo, o mais velho servirá o mais novo".	"Raquel, vendo que não dava filhos a Jacó, tornou-se invejosa de sua irmã e disse a Jacó: 'Faze-me ter filhos também, ou eu morro'. (2) Jacó se irou contra Raquel e disse: 'Acaso estou eu no lugar de Deus que te recusou a maternidade?' (3) Ela retomou: 'Eis minha serva Bala. Aproxima-te dela e que ela dê à luz sobre meus joelhos: por ela também eu terei filhos... (22) Então Deus se lembrou de Raquel: ele a ouviu e a tornou fecunda. (23) Ela concebeu e deu à luz um filho [...] (24) ela o chamou de José, dizendo: 'Que IHWH me dê outro!".

Lia Mãe abençoada com muitos filhos (Gn 30,9ss)
"Lia, vendo que tinha deixado de ter filhos, tomou sua serva Zelfa e a deu por mulher a Jacó. (10) Selfa, a serva de Lia, gerou um filho para Jacó. (11) Lia disse: 'Que sorte!'; e ela o chamou de Gad. (12) Zelfa, a serva de Lia, gerou um segundo filho para Jacó. (13) Lia disse: 'Que felicidade! Pois as mulheres me felicitarão", e o chamou Aser. (14) Tendo chegado o tempo da ceifa do trigo, Rúben encontrou nos campos mandrágoras, que trouxe para sua mãe Lia. Raquel disse a Lia: 'Dá-me, por favor, as mandrágoras de teu filho'. (15) Mas Lia lhe respondeu: 'Não é bastante que me tenhas tomado o marido e queres tomar também as mandrágoras de meu filho?' [...] (16) Quando Jacó voltou dos campos, de tarde, Lia foi ao seu encontro e lhe disse: 'É preciso que durmas comigo, pois paguei por ti com as mandrágoras do meu filho'. E ele dormiu com ela naquela noite. (17) Deus ouviu Lia; ela concebeu e gerou um quinto filho para Jacó; (18) Lia disse: 'Deus me deu meu salário, por ter

dado minha serva a meu marido', e ela o chamou Issacar. (19) Lia concebeu e ainda gerou um sexto filho para Jacó [...] (22) Então Deus se lembrou de RAQUEL: ele a ouviu e a tornou fecunda. (23) Ela concebeu e deu à luz um filho; e disse: 'Deus retirou minha vergonha', e ela o chamou de José, dizendo: 'Que IHWH me dê outro'.
• Mandrágora: planta conhecida pelo seu poder afrodisíaco.

Ana 1Sm 1,2ss	Mãe de Sansão Jz 13,2ss	Sunamita 2Rs 4,8ss
"Elcana possuía duas mulheres: Ana era o nome de uma, e a outra chamava-se Fenena. Fenena tinha filhos; Ana, porém, não tinha nenhum. (3) Anualmente, aquele homem subia da sua cidade para adorar e oferecer sacrifícios a IHWH dos Exércitos, em Silo... (4) No dia em que oferecia sacrifícios, Elcana tinha o costume de dar porções à sua mulher Fenena e a todos os seus filhos e filhas, (5) porém a Ana, embora a amasse mais, dava apenas uma porção, pois IHWH a tinha feito ESTÉRIL. (6) A sua rival também a irritava humilhando-a, porque IHWH a tinha deixado ESTÉRIL. (7) E isso acontecia todos os anos, sempre que eles subiam à casa de IHWH [Betel]: ela a ofendia. – E Ana chorava e não se alimentava. (8) Então Elcana, o seu marido, dizia: 'Ana, porque choras e não te alimentas? Por que estás infeliz? Será que eu não valho para ti mais do que dez filhos?' (9) Então Ana, depois de terem comido no quarto, se levantou e se apresentou diante de IHWH [...] (19) Levantaram-se bem cedo e, depois de se terem prostrado diante de IHWH, voltaram à sua casa, em Ramá. Elcana uniu-se à sua mulher Ana, e IHWH se lembrou dela. (20) Ana concebeu e, no devido tempo, deu à luz um filho a quem chamou de Samuel, porque, disse ela, 'eu o pedi a IHWH' ['O nome de Deus é El']".	(2) "Havia um homem do clã de Dã, cujo nome era Manoah. Sua mulher era estéril [akaráh] e não tinha filhos. (2) O Anjo de IHWH apareceu a essa mulher e lhe disse: 'Tu és estéril e não tiveste filhos, (4) mas conceberás e darás à luz um filho [...] (6) A mulher entrou e disse ao seu marido: 'Um homem de Deus me falou, um homem que tinha a aparência do Anjo de Deus, tal era a sua majestade. Não lhe perguntei donde vinha, e nem ele me disse o seu nome. (7) Mas ele me disse: 'Conceberás e darás um filho. De hoje em diante não bebas vinho nem qualquer bebida fermentada, e não comas nenhuma coisa impura, porque o menino será nazireu [ver Nm 6,1-21] de Deus desde o ventre de sua mãe até à morte!'".	"Certo dia, Eliseu passava por Suman, e uma mulher rica que lá morava o convidou para uma refeição [...] (9) Ela disse ao seu marido: 'Olha, sei que é um santo homem de Deus esse que passa sempre por nossa casa. (10) Façamos para ele, no terraço, um quarto [...] (11) Passando um dia por ali, retirou-se ao quarto do terraço e se deitou. (12) Disse ao servo Giezi: 'Chama essa sunamita'... (13) Eliseu prosseguiu: 'Que podemos fazer por ti? [...] (14) Geizi (servo) respondeu: 'Ela não tem filhos e seu marido já é idoso' [...]. (16) E (Eliseu) disse: 'Daqui a um ano, nesta mesma época, terás um filho nos braços... (17) E a mulher concebeu e deu à luz um filho na mesma época Eliseu lhe havia dito".

NOEMI e a nora Rute.

"Noemi respondeu às suas noras: 'Voltai, minhas filhas; por que havereis de vir comigo? Porventura trago ainda em meu seio filhos que possam vir a ser vossos maridos? Parti, minhas filhas, pois estou velha demais para tornar-se a casar-me [...] Booz desposou RUTE, que se tornou sua esposa. Uniu-se a ela, e IWHW deu a RUTE a graça de conceber e ela deu à luz um filho. As mulheres disseram então a Moemi [sogra de Rute]: 'Bendito seja IHWH, que não te deixou sem alguém para te resgatar; que o seu nome seja célebre em Israel! Ele será para ti um consolador e um apoio na tua velhice, pois quem o gerou é tua nora, que te ama, que para ti vale mais do que sete filhos'. E, Noemi, tomando o menino, colocou-o no colo e serviu-lhe de ama. As vizinhas deram-lhe um nome, dizendo: 'Nasceu um filho a Noemi' e chamaram-no Obed. Foi ele o pai de Jessé, pai de Davi" (Rt 4,13ss).

Considerações gerais sobre maternidade.

- Escritores bíblicos falam de maternidade e procriação como benção.
- A infertilidade é sempre atribuída à mulher, não ao homem.
- Abordagens relacionadas ao corpo, à vida sexual e sexualidade como um todo não são explícitas.
- A exceção fica por conta do *Cântico dos Cânticos*, livro poético escrito para exaltar a sexualidade.
- Na Bíblia, não há histórias sobre nascimentos de meninas que causam alegria (o caso de Dina – Gn 30,21). Apenas nascimentos de meninos são festejados.
- A 'esterilidade' da mulher na Bíblia é quase um anúncio de um ideal religioso de que seu ventre foi reservado para algo muito especial. Sua posição social, por isso, não é de inferioridade.
- A mulher é enaltecida em razão de sua 'esterilidade', que é uma condição divina: Deus abriu seu útero, ao qual o herói bíblico está submetido. Deus age diretamente no útero da mãe, a receptora da graça divina.[13]

No seu estágio literário mais rudimentar, as narrativas sobre patriarcas e matriarcas, no Gênesis, estabelecem uma espécie de fronteira identitária do povo israelita. O curso dessa história encontrará legitimidade no primeiro pai, Abraão, mito fundacional em cuja direção o destino de povo converge. Esse povo, conforme já salientado acima, será identificado com 'Israel', nome associado Jacó-Israel, neto de Abraão (Gn 32,23ss). Jacó--Israel deu origem às Doze Tribos. Frente um quadro motivacional amplo, mas por causa da fome que assolava, a terra, os israelitas são forçados a deixar Canaã e subir em fuga ao Egito (Gn 37-50). A saga da migração dos filhos de Jacó para Egito ocupa a última seção do Gênesis (Gn 37-50), iluminado pela dramática aventura de José, jovem vendido por seus irmãos a mercadores, que o levam para o Egito. A propósito, nessa narrativa, José compõe uma transição, preparando o terreno para o surgimento

---

[13] Estudos acadêmicos sobre esterilidade na bíblia: Suzana CHWARTS, *Uma visão da esterilidade na bíblia hebraica*, Humanitas, 2004 (publicação online); Ver também o texto de Elaine Gleici NEUENFELDT. "Fertilidade e infertilidade na Bíblia: suspeitas a partir da teologia feminista". REVISTA AULAS, n. 4, 2007 (UNICAMP – disponível online) – consulta realizada em 22/04/23.

■ PRÉ-HISTÓRIA ■

de Moisés, saga que ganha vida no livro do Êxodo. Esta empolgante obra épica na literatura bíblica é digna dos melhores escritos sobre a libertação de um povo.

A história de José condensa complexa elaboração literária sobre a fundação de Israel, cujo desdobramento pode ser esboçado nas seguintes etapas:
1) O drama de José, levado para o Egito, desencadeia, na sequência, sub-episódios feitos para interligar os relatos dos patriarcas (no Gênesis) à história de Moisés, no Egito (no Êxodo);
2) A fome torna-se pretexto para levar seus irmãos ao Egito;
3) José ocupa cargo de confiança junto ao faraó e destaca-se pela inteligência e sabedoria de que é portador;
4) Após certo tempo, também Jacó, pai de José, descerá ao Egito junto com os outros filhos;
5) Tanto Jacó quanto seus filhos, incluindo o próprio José, são tratados como 'homens livres';
6) Desse elo dependerá a "benção de Israel";
7) Mostra como os hebreus, por meio de Jacó, foram parar no Egito, onde seriam submetidos à dura servidão e libertados sob a liderança de Moisés. Com efeito, conjectura-se que a figura de José no Egito esteja ambientada no contexto da invasão hicsa, povo que governou o Egito entre 1650 e 1540 a.e.c. Suspeita-se que nesse tempo os antepassados de Israel, representados por José, teriam entrado no Egito, sendo favorecido pelos governantes hicsos (BRIGHT, 2003, p. 128). A sua expulsão, após um século de ocupação, gerou, enfim, a degradação social dos hebreus que culminou na escravização.

Num corte hermenêutico, patriarcas e matriarcas ocupam lugar peculiar nas tradições orais do Israel bíblico. Seu sentido originário pode estar oculto no gênero literário empregado para compor determinada narrativa. Com efeito, não se ignora o caráter didático-pedagógico predominante em boa parte da literatura bíblica. Nas últimas décadas, teólogos latino-americanos se apropriaram de instrumentos hermenêuticos para melhor compreender um texto bíblico, realçando, por exemplo, o verniz político-social oculto nele e aplicá-lo à realidade histórica. Narrativas patriarcais no Gênesis tornam patriarcas e matriarcas a 'pré-história' do povo israelita. A história, contudo, em seu momento mais dramático, encontra no Êxodo seu ápice.

Seguem a esse evento a peregrinação no deserto, a entrada e a organização das Doze Tribos em Canaã. No período tribal, conforme veremos adiante, cada grupo desenvolvia sua própria história, marcada por antepassados comuns. Após um tempo de convivência, grupos tendem a fazer alianças entre si no intuito de enfrentar juntos o sistema opressor dominado por reis cananeus. Essa proximidade facilitou não só o comércio, como criou intercâmbio cultural mediante a confluência de tradições e costumes. Aos poucos, uma história única foi se estabelecendo entre essas tribos, que viram em nomes como Abraão, Isaac e Jacó os patriarcas de uma história comum.[14] Com efeito, contar 'histórias' sobre patriarcas e matriarcas não tinha por objetivo registrar fatos ou acontecimentos estáticos ocorridos no passado longínquo. Eram histórias orais transmitidas às gerações futuras para criar identidade e projeto de povo, guiado por um mesmo ideal, baseado na participação coletiva, na organização fraterna e na adesão ao mesmo Deus, IHWH, Senhor que liberta.

Os livros de Gênesis e Êxodo contêm narrativas de fundação abertas a interpretações e interpolações. Comportam um conteúdo complexo, diverso, em que se entrecruzam elementos culturais identificados com o universo social, mítico e religioso do passado israelita. Em sua versão original, a Bíblia hebraica restringe-se a Israel e não contempla uma religião ampliada, universal. Por conseguinte, seu ambiente literário dinâmico também revela como os primeiros escribas formularam, numa visão minimamente orgânica, o pensamento religioso, bem como a cultura e sua relação com as sociedades que cercam Israel. O intérprete moderno dispõe a seu favor da exegese como recurso investigativo, para tentar reduzir a distância histórica que o texto bíblico original impõe. Um abismo histórico separa o leitor moderno do escritor bíblico.

Uma hermenêutica permanentemente aberta e dinâmica dita o caráter polifônico inerente à interpretação bíblica, um "fenômeno literário" também conhecido como "intertextualidade".[15] Um exemplo dessa busca hermenêutica, na tradição judaica, encontra-se na narrativa "Sacrifício de Isaac" (Gn 22), chamada *Akedá* ("amarração de Isaac"). Relida e interpre-

---

[14] Cf. CRB. *A formação do povo de Deus*, São Paulo, Loyola, 1990, Vol – 2. p. 35.
[15] Rifka BEREZIN, "Projeções da Bíblia na literatura hebraica: o 'Midrasch' moderno", In: *Cultura Oriental e Cultura Ocidental: projeções, Simpósio Internacional*, USP-FFLCH, 1990, p. 288.

tada em tempos recentes, a *Akedá* ganhou renovado sentido sob a trágica experiência da *Shoah* (holocausto judeu). Rifka Berezin toma Gn 22 como ponto de partida para discorrer sobre o tema, sob olhar de diversos escritores hebraicos modernos. Esse relato bíblico inspirou uma gama de escritores a criarem variedade de interpretações que, em tempos contemporâneos, foram relidos à luz do extermínio judeu durante o nazismo, a maior tragédia civilizatória ocorrida no século XX.[16] E para traduzir esse sentimento pela literatura, "vários escritores e poetas (israelenses), sobreviventes do Holocausto, escolheram os relatos bíblicos como uma das formas de transmitir seus sentimentos e experiências dos horrores por que passaram". A arte de recriar e ampliar o relato bíblico remete à prática interpretativa desenvolvida pelos antigos sábios talmudistas. Conhecido pelo termo hebraico *Midrasch*, essa tradição se caracteriza tanto como gênero literário, quanto prática metodológica. Para seus autores, "a maneira de um texto bíblico servir de veículo significativo para a representação de uma realidade contemporânea, é transformando-o" (BEREZIN, 1990, p. 285).

3.3 Canaã ou Palestina?

'Palestina' não é um termo técnico encontrado nos textos bíblicos, para se referir ao território habitado pelo povo israelita, nem é equivalente à terra habitada pelo povo judeu. Canaã é a expressão mais antiga empregada para se referir ao local geográfico, onde se instalaram as Doze Tribos e que remete aos primórdios abraâmicos. Trata-se da faixa de terra relativamente minúscula (com cerca de 30 mil km quadrados), que servia de corredor comercial ligando a Ásia, ou Oriente Médio, e a África. Entre os séculos XVI e XII a.e.c. toda essa região foi habitada por povos controlados pelo Egito dos faraós. A expressão 'Palestina' constitui, portanto, uma construção consolidada nos estudos bíblico-teológicos, para se referir a uma área geográfica constituída por povos, étnica e demograficamente, originários de diversas partes do Mediterrâneo. Suas origens são bem mais complexas do que se pode imaginar. Palestina, por sua vez, pode ter origem nos Filisteus. Embora ainda não constituísse um império, a Filis-

---
[16] Cf. Rifka BEREZIN, 1990, p. 282-289.

teia controlava o corredor comercial ligando a Ásia e a África. Situados num contexto demográfico bem amplo no período (séc. XIII), os filisteus formavam um dentre "inúmeros povos novos envolvidos em um amplo processo de migrações e assentamentos por toda a bacia do Mediterrâneo oriental".[17] É de se concluir que essa área nunca esteve desabitada antes de Israel ocupá-la.

Entre os séculos XVI e XII – "Idade do Bronze Recente" – Canaã se encontrava numa zona de confluência dominada por atividades egípcias na Ásia. O jugo, dominação e exploração impostos pelo Egito nessa área cananeia incluía população, vivendo sob o regime das cidades-estados. Esse controle era mantido a partir de vários centros administrativos: Gaza, Jope, Betsã etc. A longa dominação egípcia resultou na deterioração cultural cananeia. O Israel descrito na Bíblia emergirá lentamente desse processo, séculos mais tarde, provavelmente após o séc. XII, subsequente às incursões dos chamados 'povos do mar', em parte resultante de outros fatores, como mudanças climáticas radicais, que teriam gerado fome em larga escala (MAZAR, 2003, p. 233-236).

Mudanças profundas, conforme já salientado, teriam ocorrido na região a partir do séc. XII a.e.c, motivando as ondas migratórias invasoras provenientes da costa mediterrânea, convencionalmente denominadas 'povos do mar'. Habitavam Canaã lavradores das planícies. Estes começaram a se rebelar contra os povos, cujos exércitos exploravam a região (Juízes 4-5). Enquanto os Cananeus começavam a se desintegrar como sociedade (séc. XII), os camponeses mostravam resistência e organizavam-se para formar um modelo alternativo de sociedade, representado por clãs liderados por um chefe comum. Sob a ótica *deuteronomista*, narrativas em Juízes refletem um trabalho redacional que busca remontar as histórias de fundação. As origens tribais aí retratadas, situadas entre os séculos XII e XI a.e.c, dão impressão de grupos bem harmônicos e articulados, formados por Doze tribos, de cuja unidade irromperia Israel.

Alguns aspectos geográficos da formação ditam os desdobramentos bem mais complexos sobre Israel antes do exílio. De um lado, as planícies, em que as cidades-estados se organizam em forma de 'monarquias'

---

[17] A. MAZAR, 2003, p. 297. Para dados e detalhes arqueológicos sobre os filisteus, ver o subtítulo "O assentamento dos filisteus e outros povos do mar", ibidem, p. 297-322.

incipientes, com exércitos próprios (*cidade-estado* é uma cidade independente organizada com um governo autônomo: *Gaza, Ashkelon* e *Ashdod*, Estados Filisteus). Um dado relevante desse processo urbano foi descrito pelo arqueólogo A. MAZAR:

> Os filisteus foram, assim, responsáveis por um vívido e dinâmico processo de assentamento, durante o qual grandes cidades planejadas, bem como assentamentos rurais menores, foram fundadas e intensamente fomentadas na Filisteia [...] Assim, os filisteus, bem como talvez outros povos do mar, foram responsáveis pela continuação da vida urbana na Palestina durante os séculos doze e onze.[18]

De outro lado, nas montanhas, onde desenvolveu-se o 'tribalismo', cujas tribos ou clãs constituídos de camponeses se agrupam em torno de experiências comuns, especialmente centradas na 'família'.[19] Seria, pois, nas montanhas onde se desenvolveu a integração entre grupos distintos, entre cananeus e seminômades, entre trabalhadores do Egito e do Sinai que estavam fugindo da opressão. Escritores *deuteronomistas*, especialmente nos livros de Josué e Juízes, tendem a tratar essa dupla realidade, social e política complexa, como se fossem uma coisa só.

3.4 Histórias de origem no Êxodo: 'habiru' e 'hebreu'

Constitui praticamente um consenso no meio acadêmico atribuir aos cinco primeiros livros bíblicos, Pentateuco, narrativas sobre as origens, ou "pré-história" do povo israelita, cujos desdobramentos continuam e atravessam os livros de Josué, Juízes, 1-2Samuel e 1-2Reis. Esse conjunto literário bem organizado é identificado pelo construto teológico acadêmico denominado *Obra Histórica Deuteronomista* (OHDtr). As tradições ou narrativas que circulam em Gênesis esboçam uma "pré-história" de Israel concentrada nos clãs ou famílias ancestrais: Noé e seus filhos, Abraão e Sara, Isaac e Rebeca, Jacó com Raquel e Lia, José e sua esposa Asenet

---
[18] A. MAZAR, 2003, p. 307. Para um exame mais detalhado com dados arqueológicos sobre os assentamentos e a cultura dos povos do mar nessa região, ver páginas 301ss.
[19] Sobre a experiência vivida nas montanhas, cf. M. SCHWANTES, *Breve história de Israel*, São Leopoldo, OIKOS, 2008, p. 14-15.

(cf. Gn 41,51). Na sequência, de *Êxodo* até Deuteronômio, as narrativas se ocupam com a formação de Israel em sua trajetória como povo propriamente dito (PEETZ, 2022, p. 50). Os filhos de Israel-Jacó são um "*povo numeroso*", que começa a levantar-se no Egito. Segundo o *Êxodo*, essa gente estava submetida a trabalhos forçados no Egito dos faraós (Ex 1,1ss) e viria a ser identificada com os *Hebreus* (Ex 1,15ss).

Oriundo das variantes *Hapiru, Apiru* ou *Habiru*, hebreu representava as camadas sociais mais baixas, oprimidas, muitas vezes exploradas como mão de obra escrava por todo Oriente Médio antigo. Esta hipótese, a propósito, tem ganhado muitos adeptos nos últimos tempos. Precavido em relação à sedutora identificação etimológica de "hebreu" com "*apiru/habiru*", e para evitar incorrer em associação conclusiva apressada, John Brigth mantém um pé atrás. O notável estudioso faz ressalvas ao ponderar: "parece pelo menos possível [grifo meu] que haja alguma ligação entre eles. Entretanto, não podemos simplesmente igualar 'hebreu' e 'apiru' com base apenas em critério semântico. O termo 'apiru' é encontrado com tanta frequência, que não é lícito estabelecer tal igualdade".[20] Dentre os vários exemplos que reforçam essa relação, no mínimo plausível, Bright destaca Gn 14, texto em que Abraão é identificado como "hebreu" (v.13).[21]

Hebreu remete à condição social imposta aos 'servos/escravos', que eram obrigados a vender sua força de trabalho motivado pelo endividamento ou inadimplência. Por isso, identificados com as pessoas das camadas sociais mais baixas, menosprezadas e socialmente excluídas. Em textos da Mesopotâmia e Ásia Menor, essa classe social inferior, constituída de gente marginalizada e com baixíssimo poder econômico, era conhecida pela expressão *hapiru* (ou *habiru*). Essas pessoas socialmente vulneráveis viviam fugindo. Para escapar aos tributos (impostos) e à corvéia (trabalho forçado), exigidos pelos reis, governantes ou faraós, eles iam para as montanhas, onde também viviam da pilhagem (saque) ou então alugavam-se como soldados mercenários nos exércitos reais. Encontravam-se espalhados, sobretudo do sul da Mesopotâmia até o Egito. Ao norte da Mesopotâmia, eles apareciam em bandos hostis e ameaçavam centros urbanos com

---
[20] John BRIGHT, *História de Israel*, 2003, p. 126.
[21] BRIGHT ressalta que somente aqui e na história de José esse terno é empregado em todo Gênesis. (2003, p. 125).

invasões. Pode ter havido, sim, estreitos laços entre os *hapiru-habiru* e os *ibrim*, sendo aqueles, mais tarde, associados a estes, conhecidos na Bíblia por *hebreus*. Conforme já salientado acima, os *hapirus* formavam uma nova entidade social dispersos em várias regiões. Por isso, deviam constituir a raiz de resistência e mudança social frente ao sistema opressor das cidades-estados. Na Bíblia hebraica, o termo *hapiru* pode ser encontrado em 1Sm 13,14-14,23; 25,1-35; 22,1-5; 30,1-24 etc. Mas, teria sido apenas após o Exílio babilônico que *hebreu* passou a designar termo comum para identidade de um povo específico, aquele que "venera a IHWH, o Deus do Céu que fez o mar e a terra", segundo o escritor registrou em Jonas 1,9.

Existe, ademais, longa discussão concernente à relação entre 'israelita' e 'hebreu'. O mesmo Bright lembra que o nome 'hebreu', quando muito, é posto na boca de estrangeiros, para se referir aos israelitas (exemplos: Gn 39,14.17 e 1Sm 4,6.9). Seu uso restringe-se às narrativas do período mais primitivo (Dt 15,12; Jr 34,9.14 etc), até cair em completo desuso, após confrontos com os filisteus (BRIGHT, 2003, p. 126). Na Bíblia hebraica, o termo *hebreu* não é uma designação empregada pelo próprio povo de Israel como referência à condição étnica.[22] A terminologia, presente entre outros povos, é usada para identificar um grupo de escravos fugitivos do Egito, só mais tarde identificado com Israel. O termo aparece 33 vezes na Bíblia, contra 2500 vezes para *Israel*. É usado com mais frequência nas histórias de José, ou quando as narrativas estão vinculadas ao Egito.

Como os *hapiru* foram parar em Canaã até serem absorvidos pelo grupo 'hebreu', tecido social original e ponto de partida para uma consciência do Israel bíblico, permanece matéria aberta ao debate. Parece prevalecer a hipótese assertiva proposta por Bright, segundo o qual "elementos '*Apiru*' (hebreus) se estabeleceram aí [centro da Palestina] juntamente com esses canaanitas (amoritas) e que se alinharam com eles, fizeram causa comum com Israel e foram absorvidos na sua estrutura" (BRIGHT, 2003, p. 172). Restabelecer as camadas formativas desse processo, porém, permanece enorme desafio para as pesquisas arqueológicas. Apesar das incertezas reinantes, contudo, é plausível verificar a contribuição trazida pela arqueologia, especialmente revelada nas cartas de *Amarna*. Seu conteúdo

---

[22] Cf. Herbert DONNER, *História de Israel e dos povos vizinhos*, Sinodal/Vozes, 1997 Vol. I, p. 80.

aponta os *hapiru* como uma camada social causadora de problemas sociais preocupantes, na forma de "perturbações e desordens de uma extremidade à outra da região" (BRIGHT, 2003, p. 175). Seja como for, é plausível considerar que povos mencionados em narrativas patriarcais (edomitas e arameus) reflitam realidades contemporâneas aos redatores bíblicos de tempos tardios, especialmente no período persa (FINKELSTEIN-RÖMER, 2022, p. 70-72).

As *Cartas de Amarna*, tabuinhas de argila do séc. XIV, encontradas nos arquivos da cidade, são o que melhor testemunham as mudanças sociais cruciais por que passava a região (PEETZ, 2022, p. 62ss). Essas cartas também fornecem materiais, que ajudam a esclarecer o surgimento desse estrato social na região costeira do Levante, dominada por cidades-estados. *Habirus*, pessoas oriundas das subclasses urbanas, eram obrigadas a viverem fora das cidades, em áreas montanhosas, à margem da sociedade. Marginalizados e sem-terra própria, essa gente passaria a formar um estrato social identificado com as camadas mais baixas. Para garantir o sustento, muitas vezes, organizavam ataques em bandos, lideravam assaltos a comerciantes e pilhavam cidades, espalhando terror na região. As cartas de *Amarna*, por um lado, atestam ameaças trazidas pelos *habirus* à ordem urbana na época; por outro, as cartas mostram reis locais interessados em contratá-los como mercenários, para manter ou aumentar sua influência sobre outras cidades. Os *habirus* emergem como espécie de inspiração social mais rudimentar e podem ter sido empregados pelos escritores bíblicos para construir a narrativa dos hebreus no Egito. É notável, por isso, a etimologia deste que remete àquele.

Ignorados pela maioria dos reis no Egito dos faraós, os *habirus* ganham notabilidade na Bíblia sob o poderoso Ramsés II (1279-1213), dada sua preocupação em restabelecer maior presença egípcia na região, cuja influência se faria sentir na região do Levante. O suposto crescimento populacional dessa camada social, tendo saído de controle, pode refletir situação análoga àquela vivida pelos hebreus, conforme narrada no *Êxodo*: "Levantou-se no Egito um novo rei, que não conhecia José. Ele disse à sua gente: 'Eis que o povo dos filhos de Israel tornou-se mais numeroso e mais poderoso do que nós" (Ex 1,8-9). Nota-se ainda que Ramsés (ra**MS**é**S**), cujo nome traz a etimologia do hebreu Moisés (**M**oi**SéS**), aparece logo em seguida (Ex 1,11). Se associado aos *hebreus,* o grupo mosaico seria composto de trabalhadores forçados. Ex 1,13 insinua que eles aparecem identificados com os que eram obrigados a prestar serviços a Faraó, especialmente envolvidos nas construções de postos egípcios avançados, como Píton e Ramsés, edificados na época de Ramsés II (1290-1224 a.e.c). Os sinais de resistência por parte dos hebreus mostram que esse grupo se dispunha a lutar com bravura para defender a liberdade (Ex 1). Essas histórias, por sua vez, teriam sobrevivido por força da tradição oral.

O Êxodo põe em relevo a figura de Moisés, sob cuja liderança o grupo hebreu viveu uma experiência libertadora inédita, compreendida sob o chamado divino. Conta a narrativa que Deus falou por intermédio de Moisés: "Eu vi a miséria do meu povo que está no Egito" (Ex 3,7ss). Trabalho forçado ou escravidão tornou-se pretexto e motivo, que levou o grupo a manter-se unido e opor-se em resistência aos trabalhos forçados (Ex 5,15). O grupo que deixou o Egito não deve ter sido tão numeroso, sendo improvável que atenda literalmente à referência, segundo a qual "os filhos de Israel partiram de Ramsés em direção de Sucot, cerca de seiscentos mil homens" (Ex 12,37). Mantida como tradição oral, a saga da libertação egípcia ganhou eco também na poesia bíblica exílica e pós-exílica, preservada como memória em livros tardios. Alguns Salmos testemunham essa tradição (Sl 80; 81; 95 (v. 8-11); 105 (v. 16-45); 106; 114). O *Cântico de Miriam* (Ex 15,21) pode ser considerada a formulação mais antiga a retratar a saída do Egito. O também chamado *Canto da Vitória* (Ex 15), entoado por Moisés, remete às mais antigas tradições.

3.5 Jacó e 'Israel': narrativas sobre migrações

Muito antes de serem reunidas e circunscritas no livro do Gênesis, as narrativas sobre patriarcas e matriarcas sobrevivem na oralidade. Suas origens, portanto, se perdem no tempo. Vistas num horizonte cronológico mais amplo, essas narrativas não só buscam conciliar histórias independentes, sob o pretexto de formar um todo harmônico, como tendem a convergir para a construção identitária de Israel, depositando em Jacó, neto de Abraão, a formação das Doze Tribos. Com efeito, patriarcas e matriarcas assumem caráter ficcional, cujos nomes se convertem numa espécie de preâmbulo da história político-nacional com desdobramentos embrionários na monarquia. Para legitimar os estreitos laços entre eles, o Gênesis constrói uma saga em que Jacó trava uma longa luta noturna com um ser misterioso. A Bíblia narra assim a enigmática aventura de Jacó:

> Alguém lutou com ele [Jacó] até o surgir da aurora. Vendo que não o dominava, tocou-lhe na articulação da coxa, e a coxa de Jacó se deslocou enquanto lutava com ele... Deus apareceu ainda a Jacó... e o abençoou. Deus lhe disse: 'Teu nome é Jacó, mas não te chamarás mais Jacó: teu nome será Israel'. Tanto que é chamado Israel. (Gn 32,23ss)[23]

Ao simular as idas e vindas de Abraão (Gn 12,10ss; 20,1ss), Isaac (Gn 26,1ss) e Jacó (Gn 29,1ss; 46,1ss), figuras inquietas e predispostas à constante migração, as narrativas bíblicas refletem situações reais vividas em tempos tardios, quando Israel/Judá se tornara povo disperso, submetido a exílios constantes, primeiro na Assíria e, mais tarde, na Babilônia. Essa experiência é retratada, por exemplo, na história de José, descrito como imigrante hebreu que estabeleceu permanência definitiva no Egito (Gn 37-50). Em seu enterro, honrarias e homenagens lhe foram concedidas, tratamento digno de um chefe de Estado egípcio: "José morreu com a idade de cento e dez anos; embalsamaram-no e foi posto num sarcófago, no Egito" (Gn 50,26). Segundo antiga tradição, seus restos mortais teriam sido transladados por Moisés, quando os israelitas deixaram o Egito a caminho da Terra Prometida (Ex 13,19). Até mesmo Esaú, filho primogênito de Isaac, que foi trapaceado por Jacó, é reportado como sendo imigrante (Gn 36,6ss). Os escritores moldam patriarcas e matriarcas, bem como o próprio Moisés (Ex 2,22), como 'imigrantes', pois é essa a condição vivida na época em que os escritores se punham a recuperar as tradições orais, lendo-as, interpretando-as e dando-lhes vida sob a forma literária. Ou seja, desde as origens mais rudimentares, quase todos os personagens bíblicos estão submetidos à experiência do desterro, incluindo Adão e Eva, quando

---

[23] Para um estudo exegético-hermenêutico desse bíblico explorando o sentido metafórico, ver SCARDELAI, "A luta de Jacó como paradigma de violência: Gn 32,23-33: do simbolismo à realidade", In: *Revista Espaços*, Revista Semestral de Teologia, Instituto São Paulo de Estudos Superiores/ITESP, 2005 – Ano 13/2, p. 117-131 – ISSN 1677-4833. Disponível no site *espacos.itespteologia.com.br/espaços/article/view/397* . Consulta realizada em 26 Janeiro de 2023.

expulsos do jardim (Gn 3,20-24). Assim também o dramático caso envolvendo Caim, 'condenado' a vagar sem rumo após matar o irmão Abel.[24]

Uma das imagens mais vívidas que remete à expulsão no Gênesis encontra-se na expressão "terás que morrer": "Mas da árvore do conhecimento do bem e do mal não comerás, porque no dia em que dela comeres terás que morrer" (Gn 2,17). Esse versículo encerra uma visão antropológica muito peculiar por insinuar a experiência migratória vivida pelo povo israelita. De um lado, o verbo hebraico 'conhecer' não se reduz à esfera do conhecimento cognitivo. Expressa, ao invés, a ideia de experiência relacional. De outro, 'morrer' (que não reduz à morte física) pressupõe ruptura com Deus, conforme sugere a 'expulsão' do homem e da mulher para fora do jardim. Ao poupar suas vidas, Deus enseja a expulsão como forma de castigo, ao invés de puni-los com a morte.[25] Exílio, expulsão da terra, de um lado, poderia simbolizar a perda da unidade com Deus; mas, por outro lado, Deus expulsa o homem e a mulher do jardim, para que eles "descubram um caminho próprio, no mundo ordinário" em que vivem (Novo comentário bíblico São Jerônimo, 205, p. 68). O repertório literário pressupõe, enfim, uma visão teológica marcadamente polifônica, antropologicamente aberta a várias frentes interpretativas.

---

[24] É preciso cercar-se de cuidado ao avaliar essas narrativas, evitando imprimir caráter antissemita, em geral atribuído para legitimar o sofrimento e as perseguições sofridas pelo povo judeu na história. Sendo a dispersão um tema caro aos escritores bíblicos, os relatos não são historicamente lineares e precisam ser contemplados considerando suas nuances, e contextualizados como recursos literários para iluminar a realidade no curso histórico do povo israelita. Para um estudo hermenêutico pormenorizado de Gn 1-11, recomendo ler as provocantes considerações levantadas por M. SCHWANTES, *Projetos de Esperança. Meditações sobre Gênesis 1-11,* S. Paulo, Paulinas, 2002, 136 pg.
[25] Cf. Raymond E. BROWN et. al (org.), *Novo Comentário Bíblico São Jerônimo: Antigo Testamento,* Academia Cristã / Paulus, 2015, p. 66.

CAPÍTULO IV
Êxodo

4.1 Moisés e a libertação dos hebreus

O ponto alto da revelação divina na história de Israel se confunde com o evento da libertação dos hebreus escravizados no Egito dos faraós. Esta história cativante é contada nos primeiros quinze capítulos do Êxodo, livro que na Bíblia hebraica recebe o nome *Shemot* ("Nomes"), devido à palavra inicial do livro: "Eis os nomes dos filhos de Israel que entraram no Egito" (Ex 1,1). A saga sobre a libertação dos hebreus da servidão egípcia funciona como um roteiro pedagógico, paradigmático, lido e relido há quase três milênios, sendo incorporado como núcleo experiencial da Páscoa celebrada pelo povo israelita desde seus primórdios. Há resquícios dessas tradições preservados em memórias espalhadas em vários livros e passagens bíblicas. Além dos profetas clássicos como, Oseias 12,10; 13,4ss, Amós 4,10, Miqueias 6,4, Jeremias 16,14-15; 31,31ss e outros, igualmente os Salmos guardam lembranças memoráveis que remetem ao Êxodo. O primeiro ato celebrativo dessa saga no deserto se encontra num Salmo de ação de graças, recordando a passagem dos hebreus pelo Mar dos Juncos, conforme testemunha Êxodo 15. Esse "Cântico da Vitória", entoado por Moisés e os hebreus, exalta o braço do Deus poderoso, cuja ação ajudará Moisés a guiar o povo no inóspito deserto. Outros textos também exploram seu enorme potencial redentor. Os Salmos 106 e 107 evocam algum aspecto memorial do Êxodo.

Seu conteúdo legal, ou mandamentos/*Mitzvot*, não se restringe a código de moralidade, nem se reduz a doutrina impositiva religiosa. O Êxodo, cujo cerne se encontra na Aliança, que Deus selou com Israel no Sinai, por Moisés (Ex 19-23), comporta temas pertinentes à sociedade como um todo, incluindo a preocupação com a ordem social (Ex 21,1ss), costumes ético-morais e religiosos (Ex 22,15ss), cultura local e costumes de cunho identitário: festas anuais (23,14ss;), sábado (22,10ss) sacrifícios (22,28ss).

O antagonismo Deus *versus* Faraó retrata, pois, valores caros ao povo israelita, relativos ao debate sobre qual poder divino em que Israel deve depositar sua confiança: Deus ou Faraó? Frente às dificuldades em Massa e Meribá, quando Israel se encontrava sedento no deserto, o Êxodo lança a inquietante indagação: "Afinal, está IHWH no meio de nós ou não?" (Ex 17,7b). Mais do que escolher uma estrutura religiosa para atender às conveniências do momento, trata-se de definir que tipo de sociedade o povo deseja, para viver o novo projeto de libertação: Garantir a sobrevivência, continuar oprimido e servindo a Faraó na condição de escravos, ou colocar-se a 'serviço' de IHWH, como nação livre e disposta a assumir livremente os mandamentos prescritos na Aliança? Liberdade emerge, assim, como valor inegociável, indissociável do projeto construído no coração de todo Êxodo. IHWH ou Faraó? A resposta a essa indagação deverá ser buscada na travessia do deserto, caminho pedagógico e existencial que levará à terra Prometida. Os autores do Pentateuco, mais do que explorar um itinerário geográfico, se preocupam em contar a experiência humana, pedagógica, num caminho cheio de perigos desafiadores.[1] Eles o fazem sob dinamismo e repertório literário criativo a partir de Ex 15,22, estendendo-se até o livro de Nm 21.

Voltando a Moisés, a cativante história do menino recém-nascido (Ex 2,1-10) encontra-se envolto num quadro dramático e misterioso inerente ao herói embrionário que ele representa. Após a mãe hebreia dar à luz um filho, na periferia da cidade, o recém-nascido passa a sofrer ameaças do temido faraó, que procurava matá-lo a qualquer custo. Frente às investidas perigosas e preocupada em salvar a vida do filho indefeso, a mãe se viu compelida a proteger o menino, colocando-o num cesto e deixá-lo à deriva no rio. Como que guiado por Deus, o cesto flutuou à deriva sobre o rio até ser salvo e adotado pela filha de faraó, "retirando o menino das águas" (de onde lhe vem o nome egípcio, Moisés) que, ironicamente, o adota como filho. Este passou a viver no palácio, sendo educado pelo Faraó, mas cuidado por IWHW até a idade adulta, sem que o faraó desconfiasse.

---

[1] Cf. Matthias GRENZER, *O projeto do Êxodo*, São Paulo, Paulinas, 2004 p. 53 (Coleção Bíblia e História).

A história de Moisés foi inspirada numa lenda mais antiga que circulava por todo oriente:

> Sargão, rei forte, rei de Agade, sou eu. Minha mãe era pobre; meu pai, não cheguei a conhecer [...]. Minha pobre mãe me concebeu, deu-me à luz em segredo, colocou-me numa cesta de papiro e com betume fechou minha porta. Abandonou-me ao rio Eufrates, que não me submergiu. O rio conduziu-me até Aqui, o aguaceiro. Aqui, o aguaceiro, olhou-me com benevolência, retirou-me de lá. Aqui, o aguaceiro, adotou-me como seu filho e me educou. Aqui, o aguaceiro, destinou-me para trabalhar no seu jardim. Durante meu trabalho no jardim, a deusa Istar me amou. Durante 55 anos exerci a realeza.[2]

A lenda milenar sobre o nascimento de Sargão, que reinou na Mesopotâmia no terceiro milênio, dizia que sua mãe havia colocado a criança num cesto feito de juncos para salvar sua vida. Depois de vagar à deriva no rio, o menino foi retirado das águas. Havia ainda outro mito, envolvendo a deusa Isis, cuja narrativa dizia que a deusa escondera o bebê Horus, envolvendo-o em um papiro do delta, a fim de salvá-lo das mãos de Set, que buscava matá-lo.[3]

O relato do nascimento ou história de Moisés encontra-se na esteira da redação deuteronomista, desenvolvida na corte real de Josias no séc. VII, quando os escribas se viram compelidos a elaborar o relato como possível contraponto à realeza neoassíria.[4] Sugere-se, com isso, que a história de Moisés, tal como imortalizada no livro do Êxodo, mas modelada no relato de Sargon, não pode ser um trabalho redacional anterior ao séc. VII. A história de Moisés pode ser uma tradição mais antiga proveniente de Israel-norte, mas inserida no Êxodo por redatores deuteronomistas, para fazer dele uma figura real com o propósito de legitimar a realeza no contexto de Judá.[5] O relato de seu nascimento, em Ex 2,1-10, construído

---
[2] Texto extraído de Etienne CHARPENTIER, *Para uma primeira leitura da Bíblia,* Paulus, 1986, 7ª Edição, p. 29 (Coleção Cadernos Bíblicos).
[3] M, GREENBERG, citado por Richard J. CLIFFORD, In: *Comentário bíblico São Jerônimo,* 2015, p. 132.
[4] Cf. FINKELSTEIN-RÖMER, 2022, p. 60-61 e 169-170.
[5] Cf. ibib, 2022, p. 170.

como reação à realeza de Sargon, tem por pretexto legitimá-lo como líder frente ao fundador da dinastia assíria.

Mas, afinal, quem é esse Moisés, personagem bíblico identificado com escravos e chamado por Deus para libertar os hebreus do jugo egípcio? A propósito, a história narrada no Êxodo não estabelece parentesco algum entre Moisés e os hebreus, com base em laços sanguíneos. Conforme sugerido, se existe alguma relação entre ambos, essa não depende do sangue, mas de "laços fraternais". Noutras palavras, são a "postura e a atitude de Moisés" os fatores decisivos, que tornam os hebreus oprimidos no Egito seus irmãos.[6] Tal relação reforça, *a priori*, sua identidade, na medida em que Moisés ganha consciência de quem ele é, o que o leva a deixar o palácio, onde havia crescido e educado pela filha de faraó, até romper com ele e tornar-se um jovem adulto.

O Êxodo sugere disputa por poder ao suscitar nas entrelinhas a incômoda indagação salientada acima: Afinal, "Israel deve servir a Deus ou a faraó?" Semelhante às histórias dos patriarcas e matriarcas no Gênesis, também o Êxodo constrói narrativas de 'fundação', sem cunho biográfico ou interesse histórico objetivo. Embora o protagonista pareça ser Moisés, é IHWH quem, de fato, se dispõe a conduzir Israel.[7] O livro sustenta mudança radical na lógica política em curso, cujo exercício se encontrava entranhado nas poderosas elites, que comandavam o povo escravizado. O próprio faraó é apresentado como espécie de semideus, rodeado de subordinados, que compunham a corte palaciana: escribas, sacerdotes, sábios e inspetores (Ex 5,6ss; 7,11). O clero, por sua vez, aparece legitimado pelo poder religioso conferido por profetas, sábios e feiticeiros. Juízes e conselheiros seus existiam para garantir a ordem político-econômico de dominação (Ex 1,11; 5,6ss; 7,11-12.22; 8,14; 9,11). E, claro, o poderoso exército, sob seu comando, impõe medo e violência.[8] Abaixo das elites encontram-se os escravos, camada socialmente excluída, massa explorada como mão de obra necessária, para sustentar o sistema estatal que garanta as regalias da elite.

---

[6] Matthias GRENZER, *O projeto do Êxodo*, 2004, p. 23.
[7] CF. Mercedes N. PUERTO, In: *O Pentateuco*, 1998, p. 44-45.
[8] Alguns fragmentos extraídos das narrativas do Êxodo, diga-se de passagem, servem apenas para referenciar o poder palaciano descrito sob as diversas esferas acima. Não constituem, porém, provas literais acríticas para qualquer pretensão histórica aí retratada.

■ Êxodo ■

Ao contrário do poderoso faraó, Moisés não emerge nessa história sob *status* de herói semideus ou super-homem. Sendo um mortal, ele se torna a figura referencial e paradigmática do profeta, líder chamado por Deus, para libertar o povo que vivia sob regime escravocrata. A ruptura na ordem, sugerida no chamado de Moisés se impõe sob duas frentes: Primeiro, implica romper com o faraó e com o Egito opressor; segundo, em consequência dessa ruptura, Moisés abraça o projeto de libertar o povo, que o impeliu a realizá-lo em nome de IHWH. Mais do que um projeto político-nacionalista, o Êxodo exalta a preocupação do Deus libertador com o povo que sofria escravizado no Egito dos faraós: "Eis que vi a miséria do meu povo que está no Egito. Ouvi o seu clamor por causa dos seus opressores. Por isso, eu desci para libertá-lo" (Ex 3,7-8). Sem o projeto de libertação, o Êxodo tende a se converter em relato inútil.

A saga da libertação descrita no Êxodo comporta um plano de salvação, sugerindo um 'paradigma antropológico' sobre o tripé 'Sair-Atravessar--Entrar'. O seu inverso Entrar-Atravessar-Sair também pode ser aplicado.[9] Consiste num esquema aplicável ao livro como um todo:

1) Ao nascer e deixar a segurança que o protegia no ventre materno, Moisés saiu para o mundo. A zona de conforto, sendo passageira, exige sair do comodismo;
2) Sua vida toda se confunde com a longa jornada, em 'travessia' que o conduziria numa caminhada pelo deserto, uma metáfora para a própria vida;
3) Para que cumprisse a missão divina, Deus não o permitiu atravessar o Jordão e entrar na Terra Prometida. Aquele momento único e derradeiro de vida leva-o a contemplar a terra, que seus descendentes haveriam de herdar. Paradoxalmente, sua morte do outro lado do Jordão se confunde com esperança. A narrativa da libertação no Êxodo pode ser tomada como principal chave hermenêutica para ler e interpretar as diversas experiências contemporâneas de libertação. Com esse propósito, o relato do Êxodo hebreu, mais do que mero projeto político raso ou cartilha ideológica de guerra sobre independência nacional, suscita um olhar paradigmático para

---

[9] Cf. Mercedes N. PUERTO, In: *O Pentateuco*, 1998, p. 43-44.

ler a libertação como valor inalienável. À luz do Êxodo, a liberdade torna-se valor supremo, inegociável, postulado sobre o qual repousa o sentido mais profundo da revelação de Deus na história de Israel.

À medida que o povo avança pelo deserto rumo à terra Prometida (Ex 15,22ss), um notável roteiro pedagógico emerge demarcando um percurso atemporal, não-geográfico, mas imortalizado no numeral 'quarenta'. Nesse itinerário pedagógico pelo deserto, o povo deixara Rafidim e chegou ao Sinai, cujo cume foi palco do grande pacto de Deus com Israel, selado com a Aliança sob mediação do profeta Moisés (Ex 19,1ss). O Êxodo narra uma história aberta cheia de esperança, sem desfecho conclusivo. O livro encerra essa saga mediante nota sutil, preconizando continuidade: "De dia, a nuvem de IHWH ficava sobre a Habitação, e de noite havia dentro dela um fogo, aos olhos de toda a casa de Israel, durante todas as suas etapas" (Ex 40,38). Ora, IHWH que se revela no Êxodo acompanha Israel por todo o deserto e continuará a fazê-lo às portas da terra Prometida quando, já no ato derradeiro do Deuteronômio, Moisés terá concluído a missão confiada por Deus. Impedido de entrar na terra, "Moisés, servo de IHWH, morreu ali, na terra de Moab" (Dt 34,5).[10] A libertação narrada no Êxodo atende a um roteiro litúrgico em que a Lei/Torah está situada no centro do compromisso assumido por Israel. Mais tarde, o evento no Sinai encontrará na festa anual de *Shavuot* ('Semanas' ou 'Pentecostes'), a memória que celebra o dom da Torah, cinquenta dias após a Páscoa.

Tradições populares da Bíblia conservaram traços marcantes do Êxodo, cujo intuito é sublinhar a experiência da servidão vivida no Egito até seu desfecho na libertação conduzida por Moisés. Submetido a debates acalorados por arqueólogos modernos, o Êxodo não sustenta valor histórico relevante. A crítica bíblica, por sua vez, não descarta que o evento seja portador de possível núcleo histórico, secundário no relato do Êxodo. Mark S. Smith atribui certo peso 'mítico' ao período mosaico retratado pela literatura. Mas, também propõe **três pontos** que tornam plausíveis "um possível núcleo histórico": No **primeiro**, observa que Moisés e Aa-

---

[10] Sobre esse tema, "Êxodo com um livro aberto", cf. Mercedes N. PUERTO, 1998, p. 48-9.

rão não são nomes hebreus, mas egípcios, o que faz pensar num cenário incipiente egípcio; **Segundo**, é inverossímil encontrar no mundo antigo escribas preocupados em dar voz a escravos oprimidos, convertendo sua história de libertação em tradição de fundação. Geralmente os fundadores são semideuses, heróis vencedores; **Terceiro**, está no uso do nome divino *El* mais vezes do que IHWH para o Deus de Israel. Com efeito, antigos poemas bíblicos (Nm 23-24; 23,22; 24,4.8.16) refletem uma divindade alternativa na época da monarquia, diferente do deus responsável pelo Êxodo.[11] Do ponto de vista bíblico, a resistência do grupo foi descrita de forma dramática, cujas narrativas denotam duas principais tradições sobre a libertação do Egito. O erudito da ordem dominicana Roland de Vaux propõe a hipótese dos "vários Êxodos", baseada no esquema: Êxodo-Fuga e Êxodo-Expulsão,[12] conforme delineado abaixo:

1. Êxodo-Fuga (Ex 14,5). Sob a liderança de Moisés, o grupo teria vivido uma experiência religiosa revolucionária, singular, como recorda Ex 3,7ss. A resistência contra a opressão (Ex 5,15) fará irromper a experiência da fuga, identificada nas nove primeiras pragas em que o faraó se recusa a deixar o povo partir. O Êxodo narra essa saga em Ex 7,8–10,29. Segundo a tradição, a cada praga IHWH endurecia o coração de Faraó, e este não deixava o povo partir. O itinerário geográfico do Êxodo – ou 'rota de fuga' – é um assunto controverso, conforme sugerido em Ex 13,15-17 e 14,2.9. Desde seu estágio mais rudimentar que, aliás, se perde no passado remoto da oralidade, a mensagem consignada no Êxodo tem instigado grupos sociais oprimidos a lutarem pela liberdade como direito inalienável. No Êxodo, a narrativa da fuga pressupõe a mais profunda experiência de libertação, história em que IHWH é situado em rota de colisão com os poderes do Egito. IHWH é o Deus que protege escravos fugitivos, por isso, marginais fora da lei. A força motriz desse antigo ideal, convertida em crença e iluminada pelas condições sociais transcritas em Ex 3,14-18, contribuiu para

---

[11] Cf. Mark S. SMITH, *O memorial de Deus. História, memória e a experiência do divino no Antigo Israel*, São Paulo, Paulus, 2006, p. 42-45 (Coleção Biblioteca de Estudos Bíblicos).
[12] Cf. Ana ANDERSON e Gilberto GORGULHO. *Êxodo 1-15: A formação do povo.* 1992, pp. 13-22, esp. p. 14.

unificar diferentes grupos oprimidos, estimulados pela busca de um objetivo comum: Liberdade.

2. Êxodo-expulsão (Ex 11,1). Distinto das nove pragas anteriores, a décima e última levará ao desfecho final (Ex 11,1ss; 12,31-33), forçando o Faraó a expulsar o povo: "Farei vir mais uma praga ainda mais forte contra Faraó e contra o Egito [...] Quando ele vos enviar, estará acabado, e até ele mesmo vos expulsará daqui". Esse episódio, provavelmente, reflete um período histórico bem mais antigo, se tomado em relação à época em que Moisés está situado. A famosa "expulsão" desses hebreus pode esconder um evento histórico associado à expulsão dos invasores Hicsos, povo que dominou o Egito desde 1786 a.e.c até 1560 a.e.c. Os tais 'invasores' teriam implantado mudanças profundas no regime político-administrativo no Egito dos faraós. O contexto sugere, inclusive, certa aproximação com as narrativas bíblicas sobre José (Gn 37-50). Após os hicsos serem expulsos, os faraós voltariam ao domínio do Egito, mas a situação social havia se deteriorado a ponto de se tornar difícil para os povos, que lá haviam se instalado sob o domínio hicso (Ex 1,8).[13] O grupo mosaico se destaca aqui, talvez, por ter vivido uma experiência semelhante à dos hicsos, um povo estrangeiro que viveu numa terra estrangeira. Com efeito, para não incorrer em simples anacronismo, convém ponderar que o grupo de Moisés ainda não constitui o mesmo Israel histórico, surgido mais tarde nas montanhas de Canaã.[14] Em outras palavras, a antiga Canaã, socialmente estratificada e hierárquica, é incompatível com as descrições bíblicas que sugerem imediata sincronia histórica entre o grupo de Moisés e Israel. Nesse cenário de construção identitária, tardia, o grupo de Moisés é uma projeção que remonta o passado, redigido e incorporado por escritores tardios.

Em síntese, o Êxodo reflete, conforme verificado acima, um paradigma de libertação que, seja sua origem parcialmente histórica ou lendária, foi

---

[13] Sobre o teor social das Cartas de *Tel El Amarna* (séc. XIV a.e.c) e o 'perigo' representado pelo grupo de pessoas socialmente excluídas, sem cidadania, ver A. MAZAR, op. cit., 2003, p. 237, 276 e 297. Um trecho da carta, ver M. PEETZ, op. cit., p. 62.
[14] Cf. A. R. CERESKO, op. cit., 1996, p. 83.

vivido por grupos que deixavam sua condição social de subalternos, no Egito, para ganhar um formato de movimento social mais unitário. O objetivo inicial serviu de inspiração para reunir vários grupos, desde o Delta do Nilo, passando por Cades-Barnéia até atingir o Sinai. Do deserto do Sinai em diante, esse movimento unitário teria se dividido em dois principais grupos, com duas rotas diferentes: O primeiro penetrou Canaã pelo Sul (Jz 1,16); o segundo penetrou a Transjordânia, liderados por Josué, que substituiu Moisés logo após sua morte. Em Nm 33, temos uma tentativa bem-sucedida de sintetizar todo itinerário até a terra prometida.

O projeto original de libertação delineado no Êxodo, no entanto, pode sofrer revés, se o esforço hermenêutico ignorar o latente apelo pela libertação, em qualquer momento na história. Não existe uma hermenêutica séria do Êxodo, sem que a libertação da escravidão constitua axioma para onde converge a interpretação. O Êxodo, aliás, descortina IHWH, um Deus íntimo e presente como sugere o 'Nome' (Eu serei o que serei – Ex 3,14), tão singular que ousa se revelar a Israel no curso da sua história. Com esse povo, IHWH faz Aliança e não o deixa desamparado: "Eu vi a miséria do meu povo que está no Egito. Ouvi seu grito por causa dos seus opressores; pois eu conheço as suas angústias. Por isso desci a fim de libertá-lo" (Ex 3,7-8). A revelação do Sinai assinala, entre outras coisas, o Deus libertador, cujo maior projeto está em libertar seu povo da escravidão egípcia. Por conseguinte, o grupo 'sinaítico', que deixa o Egito em marcha de fuga, identificado sob a liderança mosaica, almeja uma sociedade sem opressor, sem rei ou estado, sem líderes religiosos, sem templo e, por não dizer, quase sem sacerdotes.[15] IHWH é o Deus que caminha com o povo, habita em tendas, não em santuários luxuosos. O Êxodo implica rota de salvação para um povo que abandonava a escravidão. Ao mesmo tempo, a marcha pelo deserto desnuda a experiência de exílios, isto é, o Israel destituído da terra.

Por fim, consideremos os efeitos do anacronismo histórico presentes nas sagas sobre os patriarcas. Os cerca de 400 anos que separaram José e Moisés, por exemplo, não revelam qualquer interesse pela época que ambos ocupam nos textos bíblicos. Falta um padrão histórico coerente nas narrativas. Conforme já ponderado acima sobre relação Moisés e Israel,

---

[15] Cf. M. SCHWANTES, *Breve história de Israel*, 2008, p. 14.

também as sagas patriarcais refletem realidades posteriores, anacrônicas, elaboradas por redatores ou compiladores que viveram em épocas tardias. São, portanto, fruto de tradições orais que se perdem no tempo. É bastante plausível supor que as histórias sobre José (Gn 37-50) e Moisés (Ex 1-14), por exemplo, evoquem em seus personagens realidades grupais, que refletem experiências vividas pelos judeus durante o exílio. José representa parcela de imigrantes indiferentes à assimilação cultural sofrida junto a outros povos. Seu personagem sugere a integração de comunidades judaicas à sociedade e cultura estrangeiras; Moisés, ao contrário, representa aquela camada social indisposta a se integrar a uma cultura estranha, ciente de que não é a sua e com a qual não se identifica. Ao romper com o 'palácio' dos tempos faraónicos, o personagem Moisés pretende estimular muitos judeus a evitarem a cultura local, a não se integrarem socialmente. Enquanto José deixa a condição de escravo para se tornar um homem livre numa terra estrangeira, Moisés assume condição inversamente proporcional a José, impelido a deixar o palácio, onde cresceu e foi educado. Moisés vivera a juventude como homem livre, sendo acolhido no palácio de Faraó; mas ao tomar consciência da sua origem hebreia, opta por abandonar a segurança do palácio, tornando-se escravo igual aos irmãos hebreus.[16]

---

[16] A hipótese levantada por WESTERMANN sugere como contexto de fundo os conflitos surgidos na monarquia israelita, cuja história estaria "correlacionada com as duas atitudes com a relação à monarquia expressas em *1Sm* 8-12". Citado por Richard J. CLIFFORD et. al., In: *Novo Comentário Bíblico São Jerónimo*, 2015, p. 115.

CAPÍTULO V
Canaã e o período tribal

5.1 Josué e as Doze Tribos

Antes de quaisquer ponderações sobre a chegada dos israelitas em Canaã, movimento que teria resultado na ocupação da terra, conforme as narrativas no livro de Josué, é necessário antecipar uma premissa. A saber, o leitor da Bíblia navega num universo literário construído de lendas, ficção e sagas de pouca credibilidade histórica. Vale salientar o teor teológico que fundamenta essas narrativas de cunho eminentemente religioso, patrocinado, em grande parte, pela escola redacional *Deuteronomista*, desde que o *Código Deuteronômico* (Dt 12-26) foi (re)descoberto nos tempos de Josias (621 a.e.c).

É oportuno conjecturar a época em que teria ocorrida a entrada dos hebreus em Canaã, contada na saga bíblica de Josué sob a impressionante, mas improvável, conquista militar relâmpago. O êxito dessas incursões frenéticas resultou na divisão do território e distribuição de terra às Doze Tribos. É no plano literário, formado pelos livros de Josué e Juízes, onde podemos identificar a principal motivação ideológica dessa história. Josué e Juízes funcionam mais como uma espécie de preâmbulo preparatório para legitimar a instalação da monarquia davídica, no século X a.e.c. Nesse curso, aparentemente linear, fatores sociais e políticos bem mais complexos teriam escapado ao olhar teológico do redator Deuteronomista. A monarquia contém narrativas de fundação, com destaque a heróis e a intervenções miraculosas, tema explorado no livro de Juízes. As tribos de Israel, por sua vez, dependem do Gênesis, obra que conta a saga do primeiro patriarca, Abraão, pai de dois filhos que disputam a primogenitura: Jacó e Isaú. Dentre os dois, as atenções se concentram em Jacó, que 'compra' a primogenitura de Isaú, enganado pelo irmão. Os nomes dos filhos nascidos às quatro esposas de Jacó vislumbram contar as origens remotas das Doze Tribos (Gn 29ss): De LIA nasceram: Ruben, Simeão, Levi, Judá, Issacar, Zebulon; de ZILPA, a escrava de Lia, Gad e Aser; de RAQUEL, José e Benjamim; e de BILA, a escrava de Raquel, Dã e Naftali (Gn 35,22-26). Segundo ECHEGARAY, a conquista da área geográfica ao norte (Israel) teria sido realizada por outro grupo, composto pelas tribos de Zabulon, Issacar, Neftali e Aser. Conclui-se, com isso, que estas já se encontravam em Canaã antes da chegada de Josué, bem como já teriam passado pela experiência do Sinai que as outras tribos viveram mais tarde.[1]

As narrativas sobre as Tribos sugerem esconder os motivos que levaram o escritor a idealizar na unidade tribal o estágio político-nacional preparatório para o advento e ápice da monarquia. Entre seus principais interesses, estão: (1) A nova ordem social vigente entre as tribos serve de modelo social alternativo baseado na partilha e igualitarismo; (2) Esse estágio político, antecipado e utópico, deveria se consolidar sob o advento da Monarquia unida davídico-salomônica; (3) Construir ligação temporal entre as Tribos de Israel e a Monarquia; (4) Mostrar o contexto social, político e religioso que alicerçam a Aliança.[2]

Mas, não se deve simplesmente reduzir todo esse esforço criativo da literatura a mero interesse ideológico mal-intencionado. A 'ocupação da terra', contada em Josué e Juízes, subentende um complexo processo redacional de construção identitária. O contexto da "federação tribal" provavelmente repousa no esforço de vencer a anarquia política imposta pelas condições locais de sobrevivência. Desde cedo se percebeu que, para superar a anarquia, era urgente fazer valer a ordem interna, promover a paz e controlar os instintos selvagens, num grupo social em que não se buscava outra coisa exceto a própria sobrevivência. Uma das características da economia no sistema tribal, por exemplo, é a passagem gradual da vida pastoril para a agricultura, desta para a organização urbana. A saga de Noé, por exemplo, reflete o primeiro estágio dessa mudança, cuja narrativa identifica Noé como agricultor dedicado a "plantar a vinha" (Gn 9,20ss). Já a Torre de Babel (Gn 11,1-11) remete aos tempos tardios da vida urbana, durante e depois do exílio.

---

[1] ECHEGARAY, *A Bíblia e seu contexto*, 2000, p. 34.
[2] ECHEGARAY, ibid, p. 29.

O livro de Josué retrata com singular vivacidade a entrada na terra que o Senhor Deus prometera aos descendentes de Abrão, a Israel segundo a promessa consignada em Gn 12,1-2. Josué é o sexto livro da Escritura, sendo a primeira parte do que a Bíblia hebraica denomina "Profetas Anteriores", formada pelos livros de Juízes, I-II Samuel e I-II Reis. Josué aborda acontecimentos supostamente transcorridos no século XIII a.e.c, e que se estendem até o século XI a.e.c. Seu enredo pressupõe a conquista da terra por meio de batalhas militares inverossímeis. Embora essa hipótese da conquista militar não tenha aceitação no meio acadêmico, não está totalmente descartado o processo de ocupação marcado por confrontos violentos intermitentes, intercalados por momentos pacíficos. Seja como for, a revisão desse período político instável, feita pelo escritor deuteronomista (séc. VII-VI), idealizou na monarquia um projeto nacional antecipado e bem-sucedido.

Josué comporta três principais partes literárias:

1ª) Js 1-12, onde são encontradas as narrativas sobre os acontecimentos da conquista propriamente dita, trazendo como pano de fundo o santuário de Guilgal;

2ª) Os capítulos seguintes – Js 13-21 – abordam a distribuição e a partilha da terra entre as tribos. Alguns detalhes de ordem geográfica permeiam essas narrativas;

3ª) Js 22-24 é dedicada a Josué, que convoca o povo para uma assembleia em Siquém onde é feito um pacto com o Senhor, pouco antes da sua morte.

Sob a ótica bíblica, pelo menos três teorias são aventadas sobre o processo de ocupação/conquista de Canaã:

1ª) **Ocupação pela violência**, subsidiada por campanhas militares relâmpagos, lideradas por Josué, que levariam à expulsão dos habitantes locais. Essa teoria é frágil por considerar Josué literal e forçar a leitura fundamentalista;

2ª) **Ocupação pacífica**. Processo demorado em que a ocupação seria inaugurada com a chegada de grupos seminômades, transcorrida ao longo do tempo. Trata-se de ondas imigratórias à procura de novas terras ou que fugiam da fome em outras regiões;

3ª) Ocupação parcial é a que parece ser a mais aceita. Segundo essa hipótese, a ocupação ocorreu a partir das regiões centrais dos planaltos, antes desabitados. Aos poucos, pastores e camponeses procuravam essas regiões locais para se refugiarem. Depois passaram a se organizar e a criarem resistência contra a exploração imposta sobre eles pelos reis cananeus locais. Mais tarde, um grupo de fugitivos escravos vindo do deserto, liderados por Moisés, fez explodir uma revolta de proporções maiores. Assim, o grupo de Moisés e os habitantes locais revoltosos se unem por interesses comuns contra os reis de Canaã. Esse é o contexto plausível da conquista narrada no livro de Josué, onde a história aparece mesclada com lendas. Esse assunto será retomado abaixo.

Adota-se como verossímil a combinação das duas últimas hipóteses, na medida em que ambas não ignoram fatores sociais e políticos complexos na leitura da sociedade ainda em formação. Um dado crucial que merece cuidadosa ponderação, conforme já salientado, consiste em não se limitar à leitura literal da Bíblia como única fonte confiável, para se reconstruir as origens históricas de Israel como povo. Como quaisquer narrativas bíblicas, também Josué não pretende preencher lacunas cronológicas deixadas pela imprecisão histórica. Em sua essência 'religiosa', portanto, o livro impõe como finalidade principal idealizar o cumprimento da promessa feita por IHWH a Israel, povo eleito destinado a ocupar a terra na condição de inquilino. Seu significado mais profundo encontra-se na forma de narrar a 'história', tomada como memória restaurada através de acontecimentos interpretados e que se perdem na oralidade atemporal. O texto bíblico, por si só, não é capaz de traçar uma cronologia confiável sobre o Israel histórico desejado e compatível com as últimas descobertas arqueológicas. Seu principal objetivo é reforçar a identidade de Israel em suas origens mais remotas, pela consciência coletiva de povo eleito. Josué é, portanto, um produto literário-teológico, na medida em que seus autores se punham a interpretar antigas tradições, preservadas e transmitidas oralmente. O intuito era legitimar a conquista da terra como herança divina a Israel. Esse ideal utópico chegou a ser mais tarde convertido em parábola – *Vinha de Nabot* – de caráter profético, construído no livro de 1Reis 21.

A principal premissa sobre a ocupação da terra deve considerar Israel como um fenômeno interno, isto é "não vem de fora", como bem pondera Milton Schwantes. Além dessa constatação, é necessário avaliar certos fatores sociais na época que agiram, direta ou indiretamente, na composição de Israel, uma vez que a historiografia moderna não costuma legitimar o texto bíblico sobre esse período. Primeiro, talvez o mais relevante dentre os três sugeridos por Schwantes, seja "a desintegração da sociedade, das cidades-estados cananeias", condição que teria pavimentado o curso dos acontecimentos até a ascensão de grupos camponeses, que estavam migrando para as montanhas.[3] Para complementar essa premissa, outro erudito de renome, John Bright, já havia afirmado assertivamente que "a ocupação israelita da *Palestina* [sendo 'Palestina' um termo anacrônico para se referir às origens de Israel, é preferível "Canaã" – grifo e ponderação meus] não pode ser considerado como mera infiltração pacífica de clãs nômades, que gradualmente se estabeleceram em áreas desocupadas e somente depois, se foi o caso, entraram em choques ocasionais com os vizinhos canaanitas". Em seguida, ele levanta um questionamento fundamental, praticamente reprovando a teoria da ocupação pela força bélica: "Como poderia um pequeno grupo (relativamente) tão mal armado e sem conhecimento de técnicas de combate, vencer cidades defendidas por [supostas] muralhas, em muitos casos, pelo menos, por soldados treinados profissionalmente?" (BRIGHT, 2003, p. 174). Expostas essas abordagens, não há como sustentar uma invasão militar relâmpago conforme sugerida em Josué.

Por trás das realizações humanas de Josué e seus seguidores encontra-se o próprio Senhor, IHWH, que já havia anunciado a promessa da terra ao patriarca Abraão (Gn 12) e a seus sucessores. Falar aos descendentes de Abraão implicava reforçar as origens de povo e mostrar como IHWH agiu e continua a agir na história. Submeter textos literais da Escritura a leituras rasas fatalmente induzirá o/a leitor/a moderno/a a interpretações equivocadas, expondo-os ao perigo do fundamentalismo.[4] É praxe no senso comum

---

[3] Cf. M. SCHWANTES, op. cit., p.11-13.
[4] Na constituição dogmática sobre Revelação Divina, *Dei Verbum*, o magistério da Igreja ressalta a relevância do "estudo apurado" das Escrituras (DV 25), bem como a interpretação empenhada numa "investigação" criteriosa, especialmente voltada para se compreender o "contexto", "os gê-

usar textos bíblicos por pura conveniência, seja para legitimar projetos religiosos, seja para amparar estruturas políticas de poder e autoridade. Não é estranho que o livro de Josué tenha sido capturado, com certa frequência, por lideranças religiosas para acobertar tendências fundamentalistas reprováveis. Uma delas é de que Josué com seu exército tomou posse ilegal de terras, ou ainda que defendesse o racismo, visto ter empregado a violência para expulsar seus antigos habitantes. Uma leitura mais acurada desse livro, escrito pelo menos 500 anos após os acontecimentos aí retratados, trará uma percepção mais complexa sobre as diversas etapas presentes no interior do livro até sua redação final. Ademais, conforme já salientado, um livro bíblico manifesta em primeiro plano um interesse teológico, com pelo menos três etapas: (1) Os fatos; (2) A preservação da memória através da oralidade; (3) A redação final, quando as tradições foram coletadas e compiladas. Esta última implica cuidadosa reflexão teológica por submeter um acontecimento, supostamente ocorrido no passado, a uma versão inteiramente nova, alterada e interpretada sob viés teológico.

O livro de Josué é, pois, uma leitura interpretativa sobre antigos acontecimentos (sem fundamentação documental) que pretende remeter à ocupação de Canaã, experiência vivida por povos seminômades, dentre os quais encontra-se Israel e seus patriarcas 'fundadores'. Parece lógico concluir, com isso, que o redator final não se comporta como testemunha ocular de fatos, ou meros expectadores da história corrente. Não sendo historiador, os escritores usam da licença poética para fazer acréscimos, revisões e retoques enquanto escreviam, numa época em que o *status* 'canônico', ou livro sagrado, nem existia. Com efeito, a conquista da terra, mesmo sendo admissível situá-la por volta de 1250 a.e.c, é resultado de revisão da história, interpretada. As campanhas militares, somadas à capacidade de organização das tribos, são expressões que se confundem com heróis.

5.2 Juízes

Os juízes (do plural hebraico *shofetim*) constituíam líderes populares chamados por Deus, para combater os inimigos hostis a Israel durante o

---

neros literários" e para "descobrir a intenção dos hagiógrafos" (DV 12). Sobre críticas à leitura fundamentalista da Bíblia, cf. *Interpretação da Bíblia na Igreja*, 1993, especialmente as págs. 84-6.

período tribal, fase identificada como precedente à instalação da monarquia. Em geral, retratados como heróis nacionais, os juízes são reverenciados como portadores de dons carismáticos transitórios, reconhecidos, conforme o próprio termo sugere, por julgar o povo e conduzir Israel à monarquia. Os relatos bíblicos os moldam ao estilo militar, cuja principal missão é combater os inimigos de Israel para defender a posse da terra outorgada por Deus a seu povo. As narrativas em Juízes recuperam as memórias sobre Doze líderes, salvadores que se apresentam como a interface entre IHWH e o povo. A julgar pelo volume literário de cada um, a lista pode ser dividida em duas partes. Juízes 'menores': Tola, Samgar, Jair, Abesã, Elon, Abdon; Os assim denominados 'maiores' incluem episódios enriquecidos de detalhes sobre resistência militar: Otoniel, Aod, Débora, Gedeão, Jefté e, o maior de todos, Sansão, é digno da ficção de um herói nacional. Além da atribuição judicial que caracteriza esses personagens, o profetismo constitui a principal motivação sociorreligiosa por trás de suas memórias. No âmbito religioso, por exemplo, o antigo Israel pré-monárquico lidava com uma variedade de práticas religiosas que, na perspectiva *deuteronomista* tardia, foram padronizadas como práticas idolátricas. Assim, "o livro de Juízes também reflete uma sociedade, onde os papéis de liderança podem ter sido menos diferenciados, se comparado ao Israel monárquico. Débora é um exemplo dessa combinação de papéis sociais", em que Jz 4,4-5 a apresenta associada ao profetismo.[5]

Do ponto de vista histórico, não há clareza sobre o objetivo da distinção entre 'maiores' e 'menores'. O elemento que todos eles têm em comum, além da liderança militar que exercem e de reunir milícias a segui-los, está na tarefa indissociável da missão divina de libertar Israel das mãos inimigas, atribuída pela *Obra Deuteronomista* (Js, Jz). Emergem como líderes carismáticos, graças à sua influência nas decisões dos grupos que lideram.[6]

Tratadas como lideranças 'carismáticas', os juízes são personagens lendárias facilmente confundidas com heróis nacionais que, na tradição oral pré-monárquica, gozaram de enorme simpatia e prestígio no meio po-

---

[5] Cf. Mark S. SMITH, op. cit., p. 51. Não convém tratar aqui a história de cada juiz.
[6] Cf. Sylvia VILLAC – Donizete SCARDELAI, *Introdução ao Primeiro Testamento. Deus e Israel constroem a história,* São Paulo, Paulus, 2007, p. 43-44 (Itebra).

pular. Inúmeras lendas deram vida a tais personagens, enquanto engajados na luta pela autonomia das tribos recém-chegadas em Canaã. Canaã, como já salientado, é o termo mais apropriado para se referir à pequena, porém estratégica, faixa geográfica que liga a Ásia e o Egito.

No plano literário, o livro de Juízes é apenas uma parte do projeto redacional muito maior, identificado com a *Obra Deuteronomista*, cuja principal tarefa, conforme já afirmada reiteradas vezes, é reler a história de Israel, desde a entrada da terra Prometida/Canaã até o Exílico babilônico. Numa elaboração minimamente cronológica, portanto, estamos falando do conjunto formado pelos livros de Josué, Juízes, 1-2Samuael e 1-2Reis. Dentre as características que podemos sublinhar em Juízes, obra fundamentalmente religiosa, destaca-se o interesse dos escritores em "enquadrar sua teologia no marco histórico, a fim de ilustrar e encenar suas teses doutrinais em histórias e personagens concretos".[7] Olhando esse trabalho redacional mais a fundo, Thomas Römer pondera que "este período [Juízes] nada mais é do que uma invenção literária da escola deuteronomista"; em seguida, acrescenta a afirmação: "Com exceção de Otoniel (3,7-11, a história é claramente um acréscimo judaíta), estes heróis são todos originários do Norte". Por fim, esse documento teria sido interpolado por escritores deuteronomistas, para dar ao leitor certa sensação cronológica mediante elos ligando as origens, sob Josué, à monarquia.[8] Não convém entrar, nesse momento, em questões mais complexas acerca da crítica histórico-literária do livro.

A narrativa que retrata o juiz Otoniel (Jz 3,7-11), por si só, é reveladora da teologia *deuteronomista*, construída e extensiva a outros juízes em todo livro. A obra não define a fronteira que separa história da lenda. Otoniel serve de exemplo ou paradigma estrutural, podendo ser replicado aos outros juízes, que o sucederam como lideranças carismáticas no que tange a confrontos militares. A ênfase positiva dessa teologia presente no livro de Josué é inversamente proporcional à avaliação negativa da história, que tende a caracterizar Juízes, livro marcadamente contaminado pela idolatria. Ambas as obras, de cunho *deuteronomista*, trazem a perspectiva

---

[7] Antonio G. LAMADRID, op. cit., p. 69. Ver mais detalhes nas páginas 60-71.
[8] Thomas RÖMER, *A chamada história Deuteronomista. Introdução sociológica, histórica e literária,* Petrópolis, Vozes, 2008, p. 137.

teológica segunda a qual Israel se sente atraído pelo comportamento cada vez mais deplorável, devido à crescente idolatria. Gradualmente, o povo vai se corrompendo, conforme a história avança em direção aos juízes.

Do ponto de vista teológico-pedagógico, a estrutura de gênero serve a interesse claramente teológico, voltado para a missão à qual o juiz é chamado a desempenhar na história. Tomando a história de Sansão como paradigma para as demais, sua estrutura pode ser assim composta: (1) O **pecado da idolatria**. Sansão se apaixona por uma filisteia, com quem contrai matrimônio, afastando-se de IHWH; (2) **Castigo/punição**. Sansão perde a força, é capturado por inimigos e enviado para o exílio, onde é submetido a trabalhos forçados; (3) **Conversão/perdão**. Arrependido, o herói pede perdão a Deus e é atendido pela misericórdia divina, que lhe restabelece a força pela última vez. Comparável ao martírio, o gesto derradeiro e heroico de Sansão irá libertar o povo da opressão. Para decifrar esse mesmo roteiro pedagógico, subjacente em *Juízes*, podemos ilustrar com o episódio de Otoniel em quatro estágios: (1) **Pecado da idolatria**: "Os filhos de Israel fizeram o que é mal aos olhos de IHWH. Esqueceram a IHWH para servir aos ba'als e às aserás" (Jz 3,7); (2) **Castigo/punição**, simbolizado com o exílio: "Então a ira de IHWH se acendeu contra Israel e entregou-o nas mãos de Cusã-Rasataim" (Jz 3,8); (3) **Conversão**: "Então os filhos de Israel clamaram a IHWH" (Jz 3,9a); (4) **Salvação**. Deus responde ao clamor enviando um Juiz: "IHWH lhes suscitou um salvador que os libertou, Otoniel" (Jz 3,9b).

A notável estrutura teológica que permeia esses textos deixa qualquer pretensão 'histórica' sob suspeita. Introduz-se na narrativa o pecado da idolatria cometido por Israel: "Fizeram o que era mau aos olhos do Senhor", fizeram culto a *Ba'al,* servindo a outros deuses, ou ainda, prostituindo-se diante de outros deuses (Jz 2,11-13.17). Por conseguinte, o termo 'prostituição' é familiar aos profetas Oséias e Jeremias, por exemplo. Em seguida, vem o "castigo" divino: "Enfureceu-se contra Israel a ira do Senhor, fazendo com que o Senhor os entregasse nas mãos dos inimigos" (Jz 2,14; 3,8). Aqui há resquícios da teologia da retribuição em sentido depreciativo, ao sugerir a prosperidade das nações sobre Israel, cuja derrota e exílio servem para testemunhar a infidelidade do povo (Jz 3,4). Na sequência, a conversão cumpre papel fundamental dentro da estrutura em que os termos 'castigo' e 'graça divinas' formam os pilares que levam Israel a se converter, voltando-se para Deus. O povo é induzido a clamar ao Senhor (Jz 3,9; 4,3; 6,6). Finalmente, Deus responde com o perdão e, compadecido com os gemidos do povo (Jz 2,18), salva o povo, enviando-lhe um salvador, isto é, um Juiz (Jz 2,16; 3,9.15).

Se tomado no sentido literal, o livro de Juízes retrata batalhas sanguinolentas sem nenhum efeito prático sobre a política de paz ensejada, em grande parte, na Escritura Sagrada. Não seria um despropósito e até contraditório justificar guerras e práticas violentas para honrar o nome de Deus? Não estariam os textos sagrados encorajando a 'guerra santa'? Há quem admite ser a Bíblia um livro com potencial de violência, objetivada por quem explora tal realidade nociva e cruel ao bem-estar humano. De fato, eventos ocorridos na história humana tendem a confirmar essa triste e inadequada hipótese, conforme provoca um estudioso: "A Bíblia, dentre todos os livros, é o mais perigoso, porque o único munido com o poder de matar".[9] O assim chamado cântico da vitória no livro do Êxodo, por exemplo, entoado por Moisés, exalta a condição de um Deus 'guerreiro': "IHWH é minha força e meu canto, a ele devo a salvação. Ele é meu, e o glorifico, o Deus do meu pai, e o exalto. IHWH é um guerreiro, IHWH é o seu nome" (Ex 15,2-3). Controversas à parte, existem dezenas de expressões semelhantes a essa espalhadas no livro sagrado.

Crimes de guerra, extermínio, matança indiscriminada (hebraico *herem*), eram práticas muito disseminadas no antigo Oriente. A Bíblia, como se vê, não as ignora, como se pretendesse colorir a pílula com uma paz utópica, duradoura: "Vai, pois, agora, e investe contra Amalec, condena-o ao anátema com tudo o que lhe pertence, não tenhas piedade dele, mata homens e mulheres, crianças e recém-nascidos" (1Sm 15,3; Jz 5,23; Nm 21,1-3). Práticas desumanas desse tipo, não obstante encontrem suporte literal na Bíblia, passaram a ser condenadas com veemência mais tarde no Decálogo (Ex 20,13; Dt 5,17). Prisioneiros de guerra podiam ser submetidos à morte como oferta em holocausto (Jz 11,31). Isso sugere que sacrifícios humanos também eram praticados em Israel nos primórdios,

---

[9] Mieke BAL, "The Phenomenon of Violence", In: RICHES, D. (ed.), *The Anthropology of Violence*, Oxford, Blackwell, 1986, p. 1-7. Citado por John J. COLLINS. *A Bíblia justifica a violência?* Paulinas, 2006, p. 5.

conforme testemunham antigas tradições bíblicas. Para se ter ideia sobre tais atrocidades, dois reis de Judá, Acaz (2Rs 16,3) e Manassés (2Rs 21,6), influenciados por práticas idolátricas condenáveis na ótica *deuteronômica*, teriam sacrificado seus próprios filhos, fazendo-os passarem pelo fogo. O sacrifício humano na Bíblia, porém, sofreria um revés significativo na narrativa do Gênesis (Gn 22), ao mostrar Abraão pronto para sacrificar Isaac, seu único filho, em obediência a uma ordem divina. Mas, foi impedido por Deus no último momento.[10]

Tendo se apropriado de acontecimentos passados, a teologia *deuteronomista* acabou construindo sua própria 'história', moldada pelo objetivo de fundamentar a monarquia davídica, como também legitimar seus descendentes. As narrativas sob o gênero da saga recordam gestos corajosos desempenhados por heróis na conquista da terra, sendo este o estágio que precede à ascensão da monarquia. Não é raro elaborar relatos de fundação, tendo que recorrer à linguagem mítica, tomada como gênero literário conhecido no mundo antigo a até inspirado escritores bíblicos. Nesse universo linguístico dinâmico, carregado de ficção e simbolismo, os escritores não dispensam ações militares extremas, incluindo as que culminaram em confrontos violentos, como o extermínio de povos adversários. Assim, por exemplo, Dt 7,1-6 conclama Israel a destruir nações inimigas mais fortes e numerosas, que se opunham à ocupação da terra que IHWH, o Senhor Deus, havia dado ao povo. Mais do que ações militares reais, no entanto, prevalece a linguagem ficcional sob a roupagem impactante da conquista bélica em que os heróis nacionais se punham a entregar a própria vida para defender a terra. Sagas com esse propósito foram, portanto, integradas no *corpus* historiográfico do redator *deuteronomista*. A principal motivação para a destruição impiedosa do inimigo consistia em legitimar a posse da terra, livrando-a da presença de povos idólatras. No imaginário popular prevaleceu o poder divino como força invencível capaz de submeter todos os povos ao seu domínio absoluto. Ao ideologizar certa postura violenta, os escritores bíblicos estariam afirmando a total e plena dedicação de Israel a IHWH, este sim o único e legítimo Senhor. Quando proferidos fora do contexto religioso original em que foi escrito, discursos de guerra podem

---

[10] Cf. as considerações em John J. COLLINS, *A Bíblia justifica a violência*? Págs. 14ss.

ter estimulado práticas violentas e vingativas, mas jamais servem para legitimar tais práticas. A ponderação lançada por John J. Collins, sobre o propósito de Deus escolher Israel para lhe conceder a posse da terra, chama atenção para o fundamentalismo sublinhar bíblico: "as denúncias bíblicas contra os cananeus [isto é, povos que habitavam Canaã antes de Israel ocupar a terra] não podem ser tomadas ao pé da letra e que esses textos podem nos contar mais sobre os propósitos de seus autores humanos que sobre os propósitos de Deus".[11]

A ideologia *deuteronomista* se apresenta, a propósito, como antessala da leitura histórica de Israel. Ao conceber o antigo Israel bíblico, os escribas o fazem dentro do contexto histórico que lhes era contemporâneo. Tendem a deixar em segundo plano os conflitos bélico-militares, envolvendo grupos migratórios invasores que buscavam se instalar em Canaã. Devido à localização estratégica, ligando dois continentes – Ásia e África – essa estreita faixa de terra estava sujeita à infiltração de invasores que, de tempos em tempos, se estabeleciam em seus domínios gerando instabilidade social. Por receber influxos de grupos externos e exposta à demografia volátil, Canaã não constitui modelo de 'sociedade' sedentária estabelecida na região. Atributos sobre um suposto sedentarismo israelita primitivo (séc. XIII-XI a.e.c), por exemplo, retratam os esforços redacionais tardios (como em Josué, Juízes etc) mediados pelo pretexto de legitimar a monarquia. De um lado, as forças contrárias a essa idealização nacional, especialmente representadas por habitantes locais, como moabitas e amonitas (Dt 23,4ss), tendem a ser tratadas como invasoras hostis que precisam ser eliminadas;[12] de outro, a monarquia se impõe como valor integrador da identidade sociorreligiosa e unidade dos clãs/tribos que irão formar o futuro Israel, idealizado pela doutrina *deuteronomista*.

As narrativas bíblicas tendem a retratar a conquista do território, enfatizando episódios de massacre que os israelitas impunham aos habitantes nativos de Canaã. A força bélica e o heroísmo combativo dos juízes serviram, a propósito, de motivação ao espírito nacionalista combativo que

---

[11] John J. COLLINS, ibid, p. 21.
[12] Ainda sobre o anacronismo histórico relativo a apropriar desses e outros povos como se fossem contemporâneos aos patriarcas de tempos anteriores à monarquia, ver o estudo de FINKELSTEIN--RÖMER, op. cit., esp. Cap. 3, pág. 66-95; Cf. tb as páginas 118-121.

precedeu à monarquia de Davi e Salomão, para reforçar, ideologicamente, a nova unidade nacional ensejada nos tempos de Josias (640-609 a.e.c), séculos mais tarde. Imagens fantásticas, retratando heróis engajados em combates sangrentos, para livrar a terra de 'reis perversos' revelam, com singular perspicácia, o trabalho redacional monumental construído por escritores bíblicos, cujo propósito consiste em garantir a identidade do povo, cujo Deus é IHWH. O livro da Aliança, encontrado em Jerusalém (2Rs 22), impulsionou o programa reformista de Josias (621 a.e.c). Desde então e ao longo do exílio babilônico, bem como depois, o trabalho redacional continuou ativo e dinâmico. A literatura bíblica, por sua vez, não ficou imune ao influxo das culturas com as quais Israel teve contato. Judeus da diáspora, particularmente no Egito, Babilônia e Pérsia, colheram frutos desse influxo. Séculos depois, também a Grécia exerceria impacto extraordinário no universo da Escritura hebraica, conforme testemunha a primeira tradução para o grego que resultou na Bíblia *Septuaginta*.

Voltando ao ponto inicial, escribas *deuteronomistas* se inspiraram em antigas narrativas pagãs para compor muitos relatos. A história do juiz Sansão (Jz 13-16) constitui um bom exemplo disso. É a mais longa história dentre os juízes, com narrativas que retratam tanto o seu nascimento, quanto sua morte. Seus pais eram originários de Dã (Jz 13,2). Os danitas formam a tribo do sul, que irá migrar para o norte, conforme atesta Jz 17-18.[13] A narrativa tem lastros no campo do gênero literário muito próximo do que hoje se poderia denominar, guardadas as devidas ressalvas, 'novela', ou romance, dada a estrutura marcada pelo início, meio e conclusão em Jz 13-16.[14] O relato pode, ainda, ocultar fragmentos secundários provenientes da mitologia grega, sob a figura de Hércules. É claro que existe acentuada divergência entre o personagem mitológico grego e o legendário Sansão bíblico. Este, com efeito, não ganha *status* de semideus semelhante ao ser imortal, Hércules. Sansão é, ao contrário, apenas um ser humano, profeta chamado por IHWH a exercer a missão de libertar os israelitas da opressão filisteia. Terminada a tarefa com a qual Deus o encarregara de levar a cabo, Sansão, como qualquer outro juiz, humano, volta para o seu lugar

---

[13] Cf. *Novo Comentário Bíblico São Jerônimo*, 2015, p. 312.
[14] Não vem ao caso tratar aqui o debate acadêmico que cerca a definição do gênero literário 'novela'. Para maiores detalhes, cf. Cássio Murilo DA SILVA, 2000, p. 189ss.

de origem. Vê-se, com isso, que escritores bíblicos compunham histórias fabulosas inspirados em narrativas de outras culturas, povos no meio dos quais os judeus viveram, sobretudo durante e após o exílio.

Por isso, faltam evidências arqueológicas que endossem as conquistas militares relâmpagos, conduzidas pelos israelitas sobre a população nativa anterior ao século X a.e.c. Como até mesmo o Israel dos tempos monárquicos nunca se tornou um império portador de poderio militar para expandir território, fica difícil explicar os episódios dos 'massacres', tais como descritos nos livros de Josué e Juízes. Cerco e tomada de Jericó, por exemplo, são contados como eventos narrativos de uma conquista militar nos seguintes termos:

> IHWH disse a Josué: 'Vê! Entrego nas tuas mãos Jericó, o seu rei e os seus homens de guerra. Vós, todos os combatentes, dai volta ao redor da cidade, cercando-a uma vez; e assim fareis durante seis dias' [...] Na sétima vez, os sacerdotes soaram as trombetas e Josué disse ao povo: 'Gritai, pois IHWH vos entregou a cidade'. (Js 6,2-3.16)

Josué parece assumir protagonismo nesses confrontos, espécie de general responsável por executar estratégias militares avançadas, numa época em que Jericó ainda não constituía cidade fortificada, conforme presume Js 6,1. A ação beligerante paradigmática de contar a conquista, no entanto, se repete nas tomadas de Hai (Js 8) e outros territórios considerados hostis aos israelitas. O autor se vangloria da vitória humilhante imposta pelos israelitas aos habitantes de Hai. O número total de mortos na batalha de Hai chega a impressionantes "doze mil entre homens e mulheres num único dia" (Js 8,25), número carregado de pura ficção e simbolismo. Está fora de cogitação assumir Josué como livro histórico, sendo que nem Jericó, nem Hai e muito menos Gabaon (Js 6,32ss) teriam sido ocupados no século XII-XI, isto é, no período identificado com a chegada de Israel em Canaã.[15]

A propósito, esses relatos põem o leitor diante de episódios extraordinários. Sua linguagem revestida de heroísmo impactante pretende exaltar a resistência do povo israelita liderado por Josué, general que comandou

---

[15] Cf. *Novo Comentário Bíblico São Jerônimo*, 2015, p. 256.

os filhos de Israel durante a ocupação da terra após a morte de Moisés. Essas narrativas, ambientadas no contexto da teologia *deutoronomista* (séc. VII-VI), retratam o poderio militar ensejado por Josias, legitimando-o sob as conquistas no passado. Josué constitui, portanto, um livro de ficção-histórica, memorial, contendo histórias de fundação sobre um passado longínquo, cujos acontecimentos não constituem provas mediante artefatos arqueológicos documentais. Não é improvável que essas narrativas bíblicas tenham recebido influxos literários de outras culturas, que também empregavam métodos semelhantes, como lendas e sagas, com intuito de enaltecer o poderio militar e subjugar povos rivais mais fortes. Tal estratégia literária serviu para revestir de coragem membros de um grupo emergente, conjecturando o passado longínquo marcado por gestos de bravura e heroísmo.

Em síntese, as guerras de extermínio e massacres podem ter sido forjadas sob o influxo de narrativas lendárias e sagas regionais que circulavam em outras culturas da época. Pretendia-se, pois, encorajar o moral de um grupo vulnerável e frágil frente às nações, cujos líderes punham confiança no poder destrutivo de seus exércitos. A força militar herdada por Israel, porém, corresponde a um poder divino supremo concedido por IHWH, não por chefes do exército. IHWH é aclamado como o *Senhor dos exércitos*, linguagem figurada atribuída a Deus, que sai em batalha para defender seu povo. Episódios bíblicos épicos têm por finalidade legitimar a fundação da nação e não instigar a violência como método hostil de barbárie contra outros seres humanos. Certamente, quando Paulo de Tarso, numa de suas cartas, fala de morrer em Cristo, ele não está fazendo apologia à morte, ou apelo leviano aos seguidores, para que aceitem morrer literal e pacificamente da mesma forma que Jesus morreu na cruz. Paulo não está defendendo que um cristão deva se submeter à morte violenta. Ao usar a imagem da cruz, ele pretende denunciar o império sanguinário que persegue e executa, invertendo, assim, a situação de devolver ao império o método da violência usada para submeter as pessoas ao seu domínio. Existe, portanto, uma crítica velada, quando Paulo fala da cruz.

CAPÍTULO VI
Monarquia unida

6.1 As origens da monarquia com Saul

Passada a fase tribal, os escritos bíblicos idealizam em Davi o primeiro monarca, chefe que irá comandar e consolidar a tão sonhada unidade territorial composta pelas Doze Tribos de Israel. Sob seu comando, Israel será reconhecido como reino unificado e idealizado sob a Monarquia Unida. Seu antecessor Saul emerge apenas timidamente sob sua sombra.

Diversos fatores internos e externos contribuíram para as mudanças que resultariam na monarquia. Alguns serão avaliados abaixo. As primeiras narrativas sobre a ascensão de Saul (1Sm 9-10) dão a impressão de se tratar de alguém menor, personagem construído para ser submisso a Davi. A reconstrução desse passado, porém, conjectura um projeto político maior, ideologicamente voltado para pavimentar, justificar e consolidar a monarquia séculos mais tarde (séc. VI), impulsionada pela teologia *deuteronomista*. Nessa perspectiva, ao descrever heróis e vilões nacionais, não deixa dúvida sobre o papel secundário atribuído Saul em relação a Davi. Tal menosprezo, proposital, encontra explicação ideológica razoável, sugerindo ser Saul um líder originário do norte, de onde dez tribos rebeldes se levantaram contra a casa de Davi-Salomão para formar Israel-norte.

Não obstante Saul tenha sido ungido pelo profeta Samuel, sob ordem divina, o próprio IHWH o rejeitaria por motivos pouco claros. Sua ascensão à realeza, em 1Sm 9-10, é apresentada em narrativas paralelas um tanto desconexas e enigmáticas. A primeira (1Sm 9,1-10,8) situa Saul numa estranha narrativa em que ele sai para procurar as jumentas do pai que haviam se desgarrado. No caminho, ele se depara com o profeta Samuel, encontro aparentemente ocasional. Deus ordena ao profeta ungir Saul como chefe do povo, Israel (1Sm 9,16; 10,1), para ser um 'juiz'; Numa segunda narrativa (1Sm 10,17-17), Samuel convoca o povo a se reunir em Masfa, local onde Saul será proclamado rei por meio de sorteio, numa demonstração que a vontade do povo será acolhida; Já a terceira (1Sm 11,1-15) aponta Saul eleito 'rei' por voto popular, após derrotar o exército inimigo dos amonitas, uma vitória parcial. Foi, então, que "todo o povo se reuniu em Guilgal e lá Saul foi proclamado REI perante IHWH" (1Sm 11,15). Omite-se nesse caso o ato solene profético que o legitimaria no cargo.

Motivado talvez por reduzir o prestígio político de Saul, em favor de Davi, o escritor *deuteronomista* procura justificar sua saída de cena, dizendo que Deus se arrependera de ter dado a realeza a Saul (1Sm 15,11a). Sem fundamentação política ou razão criminal plausíveis para uma repulsa divina tão repentina, o motivo subjacente no texto sagrado parece reduzir-se à desobediência a Deus, porque ele se afastou do Senhor e não executou as suas obras (v.11b). O motivo para removê-lo do poder não é estranho ao padrão adotado nas narrativas deuteronomistas em outras ocasiões. Saul será confrontado com Davi, cujas histórias se entrelaçam para, então, introduzir à cena a realeza davídica em detrimento de Saul (1Sm 16). Quando Davi sobe ao trono, tendo Samuel dele se aproximado para ungi-lo rei, imediatamente o espírito de IHWH precipitou-se sobre Davi desse dia em diante. Ora, o espírito de IHWH tinha se retirado de Saul, e um mau espírito, procedente de IHWH, lhe causava terror (1Sm 16,13-16). Nem mesmo o apelo do profeta Samuel, que clamou a IHWH a noite toda (15,11c), e a súplica por perdão demonstrada pelo próprio Saul, foram capazes de reverter a decisão tomada por IHWH. Diante de Samuel, Saul suplica: "Eu pequei, contudo, eu te suplico, honra-me diante dos anciãos do meu povo e diante de Israel e volta comigo para que eu adore a IHWH teu Deus" (1Sm 15,30).

Desde a origem da realeza, Saul é tratado com contornos dramáticos, provocado por uma reviravolta sem precedente na história político-religiosa de Israel. O livro de 1Samuel fornece informações fragmentadas e incompletas, nas entrelinhas, sugerindo mudanças sutis em curso que tendem a progredir para o início da era monárquica. O texto bíblico diz que o povo pedia um rei, para que Israel se tornasse uma nação semelhante às outras. Em meio às aclamações populares, o profeta Samuel havia sido enviado por Deus para fazer Saul o primeiro rei. Mas, o *status* político de Saul não aparece claramente definido pelo escritor de 1Sm 9,26-10,1, não obstante ele seja reconhecido como rei ungido (1Sm 9,26), chefe e juiz (1Sm 10,1), ou comandante militar (1Sm 10,1).

A presença de Saul à frente da nova nação preenche requisitos militares, sendo ele mais um guerreiro do que o real líder de uma nação. Sua ordem de comando obedece ao que se espera de um juiz, quando chamado a conduzir e liderar uma guerra, mais do que um rei. Sua postura o coloca alinhado a um líder militar preocupado em convocar e reunir a tropa para a batalha: "As sentinelas de Saul, que estavam em Gabaá de Benjamim, observaram a agitação do acampamento [...] Então Saul disse à tropa que estava com ele: 'Fazei a chamada e verificai quem dos nossos está ausente'" (1Sm 14,16ss). No âmbito do imaginário palaciano, pouca reverência real lhe é prestada. O caminho é preparado, para que Davi, seu sucessor, ocupe o lugar proeminente negado a ele. O estado de Saul parece mais episódico, sugerindo que seu governo pode não ter durado mais do que dois anos (SCHWANTES, 2008, p. 23). Suspeita-se, com isso, que ele teria cometido erros estratégicos, que viriam a comprometer suas ambições políticas. O ideal de uma unidade territorial ficou relegado ao fracasso e ao colapso inevitável assim que surgiram as primeiras crises. Dentre as razões desse fracasso, sugerido por M. Schwantes, as principais são: (1) Não formou um exército profissional; (2) não organizou um sistema de tributação; (3) não emplacou um sucessor, embora o tenha tentado sem sucesso com Jônatas, seu filho.

A narrativa de 1Sm 9,1-10,16 compõe uma peça fragmentada sobre a ascensão de Saul à realeza. O relato profético, mais antigo, sugere a unção secreta em Gabaá, sua terra natal, por 'um bando de profetas', anônimos (1Sm 10,4-8). Pouco antes, porém, um desses profetas foi reconhecido em Samuel, articulado junto à história das 'jumentas' à procura das quais Saul havia saído. Foi então quando o profeta Samuel ungiu a Saul como *nagid*, isto é, como "chefe do povo Israel" (1Sm 9,16).[1] Há ainda dois relatos referentes à rejeição de Saul: 1Sm 13,1-15 condiciona sua unção à libertação de Israel dos filisteus. O conflito com estes, porém, o deixa

---

[1] Cf. Antony F. CAMPBELL e James W. FLANAGEN, In: *Novo Comentário Bíblico São Jerônimo*, p. 325.

inseguro, amedrontado; o segundo, 1Sm 15,1-35, é moldado pela tradição profética e mostra Samuel repreendendo Saul por desobedecer à ordem de condenar os amalecitas ao extermínio.[2]

Sobre a instituição da Monarquia, propriamente dita, o quadro histórico é um tanto antagônico, se compararmos 1Sm 8 e 1Sm 9. Enquanto este constitui um discurso favorável à monarquia, 1Sm 8 se põe diametralmente contrário. Sobre o prisma da organização política, Israel estava privado de instituições fortes que lhe garantissem soberania político-nacional. As narrativas não dão detalhes sobre a estrutura funcional que compõe a corte palaciana, bem como a cúpula administrativa formada de dirigentes, ministros, diplomatas, escribas etc. Seus subordinados parecem se limitar a três personagens (1Sm 20,25), ligadas ao seu círculo familiar: o filho Jônatas (1Sm 14,1), o primo Abner, chefe do exército (1Sm 14,50), além do próprio Davi, seu genro (1Sm 18,26-27) (PEETZ, 2022, p. 83).

As visões ambíguas sobre monarquia refletem caráter subjetivo e pouco pragmático, construídos por uma literatura fundamentalmente religiosa. Antes que sejam submetidos a um projeto político de Estado, revelam traços do pensamento teológico conduzido por redatores da escola deuteronomista. O conjunto de 1Sm 8-12 traduz em diferentes perspectivas a nova ordem emergente que vai se impondo em Israel, uma monarquia em crise misturada com esperança, incertezas, frustrações, avanços e retrocessos. Martin Noth, por exemplo, entendia a visão mais antiga, favorável à monarquia, em 1Sm 9,1-10,16 e 11,1-15, como uma reação deuteronomista do exílio numa perspectiva mais matizada em 1Sm 8,10.17-27[3] (Novo Comentário de São Jerônimo, p. 325).

6.2 O trono e a realeza de Davi

Sobre o primeiro rei, Davi, escribas lhe dedicam honrarias e elogios por suas proezas e campanhas militares exitosas. Nenhum outro personagem bíblico recebeu maior atenção em termos de volume literário. Sua história se estende de 1Sm 16 até 2Sm 24, ininterruptamente. Na sequência, o livro de 1Reis introduz seu filho Salomão como legítimo herdeiro

---

[2] Cf. *Novo comentário São Jerônimo*, p. 327-8.
[3] Cf. *Novo comentário São Jerônimo*, p. 325.

e sucessor real da dinastia davídica (1Rs 1–2). O escritor lembrará os últimos dias de Davi e suas recomendações sobre a sagração do novo rei.

De pastor, Davi será convertido em rei, sendo ele quem monopoliza o extenso cenário narrativo, desde 2Sm 16 até 1Rs 2. Nenhum outro personagem bíblico o superou em protagonismo político. Na cena introdutória, Davi é retratado como garoto especial, um pastorzinho convocado por Deus para substituir Saul (1Sm 16). Comparável a Saul no quesito militar, Davi é um talentoso guerreiro elogiado por ser seu fiel escudeiro (1Sm 16,21), cujas qualidades superariam seu antecessor, sendo exaltado como músico, jovem poeta, que costumava dedilhar a lira para acalmar um Saul deprimido e possuído por algum espírito mau (1Sm 16,23). Daí resulta a tradição oral pós-exílica segundo a qual os Salmos teriam inspirado escritores poetas a atribuírem sua autoria a Davi.

A arqueologia, até o momento, não fornece evidência relevante sobre a existência histórica de Davi, exceto uma discreta inscrição em aramaico encontrada na estela de Tel-Dã (cerca de 840 a.e.c). Esse artefato é o único registro a seu respeito, testemunho extrabíblico mais antigo sobre Davi:

> Eis que naquela época o rei de Israel havia chegado ao país de meu pai [...] Eis que Adad foi comigo, à minha frente [...] Eis que matei muitos reis [Matei, de fato Jo]rão, filho [de Acab], rei de Israel, e [matei], de fato, [Acaz]ias, filho [de Jorão, rei] de **BET-DAVI** [Casa (de) Davi] [...].[4]

Existem muitas controvérsias sujeitas à especulação abertas à interpretação sobre a expressão "casa-davi" (reparar que 'casa' e 'davi' aparecem juntas). Para evitar digressão desnecessária sobre discussões cercadas de opiniões polêmicas, entre 'minimalistas' e 'maximalistas', é preferível concentrar o debate numa possível conciliação. Há críticos que veem na expressão casa*(de)*davi referência a 'uma região', o local de onde provém o rei, ao invés de associá-lo ao fundador de uma 'dinastia'. Essa tese, por sua vez, não invalida ou exclui a existência de Davi como fundador da dinastia que leva seu nome. Seja como for, essa estela *Tel-Dã* é tudo que a arqueologia conseguiu encontrar até o momento a seu respeito numa fonte não bíblica. Não surpreende a escassez de evidências sobre a pró-

---

[4] M. PEETZ, 2022, p. 92. Para mais detalhes sobre a discussão da estela, cf. p. 91-95.

pria monarquia, como pondera A. MAZAR: "Infelizmente, a evidência arqueológica para o período da monarquia unida é escassa, muitas vezes controvertida, e não fornece respostas inequívocas" às muitas perguntas sobre o período monárquico (MAZAR, 2003, p. 358).

No âmbito histórico, a ascensão de Davi se deu em meio a muita confusão política. A começar pelo modo estranho como sua unção é contada: "Vieram os homens de Judá e ali ungiram [*MaSCHiAH*] a Davi rei sobre a casa de Judá" (2Sm 2,4). Chama atenção o *status* real ignorado, já que Davi não é descendente de Saul. Numa monarquia dinástica, de fato, ele não teria legitimidade para suceder a Saul, não sendo este da mesma linhagem. Pelo menos três estágios acenam para a ascensão de Davi, abrindo caminho para que o novo líder fosse introduzido na história da realeza e proclamado legítimo mandatário da recém-formada monarquia unida. Abalado com a trágica morte de Saul e seu filho Jônatas na batalha de Gelboé (2Sm 1), ao norte, Davi é cuidadosamente preparado como predestinado a entrar na realeza. Primeiramente, Davi é chamado por Deus a se dirigir a Hebron, a mais prestigiada cidade de Judá naquele momento. Uma vez em Hebron, "vieram os homens de Judá e ali ungiram a Davi rei sobre a casa de Judá" (2Sm 2,4). No primeiro ato sucessório, apenas a tribo de Judá o aceita como seu chefe. Pouco depois, descortina-se o segundo ato, quando Davi será acolhido por todo Israel, isto é, pelas Doze Tribos. Estas, sob sua liderança, concorrem para formar e consolidar a monarquia num estágio ainda rudimentar:

> todas as tribos de Israel vieram ter com Davi em Hebron e disseram: 'Vê! Somos dos teus ossos e da tua carne' [...] Todos os anciãos de Israel vieram, pois, até o rei, em Hebron, e o rei Davi concluiu com eles um pacto em Hebron, na presença de IHWH, e eles ungiram Davi como rei de Israel (2Sm 5,1-3).

Mas, não foi senão em Hebron o local onde o primeiro rei de Israel, Davi, teria sido coroado rei. Sua primeira e mais significativa conquista, logo na sequência, foi marchar sobre Jerusalém para tomar a fortaleza de Sião (2Sm 5,7). Ele e seus homens a tomaram dos jebuseus e a chamaram "Cidade de Davi", tradição que a eternizou até os dias atuais. Uma terceira unção, em 1Sm 16, provavelmente a mais colorida de todas, é fruto de construção teológica. Envolta em refinada ficção, o profeta Samuel unge o rei de tal modo a ressaltar o caráter sagrado da cerimônia com o qual pretende render submissão e obediência do rei a Deus.

Mesmo construído sob pano de fundo histórico, esse relato não está isento de boatos que circulavam entre os inimigos de Davi de que o novo rei estaria conspirando contra Saul (1Sm 18,3; 20,14; 23,17). Supunha-se que Davi se tornaria rei só depois de 'conquistar' Jerusalém, retirando-a do controle dos jebuseus (2Sm 5,6ss). Essa tradição poderia ser identificada com o 'Davi guerreiro', diferenciada do rei pastor. Essas narrativas ilustram a idealização do primeiro rei em que certas informações históricas perdem valor para serem alçadas à ficção, à dramaticidade. Ao descrever a ascensão ao trono, a história é invadida pelo teor teológico, visando a enfatizar as qualidades carismático-religiosas do rei, deixando seus defeitos (especialmente morais) em segundo plano. A trama política, misturada a subterfúgios, a más-intensões e a atos de conspiração contra Saul não ganham relevância, exceto quando sua avaliação interage com o plano profético (Natã – 2Sm 7). A leitura teológica aponta para a principal razão que legitimou Davi como rei: O próprio Deus o havia escolhido, preparando-o desde a sua juventude (1Sm 16,4-13).

É teologicamente determinante sublinhar a humildade depositada no *status* de pastor (1Sm 16,14ss), paradigma que o consagra como rei ungido, sobre o qual a doutrina messiânica terá desdobramentos mais tarde, após o séc. I a.e.c. Por isso, a principal motivação dessas narrativas não consistia numa investigação minuciosa sobre manobras políticas e mal-intencionadas que certamente existiram, mas munir a monarquia do elemento religioso catalizador do poder religioso concedido por Deus ao rei. Este está predeterminado a gozar da autoridade outorgada por Deus.

Um dos pontos altos de realeza davídica se encontra na profecia de Natan (2Sm 7), cuja retórica funciona como elemento ideológico de equilíbrio para legitimar a fundação da dinastia. Isso não significa que as narrativas nada tenham de historicidade, ou que tudo deva ser reduzido à mera ficção semelhante à mitologia existente no mundo antigo. Chamam atenção dois níveis diferenciados nos relatos que cercam a ascensão da monarquia: Sob viés, por assim dizer, mais realista, 'histórico' (1Sm 22,1-4); sob teor mais teológico (1Sm 16). Ambos, porém, são construções que se interagem e se completam iluminados pelo discurso *deuteronomista* da realeza.

Não se pode duvidar de que a subida de Davi ao trono de Israel se deve a vários elementos políticos bastante complexos e controversos. Ele não chegou ao trono sozinho. Dependeu do apoio de um ou vários grupos influentes, atuantes, mesmo com escassas e imprecisas informações a esse respeito. Os motivos que levaram o escritor a comentar sobre seus êxitos militares na carreira política ganham motivações profundas. Davi recebe atenção na cena como alguém forte, belo e sábio, um fiel ímpar dedicado ao culto e ao louvor a Deus. Tudo isso aponta para o esforço em criar o herói paradigmático, baseado em comportamentos religiosos altivos, exemplares. No ambiente religioso, sua capacidade de perdoar parece não ter limites (1Sm 24,17-23). Ao lembrar sua história, o leitor atual deve estar preparado para entrar no território teológico explorado pelo escriba que a compôs. Nele, Davi ganha notório reconhecimento religioso, sendo 'escolhido' graças à humildade de um pastor dedicado a Deus (1Sm 16,1-14). São valores que lhe outorgam autoridade para governar com justiça e equidade sobre o povo; nem mesmo a força física de um Golias prevalece. No momento decisivo, porém, a brutalidade não garante salvação e libertação. Ao contrário, a força é gratuitamente concedida aos pequenos e eleitos de Deus (1Sm 17). Deus é quem guia e, quando necessário, vinga os inimigos do seu povo!

Pode-se dizer que o protagonismo de Davi consiste em transformá-lo no precursor de um Estado israelita, há três mil anos atrás. Foi ele quem fez de Jerusalém a eterna capital, identificada com o território original jebuseu, que ainda não conhecia fronteiras.

O livro de 1Samuel insinua o ativismo político de Davi ao dizer que ele ocupava a função de "chefe de um bando" (1Sm 22,1-2). Sua fuga para o deserto significa que ele estava sendo ameaçado de morte, supostamente por Saul! O leitor se vê induzido a acreditar que Davi, sendo um jovem belemita, hábil músico, tinha talentos para causar inveja em Saul (1Sm 16,14-23). A intriga entre eles é parte emocional visando a enriquecer o enredo. Inicialmente, Saul deve ter ficado impressionado com as habilidades do jovem. Mas, aos poucos, Davi passa a ser visto como ameaça latente aos seus interesses pessoais. Conforme a narrativa,

Davi, herói carismático e popular, era temido por Saul, o qual sentia-se ameaçado pelo jovem talentoso. Levado por ciúme quase doentio, Saul tentou contra a vida de Davi por diversas vezes (1Sm 19,8-17), mas sem sucesso. Não restara ao jovem ameaçado outra opção exceto fugir! Sua fama logo se espalhara pela região ao redor, tendo-se tornado líder de um bando de pessoas descontentes e oprimidas, rebeldes desocupados e malfeitores de todo tipo. No curso dessa trajetória, ele decide recrutar um grupo de mercenários que somavam aproximadamente 400 homens para investir contra Saul (1Sm 22,1-3).

Num primeiro momento, Davi é acolhido apenas por um pequeno grupo que o ungirá líder sobre a casa de Judá: "Vieram os homens de Judá e ali ungiram a Davi rei sobre a casa de Judá" (2Sm 2,4). Mais tarde, sua liderança será estendida a outros clãs e tribos que se sentiam seguras sob sua proteção. Os anciãos, que vão ao seu encontro, oficializam um acordo como num contrato:

> Então todas as tribos de Israel vieram ter com Davi em Hebron e disseram: 'Vê! Nós somos dos teus ossos e da tua carne [...] És tu que apascentarás o meu povo Israel e és tu que será o chefe de Israel'. Todos os anciãos de Israel vieram, pois, até o rei, em Hebron, e o rei Davi concluiu com eles um pacto em Hebron [...] e eles ungiram Davi como rei em Israel (2Sm 5,1-3).

Diferentemente de seu antecessor Saul, Davi mostra-se mais ambicioso, principalmente no que se refere à política expansionista. Após vencer a supremacia filisteia na região (2Sm 8,1ss), promove expedições militares para expandir o domínio territorial, avançando para áreas adjacentes e subjugando ao seu reino povos amonitas, moabitas, arameus e edomitas (2Sm 10).[5] Estabelece uma infraestrutura governamental administrativa mais orgânica, composta de corte judicial, comandante de exército, grupo sacerdotal, secretariado e ministérios (2Sm 8,15-18). Não se sabe quanto tempo levou para arquitetar e pôr em prática essa estrutura complexa aí imaginada.

---

[5] Há contestação por parte da arqueologia atual em situar esses e outros povos tradicionais nas origens da monarquia. Há relatos tardios que refletem a consciência de um Israel 'teológico', centrado em Judá. Sobre uma possível versão anacrônica desse contexto, ver FINKELSTEIN-RÖMER, 2022, p. 72-73.

Após governar por quarenta anos, teria fundado uma longa e exitosa dinastia, encerrada apenas em 586 a.e.c, sob o advento do domínio babilônico.

6.3 Salomão, o sucessor

Assim como o pai Davi, o sucessor Salomão é objeto de muitas lendas e histórias, no mínimo controversas. Na tradicional versão *deuteronomista*, sempre favorável à monarquia davídica, certos fatores não resistem a uma leitura mais crítica, concernente ao fracasso resultante do processo político-religioso cismático após sua morte. Como outros reis, os pecados cometidos por Salomão encontram na idolatria o principal álibi para justificar o que ocorreria com a divisão do reino, após sua morte. Mesmo considerando as intempéries mais corriqueiras presentes na vida de um monarca inebriado pela imoralidade de possuir centenas de mulheres estrangeiras, segundo 1Rs 11,1-5, ele será exaltado como legítimo sucessor de Davi pelas qualidades políticas de modernizar o Estado recém-formado. O fato, no entanto, de ter amado "muitas mulheres estrangeiras: moabitas, amonitas, edomitas, sidônias e heteias" (1Rs 11,1s), com muitas das quais contraiu matrimônio, ao invés de desaboná-lo e pesar contra sua honra, foi usado favoravelmente para justificar as relações diplomáticas firmadas com os reinos vizinhos.

Pouco afeito à visão expansionista que marcou o governo de Davi, Salomão criou relações internacionais com o rei de Tiro (1Rs 7,13-14 e 9,10-13), e com a rainha de Sabá, por quem se encantou perdidamente (1Rs 10,1-13). Entre as mulheres que ele amou, encontra-se a filha do faraó (1Rs 3,1; 11,1), com quem contraiu matrimônio motivado por interesses políticos. Não à toa, seu nome *Shlomô* é derivado da expressão *Shalom*, que remete à arte da diplomacia e à ausência de guerras que marcaram o seu governo pacifista.

Dentre as maiores conquistas no campo estrutural-administrativo, palaciano, sem dúvida, está o de instituir a atividade do escriba. Escritores bíblicos o elogiam por ser portador de sabedoria inigualável, admirado como compositor de obras, fenômeno que lhe rendeu fama e imenso conhecimento sobre as coisas divinas (1Rs 5,9-14). Não obstante Salomão ter angariado elogios por sua notável sabedoria na condução do governo (1Rs 3), certos fragmentos bíblicos não conseguem esconder o lado perverso do rei. De um lado, ele é encarregado por Deus de construir o Templo em Jerusalém: "No quarto ano do reinado de Salomão sobre Israel, ele construiu o Templo do Senhor" (1Rs 6,1ss). O magnífico edifício é descrito como obra arquitetônica de rara beleza, com pompa e luxo inigualáveis (1Rs 7), tudo para legitimar o seu principal feito como rei. De outro, sugere-se que seu governo explorou trabalho escravo, fechando os olhos às injustiças cometidas gerando miséria no povo: "O rei Salomão recrutou em todo Israel [=tribos do norte] mão-de-obra para a corveia; conseguiu reunir trinta mil operários [...] Salomão tinha ainda setenta mil carregadores e oitenta mil cortadores na montanha" (1Rs 5,27-32).

A essa política de exploração deliberada do trabalho, que beira à escravidão estatal, a população ao norte reagiu com ressentimentos e nas crescentes ondas de protestos que alimentaram revoltas populares até culminar no colapso da dinastia dravídico-salomônica e na cisma político liderado por Jeroboão I.

Na área econômica, Salomão teria expandido interesses comerciais até a Etiópia, onde se envolveu no célebre caso amoroso com a rainha de Sabá (1Rs 10). Conforme já salientado acima, Salomão é moralmente acusado pelo comportamento lascivo, tendo se envolvido com centenas de mulheres estrangeiras. Não obstante a lei mosaica proíba severamente a fornicação e o adultério a um israelita (Dt 22,22; Lv 20,10 etc), não é o adultério o principal pecado que condena Salomão. O que mais pesa contra ele é o fato de ter possuído 'mulheres estrangeiras': "O rei Salomão amou muitas mulheres estrangeiras: moabitas, amonitas, edomitas, sidônias e hetéias" (1Rs 11,1). Na ótica deuteronomista, o envolvimento com estrangeiras o induziu a práticas idolátricas, levando-o a "prestar culto aos deuses estrangeiros e a fazer o que é mal aos olhos de IHWH". Nada disso, contudo, logrou apagar o brilho com que a sua sabedoria foi celebrada. O livro dos Provérbios, na chamada "Coleção Salomônica" (Pr 25-29), dedica-lhe elogios, dizendo: "A glória de Deus é ocultar uma coisa, e a glória dos reis é sondá-la. A altura do céu, a fundura da terra e o coração dos reis são coisas insondáveis" (25,2-3). É difícil não imaginar que tal apologia à sabedoria tão tivesse o rei como provável alvo. À sabedoria e riquezas, atributos praticamente indissociáveis da majestade que Salomão representa, o escritor lhe acrescenta a fidelidade a Deus como poucos o fizeram, rei fiel e dedicado "aos holocaustos e sacrifícios de comunhão sobre o altar que erguera a IHWH" (1Rs 9,25).

A morte de Salomão, em 931/3 (1Rs 11), consolidou o processo separatista que já estava em curso, agravado pela insatisfação de grupos ao norte, vitimados pelo abandono e injustiças causadas por altos impostos. Descontentamento popular durante o seu governo dava sinais intermitentes de que a qualquer momento os protestos sairiam do controle. O desgaste nas relações entre a corte salomônica e a população camponesa ao norte atingiu grau irreversível no governo de Roboão, filho e sucessor de Salomão. O sistema distrital, criado para arrecadar impostos, privilegiava interesses de Judá em detrimento das tribos ao norte. Os "Doze Distritos" (1Rs 4,7) tinham por propósito organizar e recolher tributos para financiar projetos megalomaníacos do rei, conforme descrito acima (1Rs 5,27ss). Ao legitimar empreendimentos arquitetônicos que dessem visibilidade à realeza – templo e palácios - esse regime tributário também lograva certos privilégios concentrados em Judá (1Rs 5,19ss). Construções palacianas ao norte, *como em Hasor, Meguido, Gazer, Bet Horon, Tamar* e outras cidades foram custeadas, como sugere o texto bíblico, com a Corveia organizada por Salomão (1Rs 9,15-24). Esse sistema distrital injusto, desigual, armou o gatilho que aumentaria as tensões sociais que levariam ao rompimento do Israel-norte com a casa de Judá. Quando Salomão morreu, grupos nortistas já não tinham mais clima para manterem-se fiéis ao sucessor de Davi, em Jerusalém. Como desfecho final, o cisma-político fora selado de forma irreversível sob seu filho, Roboão.

Crises econômicas intermitentes mostravam a frágil e inconsistente realidade da jovem monarquia davídico-salomônica já antes do fatídico colapso político. O provável estopim dessa crise ocorreu com Roboão. Considerado um déspota no poder, o filho de Salomão mostrou-se ainda mais autoritário do que o pai. Não poupou o povo dos pesados impostos, impondo obrigações ainda mais severas e impopulares do que as adotadas por Salomão. Instigou a insatisfação popular que logo tomaria proporções maiores em meio às revoltas populares que mobilizaram os habitantes do norte contra o governo de Jerusalém: "Meu dedo mínimo é mais grosso que os rins de meu pai! Meu pai vos sobrecarregou com um jugo pesado, mas eu aumentarei ainda o vosso jugo" (1Rs 12,10b-11), teria dito Roboão marcando a consolidação da ruptura.

Dada a falta de evidência arqueológica, permanece controversa a hipótese segundo a qual teria existido aquele suposto grande império inaugurado por Davi. Não há vestígios de um palácio construído por ele, muito menos escombros que remetam à arquitetura palaciana e ao templo de Jerusalém que Salomão teria erigido. Não obstante os insistentes esforços da arqueologia bíblica moderna para recuperar artefatos que confirmem obras palacianas da era davídico-salomônica, os resultados permanecem aquém de qualquer resposta conclusiva. A considerar a frágil infraestrutura político-econômica, numa área montanhosa onde predomina o estilo camponês, há pouquíssima chance de Davi e Salomão serem responsáveis por construções de edifícios tão ricamente ornados e complexos para os padrões do séc. X a.e.c (PEETZ, 2015, p. 103). Devem-se considerar exageros tanto a tese maximalista, que defende o imenso império territorial governado por Davi e Salomão, quanto a oposição radical defendida por minimalistas, que negam a total existência de Davi e Salomão. A Estela de Tel-Dã, cujo texto já foi mencionado anteriormente, é um bom exemplo de que existe um núcleo histórico, não obstante modesto, por trás de certos relatos bíblicos. Por não fornecer um quadro histórico regular e seguro, no entanto, a Bíblia continua a despertar especulações sensacionalista/ fundamentalistas no meio midiático atual.

Até o momento, a ciência bíblica moderna, especialmente a arqueologia, tem informações materiais escassas e incompletas sobre o período monárquico em questão. Qualquer esboço sobre os desdobramentos históricos da era davídico-solomônica continua sujeito a especulações, mais do que a certezas. Mesmo que a arqueologia não traga provas contundentes, com artefatos, de que Davi e Salomão tenham reinado 40 anos cada um, não se deve interpretar os relatos bíblicos a seu respeito prescindindo dos gêneros literários que ajudaram a construir suas narrativas. É próprio da arte narrativa bíblica, por exemplo, atribuir a "Quarenta Anos" um valor simbólico. Nesse caso, transcende à arqueologia o poder de confirmar ou negar veracidade às narrativas sobre Davi, Salomão, bem como a outros personagens.

O idealismo de uma monarquia unida, sob Davi e Salomão, é um empreendimento teológico de grande envergadura, resultante de camadas literárias diversas acumuladas durante séculos, cujo primeiro estágio é identificado com a obra histórica *deuteronomista* (livros de Josué, Juízes, 1-2Samuel e 1-2Reis) iniciada no séc. VII. Há que se ponderar a extensão desse processo redacional bem mais complexo, só concluído no tempo em que João Hircano (135-104) governou a Judeia no período hasmoneu.[6] Indícios apontam para uma combinação de períodos históricos distintos, e até anacrônicos. Uma hipótese assertiva implica que o trabalho redacional da obra *cronista* (séc. V-III a.e.c) tenha ajudado nessa construção ao inserir acréscimos tardios visando ajustar a monarquia davídica à ascensão do estado hasmoneu que transcorre no séc. II a.e.c (FINKELSTEIN, 2022, p. 187).

Finkelstein sugere ainda que o "Israel Bíblico", proposto como nação unificada para todos os hebreus, emerge sob dois conceitos fundantes: A centralidade da dinastia davídica e do Templo de Jerusalém (cf. *O Reino Esquecido*, 2015, p. 185). Os textos bíblicos que criam essa "grande nação" fictícia – Israel-norte e Judá-sul – compreendem as narrativas da 'ascensão de Davi ao trono' e seus sucessores. Tais 'histórias' podem conter fontes *deuteronomistas*, como também *cronistas*: 1Sm 16,14–2Sm 5; 2Sm 9-20; 1Rs 1-2. Em outras palavras, esse Israel-bíblico pode muito bem constituir um construto teológico.

Na perspectiva *deuteronomista*, os livros de Samuel e Reis enaltecem Davi e Salomão como fundadores de uma monarquia robusta, equivalente a um 'império'. Esses dois governantes são os responsáveis por idealizar a unidade nacional das Doze Tribos, projetando em seu tempo a monarquia utópica desmantelada na divisão política, que resultou nos reinos de Judá e Israel após Salomão. Depois do exílio, autores *cronistas* trabalham com a hipótese de que o 'grande Israel', isto é, a combinação dos dois reinos (Israel e Judá) havia atingido suas maiores fronteiras, estendendo-se Dã (Norte) até Bersabeia (Sul). Num trabalho simultâneo de eliminação e adaptação, autor (es) evita (m) destacar o papel de Davi como governante apenas de Judá. Ou seja, ao omitir os detalhes tratados em Samuel e Reis,

---

[6] Sobre a influente figura de João Hircano, sua política de 'judaização forçada' e as relações de poder dos hasmoneus na sua época, ver Benedikt OTZEN, *O judaísmo na antiguidade. A história política e as correntes religiosas de Alexandre Magno até o imperador Adriano*. São Paulo, Paulinas, 2003, esp. 40-44 e 149-152 (Bíblia e História).

a extensão do reino unido é tomada como pressuposto para indicar toda extensão de terra, isto é, Judá e Israel como um único território, supostamente integrado. Nesse cenário utópico, "Davi é importante como símbolo de um guerreiro piedoso e fundador da dinastia, o rei que estabeleceu o governo sobre toda a terra. Tanto Davi quanto Salomão, os fundadores do culto do templo, são despidos de pecados e de malfeitores" (FINKELSTEIN, 2022, p. 189-190). À luz da arqueologia, Finkelstein sugere que a realidade histórico-geográfica apresentada na obra *Cronista* comporta leitura anacrônica. Toma como exemplo a campanha militar de Roboão, referida em 2Cr 11,12ss, e a desloca historicamente para o período hasmoneu, levado pela política expansionista do rei hasmoneu João Hircano quando este tomou a Idumeia (esse tema será discutido mais à frente). Em sua conclusão, verifica que "o texto acerca das cidades fortificadas por Roboão deveria ser compreendido contra o pano de fundo dos tempos hasmoneus" (FINKELSTEIN, 2022, p. 191).

CAPÍTULO VII

O reino dividido

7.1 Os dois reinos: reis, rainhas e profetas

A morte de Salomão (931/3 a.e.c) apressou a crise política, que pôs fim ao reino unido e resultou em dois reinos ou Estados: Judá e Israel. O esboço abaixo, em duas colunas, expõe na linha do tempo os dois estados após o colapso sofrido na monarquia davídica.[1]

Reino de Judá (Sul)	Reino de Israel (Norte)
• **Dinastia de Davi/Salomão.** ✓ 933-913 – Roboão. ✓ 913-911 – Abiam. ✓ 911-870 – Asa. ✓ 870-846 – Josafá. ✓ 846-841 – Jorão. ✓ 841 – Ocozias. ✓ 841-835: Atalia (mãe de Ocozias – 1ª Crise). ✓ 835-796 – Joás. ✓ 796-781 – Amasias. ✓ 781-740: Azarias ou Ozias. ✓ 740-736 – Joatão. Época de Isaías e Miquéias. ✓ 736-716 – Acaz (vassalo dos assírios). ✓ 716-687 – Ezequias (Reforma religiosa). ✓ 687-642 – Manassés. ✓ 642-640 – Amon. ✓ 640-609 – Josias: Restauração política e religiosa – livro do Deuteronômio. ✓ 609 – Joacaz (deportado para o Egito). ✓ 609-598: Joaquim (Eliacim, o filho de Josias, teve seu nome mudado para Joaquim). ✓ 598 – Joaquin (filho de Joaquim). ✓ 598-586 – Sedecias (cerco a Jerusalém - conflito com Jeremias) – ÚLTIMO REI DE JUDÁ.	✓ 933-910 – Revolta de Jeroboão, general de Salomão. Fundação do reino do norte. Construção dos santuários de Dã e Betel. ✓ 910-909 – Nadab. ✓ 909-886 – Baasa (2ª dinastia). ✓ 886-885 – Elah. ✓ 885 – Zambri (SETE DIAS). ✓ 885-874: Amri/Omri (fundação da capital Samaria – 1Rs 16,23ss). ✓ 874-853 – Acab (Época de Elias). ✓ 853-852 – Ocozias. ✓ 852-841 – Jorão. ✓ 841-814 – Jeú. ✓ 814-798 – Joacaz (filho de Jeú–2Rs 13,3). ✓ 798-783 – Joás (filho de Joacaz?–2Rs 13,10). ✓ 783-743 – Jeroboão II (Período estável – ministérios dos Profetas Amós e Oséias). ✓ 743 – Zacarias (reinou seis meses - decadência política). ✓ 743 – Selum (conspiração–reinou um mês). ✓ 743-738 – Manahém. ✓ 738-737 – Faceias. ✓ 737-732 – Facéia (conspiração). ✓ 732-724 – Oséias. ✓ 722-721: Tomada de Samaria pelos Assírios e deportação (chega ao fim o reino do Norte/Israel).

---

[1] As datas seguem o padrão cronológico adotado pelas edições bíblicas mais usadas: *Jerusalém, TEB, Pastoral.*

O principal mentor da política separatista que resultou na independência do reino do Israel-norte recai sobre Jeroboão I (931-910 a.e.c), primeiro líder a governar o recém-criado Estado após o falecimento de Salomão. Ao reler os efeitos desse episódio cismático, séculos mais tarde, a teologia *deuteronomista* viu-se compelida a terceirizar a responsabilidade pela tragédia que se abatera sobre o Reino Unido davídico-salomônico, atribuindo a Jeroboão a culpa pela cisma.

A era monárquica que se seguiu à morte de Salomão teve desdobramentos políticos complexos. Um memorial dos acontecimentos chave desse período encontra-se articulado sob duas histórias paralelas, contadas nos livros de 1-2Reis em forma de sumário. O leitor fica informado, por alto, sobre o processo que gerou as crises político-religiosas da monarquia nos governos de Davi e Salomão, bem como o cisma político, que resultou nos dois Estados. Duas tribos – Judá e Benjamin – mantiveram-se fiéis à dinastia original davídico-salomônica até sua ruína final, em 586. Já o novo reino formado por dez tribos, Israel-norte teve seu destino selado em 721, após a violenta intervenção militar assíria decretar a sua ruína. Em linhas gerais, o período monárquico bíblico pode ser esboçado em três principais etapas cronológicas:

1. A realeza unificada, sob Davi e Salomão (1000–931/3);
2. A dinastia davídica, ou reino do sul, com desdobramento após o cisma (931/3 – 586);
3. Monarquia Israel-norte, com suas várias dinastias (931–721). As duas últimas se alternam e se interagem ao longo dos livros 1-2Reis.

Os livros 1-2Reis constituem as fontes que discorrem os desdobramentos de ambas histórias, apresentando os reis que se alternam entre Israel e Judá.[2] Convém ponderar que as narrativas sobre os governantes em Judá e em Israel são estilizadas, em que cada rei é avaliado por critérios teológicos, sem precisão histórica confiável. Essa estrutura comporta um "esquema real", dentro do qual cada rei é apresentado,

---

[2] Não é objetivo trazer nesse momento a discussão paralela sobre a complexa obra *Cronista*. Um escopo da teologia de 1-2Crônicas será oferecido mais à frente com o propósito de cotejar seus relatos com as narrativas paralelas relativas à obra *deuteronomista*, especialmente em 1-2Reis.

de forma mais ou menos harmônica e condizente com um quadro cronológico padrão compreensível:
1. Época de cada rei, alternando entre Judá e Israel, descrito em paralelo ao governante oponente contemporâneo;
2. A duração de cada rei em Judá e em Israel;
3. Avaliação do governo sob o prisma da idolatria, principal motivo que induziu Israel ao pecado e à ruptura da aliança com IHWH;
4. Informações genéricas e imprecisas sobre algumas realizações;
5. Fonte de informações e a menção ao nome do rei sucessor. Nunca é demais reforçar, pois, que "nesses esquemas existe história interpretada teologicamente" (PEETZ, 2022, p. 108-9).

Não obstante pesar contra quase todos os reis a acusação de idolatria, não será outro senão Jeroboão I quem se tornará o paradigma do idólatra, espécie de 'para-raios' receptor do principal pecado a contaminar todos os reis e governantes do Israel-norte. Todos os 19 reis, sem exceção, levam a culpa de estarem comprometidos com práticas idolátricas, a principal causa e justificativa para a decadência moral (1Rs 14). Dos 20 reis que governaram a casa real de Davi, em Judá, porém, parece haver claro esforço de minimizar sua culpa, eximindo-os da detestável mácula. Quanto aos reis judaítas, mesmo quando incriminados por terem cometido idolatria e acusados de "desviarem-se do caminho de IHWH", uma mecha de esperança os mantém vivos em razão da dinastia davídica. Algumas ponderações e maiores detalhes que cercam o debate sobre a teologia *deuteronomista* serão tratadas mais à frente.

Consumada a divisão irreversível no plano político, Jeroboão, primeiro líder israelita apressou-se em decretar uma medida de enorme impacto religioso. Mandou, pois, erigir dois bezerros de ouro, um em cada centro religioso, em postos estratégicos dentro das fronteiras territoriais do novo reino (1Rs 12,26-33). Como medida adicional no plano religioso, uma nova classe sacerdotal foi designada para cuidar do culto: "Estabelecer o templo dos lugares altos, designou como sacerdotes homens tirados do povo, que não eram filhos de Levi" (1Rs 12,31). Nada se compara, em gravidade, porém, do que os *bezerros de ouro* instalados, um em Dã, no extremo norte, e o outro em Betel, ao sul, próximo a Jerusalém. Esses dois centros se tornaram locais de culto e adoração, conforme o velho costume predominante no período pré-monárquico e monárquico. Esses centros passaram a se destacar como locais de peregrinação, rivais a Jerusalém. O status de Jerusalém como o único lugar legítimo em que IHWH deveria ser adorado foi uma conquista tardia, patrocinada pela reforma de Josias. Até então, diversos santuários continuaram ativos, na medida em que "a maioria dos santuários era localizada ou no centro das unidades tribais, ou em suas fronteiras. No período pré-monárquico, estes incluiriam Betel, Siquém, Silo, Guilgal e Dã" (SMITH, 2006, p. 47).

A atitude 'idólatra' de Jeroboão foi interpretada mais tarde como motivo da ruína imposta pelos assírios a Israel-norte, em 721. Israel pereceu por causa de transgressões cúlticas cometidas por Jeroboão, que mandou instalar os 'bezerros de ouro', induzindo todo Israel ao pecado da idolatria. Reflexos dessa tensão religiosa-social foram incorporadas nas mensagens de Elias (1Rs 17ss) e Amós (Am 7,10ss), dois profetas cujos ministérios estão situados no contexto de Israel-norte. Elias, fiel a IHWH, esteve engajado numa batalha épica ao combater e destruir centenas de profetas *ba'alistas*. Ele massacra a todos sem piedade!

Mais que mera provocação religiosa, os dois santuários erigidos por Jeroboão I, tinham como principal demanda desarticular e solapar o monopólio cúltico que mantinha seu povo submisso ao templo de Jerusalém. Tal medida, não obstante considerada arbitrária e radical, transcendia o domínio religioso por envolver poder e interesses políticos bem mais complexos. Sugere-se que o bezerro de ouro "provavelmente era a estátua de um touro jovem", resquício simbólico de culto cananeu mantido sobre as colinas da Samaria, sendo o "touro, possivelmente, considerado como um pedestal para o Deus invisível de Israel, como os querubins no templo de Jerusalém".[3] A instalação dos dois bezerros nas fronteiras, em Dã e em Betel (1Rs 12,26ss), não significava necessariamente uma mudança religiosa em direção ao paganismo. Hayim TADMOR argumenta não confundir a inovação religiosa promovida por Jeroboão com o início de um culto pagão, como se pretendesse introduzir nova crença a um deus estranho a Israel. A ideologia *deuteronomista* subjaz nas narrativas que

---

[3] Amihai MAZAR, 2003, p. 466. Para mais detalhes, conferir as páginas seguintes; uma estatueta do 'touro' é apresentada por MAZAR na pág. 343.

remontam o projeto monárquico davídico-salomônico. Vista através dessa lente, Jeroboão I é criticado não tanto por introduzir uma nova religião, mas por agir contra crenças religiosas tradicionais na sociedade tribal que o levou ao poder. Consequentemente, os tais 'bezerros de ouro' não eram imagens divinas, mas representam o pedestal sobre o qual, se acreditava, o Deus invisível de Israel era entronado.[4]

Coube, portanto, à retórica *deuteronomista* ditar acabamento ideológico ao processo cismático sob o verniz dramático da idolatria, prática cuja gênese foi supostamente estimulada por Jeroboão. A versão *deuteronomista* dos 'bezerros' instalados em Dã e em Betel, originalmente associados ao culto cananeu na região, converter-se-ia numa trincheira ideológica potencializada pelo código Deuteronômico (Dt 12-26) ressuscitado em Jerusalém, em 621. A aversão à idolatria emerge como mola propulsora do discurso agressivo desenvolvido à luz das reformas empreendidas por Ezequias e, pouco mais tarde, concluídas por Josias. Ambos consolidam a política do culto centralizado em Jerusalém. No século VIII, o profeta Amós já se mostrara preocupado com a alienação religiosa e o desprezo dos monarcas frente ao crescimento dos muitos santuários erigidos reino do norte. Dirigindo-se às autoridades nos montes da Samaria, Amós não poupa críticas a Jeroboão II: "Entrai em Betel e pecai! Em Guilgal, e multiplicai os pecados (4,4). E insiste: Não procureis Betel, não entreis em Guilgal e não passeis por Bersabeia" (5,5a); e em tom de ameaça à Samaria, ele anuncia: "pois Guilgal será deportada e Betel se tornará uma iniquidade" (5,5b). Dã, por sua vez, não é ignorada pelo profeta, por ser, junto com Betel, local de culto influente e onde, no passado, Jeroboão I havia erigido o 'bezerro de ouro', maior símbolo da divisão com o reino de Judá: "Viva o teu Deus, Dã! E viva a peregrinação a Bersabeia" (8,14b).[5]

Ambos **Dã** e **Betel**, santuários estratégicos feitos para abrigar os tais 'bezerros de ouro', representam locais de culto e peregrinação populares, construídos para rivalizarem Jerusalém. Numa perspectiva profética, retrospectiva, esses centros sofrem rejeição sistemática dentro do programa

---

[4] H.H. Ben SASSON (ed.), *A History of the Jewish People*, Cambridge-Massachusetts, Harvard University Press, 1976, p. 115.
[5] Para mais detalhes, ver A. MAZAR, 2003, p. 466-475.

deuteronomista, remontando as reformas de Ezequias. O programa encontraria em Josias, quase três séculos após Jeroboão I, seu maior mentor. Desde Ezequias, no século VIII, vários santuários, além de Betel e Dã, se tornariam alvo da política centralizadora josiânica (2Rs 23,15ss), que investiu na demolição dos centros rituais rivais de Jerusalém: Bersabeia, Guilgal, Arad e Meguido são alguns exemplos (MAZAR, 2003, p. 469-475). As dinastias nortistas, após Jeroboão, corroboraram a visão tendenciosa favorável a Judá, articulada por redatores *deuteronomistas*, cujo principal interesse consiste em condenar o reino de Israel-norte por estar comprometido com práticas idolátricas.

7.2 As primeiras crises políticas

Decisões tomadas durante o governo de Salomão agravaram as crises político-econômicas no Israel-norte, suscitando protestos e revoltas que se intensificaram gerando rupturas com o projeto monárquico-expansionista gestado por Davi. Fatores como arbitrariedade, corrupção palaciana, luxo, imoralidade e matrimônios interesseiros ajudaram a decretar a falência da monarquia em tão pouco tempo. Cisma que resultou na independência de Israel-norte não foi obra do acaso, mas a somatória de diversos equívocos cometidos, sobretudo por Salomão e seu filho, Roboão.

Empenhado em legitimar a dinastia davídica e manter a chama acesa sob seus descendentes, o redator *deuteronomista* se vê compelido ao omitir uma condenação explícita a Roboão, descendente natural à realeza. Mesmo tendo "feito mal aos olhos de IHWH", e apontar sua inclinação a práticas idolátricas (1Rs 14,21ss), Roboão não perdeu o privilégio régio ao ser sepultado na Cidade de Davi (v. 31b). Seu governo apenas consumou uma ruptura institucional que já estava em curso, fato assim constatado: "E Israel se separou da Casa de Davi, até o dia de hoje" (1Rs 12,19).

A antiga tradição popular evocada pelas tribos do norte, ao que tudo indica, exigia que o novo rei fosse aclamado pela maioria, em Siquém, local onde o povo costumava aceitar ou rejeitar um líder. Era um apelo como nos velhos tempos dos juízes. Segundo a tradição, após a morte de Gedeão (Jz 8,33), o povo subiu a Siquém para proclamar rei a Abimelec (Jz 9,6). Convocado por líderes do povo, e tendo percebido a gravidade da tensa situação que poderia lhe escapar ao controle, Roboão foi aconselhado a ir a Siquém contra a própria vontade. Ao se deparar com o clima hostil, desfavorável, percebeu que lá poderia ser rejeitado pelo povo. Numa decisão arriscada, recusou submeter-se ao cerimonial de coroação em Siquém, ligado à tradição popular local (norte), onde o novo líder era convocado a se apresentar perante a assembleia.

A proclamação era feita diante de todo Israel reunido. Ali o novo líder poderia ser aclamado, mas também rejeitado: "Roboão foi para Siquém, pois foi lá que 'TODO ISRAEL' se tinha congregado para proclamá-lo rei" (1Rs 12,1). Significava que ser filho de Salomão, por si só, não lhe garantia o direito de governar sobre as tribos do norte. Essa alteração, é claro, criou sérios obstáculos à aceitação obrigatória da realeza davídico-salomônica pelos habitantes do norte. No norte, um rei poderia ser rejeitado caso não tivesse apoio majoritário num ato de proclamação pública. Ou seja, em tempos de crise política eram as instituições populares, não o rei, que, de fato, exerciam autoridade na escolha de um (novo) chefe. Com efeito, tentativa de antecipar a realeza, durante os juízes, assinala certa crise dentro dessa tradição quando "homens notáveis de Siquém se reuniram para proclamar rei a Abimelec" (Jz 9,6).

Uma vez consolidado a cisma político que resultou em dois Estados independentes, os reinos de Judá (sul) e Israel (norte) teriam desdobramentos próprios nas tradições monárquicas. O reino de Judá teve apenas uma dinastia. Mesmo com altos e baixos, durou 400 anos, desde Davi até o último rei da sua dinastia, já no início do exílio. Israel-norte, ao contrário, conhecera um processo sucessório confuso e politicamente muito mais instável, baseado na chamada "Monarquia dinástica". Dinastias curtas foram acompanhadas de revoltas e frequentes golpes de estado. Para se ter uma ideia disso, a história da realeza no Israel-norte contabilizou sucessivas crises militares. O trono foi usurpado diversas vezes, com violentos assassinatos e golpes frequentes. Apenas nos primeiros 50 anos, a contar de Jeroboão I (931-910), a liderança mudou de mãos por três vezes. Somente depois do reinado de Amri (885-874), fundador da capital Samaria, é que Israel-norte passou por um período político relativamente estável e talvez contasse com uma constituição própria, ainda incipiente. Dadas às contingências sócio-políticas desagregadoras decorrentes da cisma, é plausível conjecturar o Deuteronômio em estágio ainda rudimentar dessa constituição no reino de Israel e que, mais tarde, sofreria adaptações para as pretensões reformistas de Ezequias e Josias em Judá. Essa realidade histórica, narrada pelo escritor *deuteronomista* em 1-2Reis, esconde traços ideológicos muito além da presente discussão.

Embora mais poderoso, rico e influente, o Israel-norte ficou mais vulnerável a um enfraquecimento do sistema monárquico. Com notável instabilidade política, seus representantes viram recrudescer a violência interna, gerando crises na legitimidade dinástica. Contrariando a versão que procura exaltar a "Casa de Davi", ou seja, a realeza davídico-salomônica, o escritor dessas histórias mostra-se parcial nas avaliações que faz sobre seus 'rivais' do Israel-norte, acusando os reis de infiéis, idólatras. O norte, não só era apenas mais populoso em relação a Judá, como também tinha uma economia mais próspera e mostrava poder militar superior. Aliás, evidências apontam que Israel estava se tornando uma potência graças à relevância política de alianças conduzida por Amri. Este não apenas criou uma capital, Samaria (1Rs 16,24). Sob seu nome, a economia gozou de notável prosperidade, sendo reconhecido como "Casa de Amri".[6] Contudo, não é o domínio de Israel sobre Judá que os relatos de 1-2Reis põem em relevo. Ao contrário, o escritor dessa monumental obra literária adota uma linguagem tipificada no julgamento religioso de cada rei, com especial destaque aos reis da dinastia davídica em Judá, em detrimento dos reis israelitas.

John BRIGHT (2003, p. 292) explica assim a principal diferença entre os dois reinos, após o cisma político-religioso sofrido: Israel-norte pode ser identificado com a tradição carismática, enquanto Judá manteve a tradição dinástica originada com Davi. Em Israel, o sistema monárquico seguia uma orientação, digamos, 'carismática', segundo a qual o "rei" assumia o trono por designação divina, mediante o consentimento popular. Esse ideal 'carismático' é o que tornou o Israel-norte cada vez mais vulnerável a sucessivos golpes de Estado. Dentre os exemplos conhecidos, incluem Nadab (910-909), filho e sucessor natural de Jeroboão I (1Rs 15,25-31). Nadab, foi deposto e assassinado por conspiração (1Rs 15,27) por um de

---

[6] Ver J. BRIGHT, 2003, p. 297-8; Cf. também M. SCHWANTES, 2010, p. 33.

seus oficiais, Baasa. Ao usurpar o trono, Baasa teve o cuidado de exterminar toda a linhagem sucessória de Jeroboão. É visível o ideal carismático, não dinástico, que inspirou Baasa a ocupar o trono. Da mesma forma como Jeroboão fora designado, também Baasa "teve designação profética" (1Rs 16,2), mantendo-se no poder enquanto viveu, entre 909 e 886.

Sem dúvida, por razões diversas, Israel-norte tendia a ser muito diferente em relação ao sul, Judá. A razão política que marca essa diferença consiste em Israel ser monárquico, mas com várias dinastias e sofrendo forte tendência carismática; Judá (sul), por sua vez, é dinástico, isto é, toda sua existência passa por uma única dinastia: Davi. A economia constitui outro elemento esclarecedor das diferenças entre o norte e o sul. Ao norte subsiste uma estrutura socioeconômica mais complexa, que pode ser compreendida sob dois pilares: a planície e a montanha, com cidades próximas umas das outras e ausência de uma centralização religiosa num único santuário. Já no sul, impõe-se realidade distinta. Sendo uma região mais desértica e com recursos hídricos escassos, a produção agrícola tendia a ser mais limitada, o que pode ter favorecido uma maior interação entre pastores e agricultores. A produção estava voltada para a pecuária, com a criação de animais de pequeno porte, principalmente ovelhas. Já em Judá a centralização religiosa gira em torno de Jerusalém, principal centro comercial. Graças e essa estrutura, Judá/Jerusalém é composta por uma sociedade que depende da harmonia entre cidade, deserto e a Sefelá (SCHWANTES, 2010, p. 30-32).

A monarquia de Israel-norte seguiu com Elah (886-885) que, ao tentar suceder ao pai Baasa, caiu vítima de nova conspiração, sendo assassinado por seu oficial, Zamri. Este também exterminou a linhagem de Baasa e fez-se rei em seu lugar. Seu curto reinado durou incríveis "sete dias" (1Rs 16,15), terminando em desgraça. Suicidou-se após enfrentar a batalha na qual teria sido humilhado e derrotado por Amri (885-874). A casa de Amri (885-874), conforme destacado acima, contrariou seus antecessores e teve enorme prosperidade, semelhante a Salomão, em Judá, ou até superior a este. Por outro lado, as crises não foram eliminadas, trazendo descontentamento de ordem social, econômica e, sobretudo, moral. Uma elite local privilegiada acumulava riquezas, enquanto crescia o abismo entre ricos e pobres. Muitos camponeses endividados se submetiam a um regime semi-

-escravagista. Este seja talvez o contexto social-econômico que explique as origens do Deuteronômio no séc. VIII.

O reinado de Amri foi, sem dúvida, um dos mais prósperos e bem-sucedidos de Israel. O menosprezo dos escritores deuteronomistas pelos governantes de Israel, porém, acabou por colocá-lo no quase esquecimento. Apenas algumas linhas nada elogiosas foram dedicados a ele (1Reis 16,23-28). Entretanto, não foi suficiente para apagar sua relevância no cenário político e econômico.

O feito mais notável alcançado por Amri, não obstante timidamente mencionado em Reis, deve-se à fundação da capital, Samaria. Segundo 1Rs 16,24, Amri adquiriu Semer, terreno íngreme, mas estratégico, localizado a oeste das montanhas, onde sobre uma colina construiu a cidade a que deu o nome de Samaria, por causa de Semer. Coube a seu filho e sucessor Acab concluir as construções. Desse momento em diante, a Samaria passou a ser a capital de Israel, até as invasões assírias que deflagraram sua completa destruição, em 721. Descobertas arqueológicas no local não deixam dúvidas sobre a cidade, bem como sua relevância no plano desenvolvimentista de Israel na época (MAZAR, p. 388-393). Amri é um dos poucos nomes bíblicos inscrito em fonte extrabíblica, algo raro para um governante desse período na região do Levante. Graças a ele, uma fonte assíria da época reforça a relevância de Israel na região, identificando-o como "Casa de Amri". A *Estela de Mesa*, rei de Moab, diz que "Amri, rei de Israel, oprimiu Moab muito tempo". Mesa, porém, também se vangloria por triunfar sobre a casa de Amri, tendo derrotado seus sucessores e recuperado o território perdido.[7]

Por várias razões, a dinastia de Amri não pode ser subestimada, ou relegada ao acaso. Não obstante a descrição literária bíblica seja propensa o desqualificá-lo, igualando-o a outros reis idólatras, ele alavancou uma dinastia muito influente na política externa do séc. IX: Amri, Acab, Ocozias, Jorão e a rainha Atalia (sobre esta, verificar mais abaixo), sob cujo governo inclui a aliança com Judá. O livro chega a acusar a dinastia *Amrida* de assassinar "todos os profetas de IHWH" (1Rs 18,4.13) (PEETZ, p. 114), um exagero recorrente na Bíblia feito para condenar todos os líderes nortistas, separatistas.

---

[7] Cf. o texto em M. PEETZ, p. 118.

Morto Amri, assume o trono seu filho Acab (874-853), outro grande estrategista destinado a governar Israel em Samaria. Época de enorme prosperidade testemunhada na expansão urbana, com a fortificação e construção de novas cidades, conforme sugere 1Rs 22,39. Achados arqueológicos atestam a significativa prosperidade vivida pelo reino nortista, no séc. IX, sobretudo na arquitetura e economia. Casou-se com uma princesa fenícia, Jezabel, matrimônio provavelmente motivado por razões econômicas, que ajudaram a expandir e impulsionar atividades comerciais com as cidades da região. O intercâmbio com Tiro e Sidon, por exemplo, reforçam interesses políticos que o projetaram no cenário internacional sírio-fenício. Segundo antiga tradição profética, narrada em forma de parábola, a "Vinha de Nabot" (1Rs 21) denuncia as contradições subjacentes à manobra matrimonial entre Acab e Jezabel. Em síntese, Nabot ecoa a corajosa denúncia do profeta como porta-voz de Deus, defensor dos mais fracos contra os interesses particulares do rei. A parábola apresenta a 'Vinha', isto é, Israel, como propriedade inalienável do povo. Nabot deixa claro na resposta que não vai se curvar ao desejo interesseiro de Acab: "IHWH me livre de ceder-te a herança dos meus pais" (1Rs 21,3).

Sem dúvida, no âmbito do profetismo bíblico, o escritor *deuteronomista* agrega à leitura política o ideal religioso como principal componente que o impele a construir o relato. Assim, o matrimônio com a princesa Jezabel, acusada de adorar *Ba'al*, teve segundas intenções, gerando consequências desastrosas à nação israelita como um todo. Ao promover a idolatria, introduziu-se o culto à divindade estrangeira. A influência nefasta de Jezabel teria induzido Acab a instalar um altar na Samaria, dedicado a *Ba'al*, divindade que passou a servir e adorar (1Rs 16,31-32). Eis o motivo do embate do profeta Elias com o rei Acab, na sequência, em 1Reis 17ss.

Muitas intrigas palacianas ditam o ritmo aos reis na sequência. Ocozias e seu irmão Jorão (2Rs 3,1), filhos de Acab, encerram a dinastia amrida, cujo domínio chega ao fim enfraquecendo o poder de Israel na região. Entra em cena Jeú, que mata o judaíta Ocozias e Jorão, ordenando o extermínio de toda casa de Acab (2Rs 10): "Jeú matou todos os que restavam da família de Acab em Jezrael: todos os notáveis, os parentes e os sacerdotes; não deixou escapar nenhum" (v.11). Ungido rei por um discípulo de Eliseu (2Rs 9,1-13), Jeú inaugurou uma nova e promissora dinastia operando uma reviravolta na esfera política em Israel-norte. Seus sucessores à realeza se fazem com o filho Joacaz (814-798), o neto Joás (798-783) e o bisneto Jeroboão II (783-743). Este, com efeito, leva Israel ao auge do desenvolvimento econômico, mas também ao começo do declínio que se aproxima. Tanto que o último rei dessa dinastia, Zacarias, filho de Jeroboão, governa Israel apenas seis meses.

Amós, profeta contemporâneo de Jeroboão II (Am 1,1), testemunha com extraordinária vivacidade as contradições provenientes do dissimulado sucesso econômico, pois gerador de injustiça e exclusão social. Proveniente de Judá, Amós exerce o ministério no norte, de onde será expulso em razão das denúncias que profere contra o rei e o sacerdote Amasias: "Amasias, sacerdote de Betel, mandou dizer a Jeroboão, rei de Israel: 'Amós conspira contra ti no seio da casa de Israel'" (Am 7,10ss). As camadas sociais mais pobres se tornaram vítimas desse sistema opressor, que priorizava uma elite que ostenta riquezas em detrimento de camponeses pobres, explorados. Não é possível entender Amós se se ignorar o contexto socioeconômico que subjaz em sua mensagem. Esse substrato é determinante para situar o êxito político-econômico alcançado no governo de Jeroboão II, dando maior transparência às contradições emergentes numa sociedade dividida entre uma elite descompromissada com a justiça social e a massa marginalizada, abandonada à própria sorte. Em termos proféticos, Amós não se intimida e parte para o ataque, fazendo ecoar duras palavras contra a elite palaciana: "Ouvi esta palavra, vacas de Basã, que estais sobre o monte de Samaria, que oprimis os fracos, esmagais os indigentes e dizeis aos vossos maridos: 'Trazei-nos o que beber!'" (Am 4,1). Ao denunciar o luxo, corrupção, riquezas e injustiças, atitudes impregnadas numa elite político-religiosa hipócrita, o profeta não hesita em assumir seu lugar social: Defender os pobres e desfavorecidos. Não por acaso, Amós passou a ser conhecido nos estudos teológicos modernos sob a alcunha 'Profeta da Justiça Social'.[8]

As maiores críticas dirigidas à dinastia de Jeú são compatíveis com a estilização teológica construída pelo escritor *deuteronomista*, levado a

---

[8] Cf. José L. SICRE, *Profetismo em Israel*: O profeta. Os profetas. A mensagem, Petrópolis, Vozes, 2022, p. 248-251.

depor com virulência contra todos os governantes israelitas, sem exceção. Contra Jeú e seus sucessores, por exemplo, recai a acusação pelo mesmo pecado cometido pelo primeiro governante, Jeroboão I. Ou seja, o governo de Jeú carrega o pecado de seu antecessor, tendo se deixado seduzir por práticas idolátricas, desde que "dois bezerros de ouro" foram introduzidos por Jeroboão I, em Betel e em Dã (2Rs 10,28).

Já sob o longo governo de Jeroboão II (783-743), filho-sucessor de Joás, Israel volta ocupar relevância no cenário político-militar, passando a viver um novo apogeu econômico. Regiões da Galileia e Jezrael, sob forte influência dos arameus, agora voltam a ser controladas por Israel e o comércio com o Egito floresce (PEETZ, pp. 136 e 138). A primazia da teologia *deuteronomista* se encarrega de retratá-lo como agente de Deus para salvar seu povo. Não obstante Jeroboão II seja acusado de fazer "o que é mal aos olhos de IHWH", ele também é lembrado por "restabelecer as fronteiras de Israel. Suas façanhas, as guerras que fez e as conquistas", enfim, tudo isso concorre para enaltecer um projeto maior, qual seja, não deixar apagar o nome de Israel (2Rs 14,23ss).

Pode-se dizer que as relações políticas entre Judá e Israel-norte foram sempre instáveis e estremecidas na maior parte do tempo em que existiram lado a lado. Segundo a narrativa bíblica, porém, essa relação teria se tornado mais estável e até amistosa durante a dinastia amrida (séc. IX), a ponto de evoluir para uma aliança (até então inconcebível) entre os dois Estados. É o que revela 2Rs 8,25-29: "No décimo segundo ano de Jorão, filho de Acab, rei de Israel, Ocozias, filho de Jorão, tornou-se rei de Judá" (v. 25). Chama atenção que nesse período, em meio a tanta confusão política, Judá e Israel foram governados por dois reis que portaram o mesmo nome: Jorão, filho de Josafá (2Rs 3,1-3), e Jorão, filho de Acab (2Rs 8,16-24). Trata-se da mesma pessoa a governar simultaneamente os dois reinos, ou os homônimos seriam mera coincidência? (BRIGHT, 2003, p. 302-303). A aliança entre Judá e Israel fez com que ambos se unissem para combater inimigos comuns, nas batalhas contra moabitas (2Rs 3,4ss) e arameus (2Rs 8,28-29). Uma crise de legitimidade, porém, cujos detalhes permanecem obscuros, parece ter comprometido essa aliança pouco mais tarde, quando Atalia, originária de Israel, se tornara rainha também em Judá (PEETZ, p. 140).

7.3 Atalia: inflexão no curso monárquico (841-835)

Atalia no contexto histórico de Israel e Judá

REINO DE ISRAEL	REINO DE JUDÁ
- JORÃO (852-841: filho ACAB)	- JORÃO (848-841: Filho JOSAFÁ)
- Jeú (841-814: filho Jorão)	- Ocozias (841: filho Jorão)
- Joacaz (814-798: Filho Jeú)	* ATALIA (841-835): Mãe de Ocozias (Filha de Acab)
- Joás (798-783: filho Joacaz)	- Joás (835-796: mãe Sébias)
- Jeroboão II (783-743)	- Amasias (796-781: filho de Joás). - Ozias (781-740).

A narrativa de acusação contra a rainha Atalia ilustra, primariamente, o empenho do escritor *deuteronomista* em legitimar a primazia da dinastia davídico-salomônica sobre os reis de Israel-norte. Para uma breve consideração literária a partir dessa obra, ressalta-se que 2Rs 11 traz a combinação de dois relatos: (1) 2Rs 11,1-12; 18b-20. Atalia é deposta do poder por ações do clero apoiado pela guarda real; (2) 2Rs 11,13-18a. Atalia é deposta por um movimento popular, o *Povo da Terra* (Esse grupo aparece sempre que a dinastia davídica está sob ameaça – cf. v.18a).

A israelita Atalia (2Rs 11) encontra-se envolta em controvérsias quanto ao lugar que ela viria a ocupar na história dinástica de Judá, já que se trata de uma rainha não davídica. Filha de Acab, ela se casou com Jorão, filho de Josafá, quando este ocupava o trono davídico em Jerusalém. O assassinato do seu filho, Ocozias (2Rs 8,25ss), rei em Judá, cuja duração no trono foi de apenas um ano, teria levado Atalia a tomar o poder também em Jerusalém. Sob o prisma padronizado da teologia *deuteronomista*, ela se vê empenhada em eliminar toda a linhagem davídica.

Originária de Tiro, Atalia é acusada de introduzir culto a *ba'al* em Jerusalém, razão que teria mobilizado sacerdotes javistas a tramarem uma violenta contrarrevolução que terminaria entronizando o jovem herdeiro da dinastia davídica em Judá, Joás (MAZAR, 2003, p. 387). Curiosamente, o reinado de Jorão (852-841), filho de Acab, em Israel (2Rs 3,1ss), coincide com o reinado do seu homônimo Jorão (848-841), filho de Josafá, em Judá (2Rs 8,16-24; 9,22-26). Há um conflito de datas aqui. Jorão se refere à mesma pessoa que reinou em Israel e Judá, simultaneamente, ou se trata de mera coincidência? Já Ocozias, filho de Jorão com Atalia, reinou em

Judá por um ano (841) (2Rs 8,25-29; 2Cr 2,2). Por que, apenas Atalia, sendo rainha originária do Israel-norte, foi incluída também no Sul e até lembrada no livro de Crônicas, algo raro ao cronista, escritor pós-exílio que tende a ignorar os reis de Israel?

Outro detalhe envolvendo anacronismo emerge quanto à linhagem real de Atalia. Ela é filha de Acab ou Amri? 2Rs 8,18 e 2Cr 21,6 sugerem ser filha de Acab com Jezabel, o que parece mais condizente com o papel da 'rainha-mãe' que ela exerce no reino de Judá; Já 2Rs 8,26b e 2Cr 22,2 sugerem ser ela filha de Amri.[9] Essa informação secundária chama atenção pelo fato de mostrar o esforço redacional em conciliar acontecimentos antagônicos. Seu casamento com Jorão (2Rs 8,16-24), filho de Josafá, rei de Judá e aliado de Acab, reforça a hipótese sobre um ousado projeto político em curso, parte estratégica de poder mediante acordo interesseiro visando a articular aliança arranjada.

Mas, é no campo religioso que Atalia sofre os ataques mais virulentos. Ela é rejeitada por ter sido educada pela 'mãe', Jezabel, idólatra declarada e princesa de Tiro de onde teria recebido suas 'más' influências. Por isso, ela é uma mulher inclinada a práticas idólatras (adoradora de divindades de Tiro). Mais tarde, Atalia será acusada de introduzir a idolatria em Jerusalém! Quando seu filho Ocozias subiu ao trono e ela se tornara sua 'conselheira', "também ele imitou a conduta da casa de Acab, pois SUA MÃE dava-lhe maus conselhos" (2Cr 22,3).[10]

Após a morte de Ocozias, Atalia teria conspirado e ocupado seu lugar, pois "não havia ninguém da casa de Ocozias que estivesse em condições de reinar" (2Cr 22,9). O escritor *deuteronomista* se aproveita dessa brecha para condená-la por causa do seu mau comportamento, pois ela teria eliminado todos os pretendentes da casa real (2Rs 11,1). Em 2Cr 21,4, Jorão, marido de Atalia, "matou todos os seus irmãos", quando se tornou rei. Ligada à casa de Amri, Israel-norte, a rainha é acusada de conspirar e usurpar o trono em Judá. Graves serão as acusações que pesam contra ela: Introduzir o culto de *Baal* em Jerusalém e conspirar contra a dinastia

---

[9] Detalhes que cercam esse tema do parentesco, ver J. BRIGHT, 2003, p. 296, especialmente a nota 38.
[10] Cf. Athalya BRENNER, *A mulher israelita. Papel social e modelo literário na narrativa bíblica*, São Paulo, Paulinas, 2001, p. 34 (Bíblia e História).

davídica, ao ordenar o extermínio de todos os seus descendentes reais (2Rs 11,1-3).

Atalia reinou seis anos (841-835) em Jerusalém, mas é-lhe negada legitimidade em Judá. Por isso, foi destituída e violentamente eliminada! (2Rs 8,16). O sumo sacerdote Joiadá, apoiado pela "guarda real/*cáritas* (mercenários)", teria 'escondido' no Templo o único descendente davídico, a criança Joás (2Rs 11,4ss), conferindo-lhe legitimidade e coroando-o rei. Não houve atentado do poder sacerdotal para instaurar a teocracia, e os sacerdotes 'restauram' a monarquia davídica perigosamente ameaçada pela trama conspiratória associada a Atalia.

O escritor *deuteronomista*, enfim, nega legitimidade à Atalia, segundo as regras monárquicas vigentes em Judá. Algumas razões para sua incriminação, subjacentes no texto, obedecem mais ao padrão ideológico de leitura:

1. É mulher, a única 'rainha' a assumir o trono em Judá;
2. Inculturação. Sendo filha de Jezabel, uma estrangeira, Atalia não tem legitimidade na descendência davídica. Sobre essa questão, o livro bíblico pós-exílio de Rute parece levantar um debate sobre a inclusão da estrangeira na agenda do povo judeu;
3. Sendo ela uma idólatra, adoradora de *Ba'al,* Atalia teria introduzido culto baalista em Judá;
4. Julgada sanguinária, deturpadora e imoral. Apesar de tudo isso, convém ressaltar que se permaneceu no poder por seis anos, é preciso considerar sua indiscutível habilidade política.[11] Sob a ótica *deuteronomista*, o esmerado relato sobre Atalia não é um caso isolado, mas se estende a outros relatos. Em relação à rainha Jezabel (2Rs 9,30-37), o motivo da idolatria as torna comum, sendo ambas rejeitadas com veemência por estimularem o *baalismo* na terra que pertence a IHWH.[12]

---

[11] Cf. A. BRENNER, *A mulher israelita*, p. 36s.
[12] Outra personagem bíblica pouco conhecida, mas que sugere um paralelo com o fenômeno da idolatria, envolve a rainha-mãe Maaca. Casada com Davi e descendente de um rei estrangeiro, Maaca é mencionada em meio a informações fragmentadas, confusas e desconexas. Cf. 2Sm 3,3b; 10,6; 1Rs 15,2.10; 2Cr 11,21; 15,16 ect. Para um estudo mais aprofundado, ver K. SPANIER, "A rainha-mãe na corte de Judá: Maaca – um estudo crítico", In: A. BRENNER (org.), *Samuel e Reis a partir de uma leitura de gênero*, São Paulo, Paulinas, 2003, p. 236-248.

7.4 Ruína de Israel-norte e o profetismo

Intercorrências sociais, políticas e econômicas no quadro geopolítico na região do Levante estão por traz da ascensão fulminante do império assírio no século VIII, assim como seu declínio até a ruína completa um século mais tarde com a ascensão babilônica. Dotada de uma política imperial militar expansionista violenta, os assírios, sob Teglat-Falasar III (745-727), passaram a ocupar a lacuna deixada pela discreta presença egípcia na região, desde o séc. XII. A rápida e agressiva expansão territorial assíria afetou diretamente os dois reinos – Judá e Israel –, sobretudo este último. Estimulado a participar da fracassada guerra *siro-efraimita*, Israel-norte sucumbe aos ataques militares assírios, quando as tropas invadem o território e capturam a capital, Samaria, em 721. Arruinado, Israel não mais existirá como Estado. A frágil Judá, porém, sobrevive, não porque impôs alguma resistência militar, mas por se submeter à Assíria mediante acordo de rendição e pagamento de tributos. Naquele momento foi uma decisão sábia impulsionada pelo instinto de sobrevivência, não obstante rejeitada pelo prepotente Israel-norte. É o que sugere o Proto-Isaías, em Is 7, profeta contemporâneo a esses acontecimentos.

A guerra *siro-efraimita* evoca uma aliança de coalisão entre a Síria (Aram-Damasco) e Israel (Efraim) contra Judá, depois que Judá se recusou a entrar na coalisão anti-Assíria. Síria e Israel, que já pagavam tributo à Assíria, agora optam pela revolta e decidem suspender o pagamento. Judá, por sua vez, recusa-se a entrar nessa aliança e continua submisso mediante o pagamento do tributo exigido pela Assíria.[13] De nada adiantou o profeta Isaías, principal defensor da dinastia davídica e Jerusalém no plano divino, aconselhar Acaz (Is 7,1-9), rei de Judá, para que confiasse apenas em IHWH sem se humilhar pedindo socorro ao rei Assírio, Teglat-Falasar III. Acaz simplesmente ignorou as palavras proferidas por Isaías, preferindo submeter-se covardemente ao rei assírio, apressando-se a pagar-lhe tributos pela ajuda: "Acaz tomou a prata e o ouro que havia no Templo de IHWH e os enviou como presente ao rei da Assíria. Este atendeu seu pedido, subiu contra Damasco e apoderou-se dela" (2Rs 16,8-9; Cf. *Is* 7).

---

[13] Cf. John J. COLLINS, "Isaías". In: *Comentário bíblico*, Vol. 2, p. 19; Cf. tb. *Novo Comentário Bíblico de São Jerônimo*, 2015, p. 484.

O rei de Israel, Oseias, decide suspender o pagamento dos tributos ao rei assírio Salmanasar V, sucessor de Teglat-Falasar. Ao perceber a traição, Salmanasar "mandou encarcerar [Oseias] e prendê-lo com grilhões" (2Rs 17,1-4). A ação custou caro a Israel, culminando no duro golpe da invasão militar que destruiu a Samaria e resultou na deportação de Israel-norte para a Assíria, em 721. Estava decretado o fim de Israel. Acredita-se que Sargon II, sucessor de Salmanasar, foi o executor da terceira e derradeira fase da vassalagem que levou à perda definitiva da independência e à incorporação da Samaria ao império (PEETZ, 2022, p. 154). A consequente deportação da população, somada ao assentamento de populações estrangeiras na Samaria, fez Israel entrar em colapso, inviabilizando quaisquer sonhos de retomar a autonomia política perdida.

Tanto a queda definitiva de Israel, em 721, quanto a relativa sobrevivência de Judá, tornaram-se objeto da avaliação teológica construída pelos escritores bíblicos. Ao encontrar Acaz, o profeta Isaías tenta acalmá-lo, dizendo: "Conserva a calma e não tenhas medo e não vacile o teu coração diante desses dois tições fumegantes [=Aram e Efraim]" (Is 7,4). O Proto-Isaías (Is 1-39), profeta contemporâneo a Acaz e às invasões assírias, vê nesse trágico acontecimento uma oportunidade de manter acesa a chama da dinastia davídica, em Judá. Ao comentar o contexto da guerra *siro-efraimita* (Is 7), Isaías interpreta com um anúncio de fundo quase messiânico na figura vindoura do rei Ezequias: "Pois sabei que o Senhor mesmo vos dará um sinal. Eis que a jovem concebeu e dará à luz um filho e por-lhe-á o nome de Emanuel!" (7,14). O escritor *deuteronomista*, quase dois séculos mais tarde, amplia a leitura do acontecimento sem ignorar as causas e os efeitos políticos sofridos. Diz que o sucessor de Teglat-Falasar III, "Salmanasar, rei da Assíria, marchou contra Oseias [rei de Israel: 732-724], e este submeteu-se a ele, pagando-lhe tributos. Mas o rei da Assíria descobriu que Oséias o traía" (2Rs 17,3ss; 2Rs 18). Com efeito, o escritor reconhece o recuo temeroso a que Judá se viu forçado a fazer para evitar o mesmo aniquilamento sofrido por Israel:

> No décimo quarto ano do rei Ezequias, Senaqueribe, rei da Assíria, veio atacar todas as cidades fortificadas de Judá e apoderou-se delas. Então Ezequias, rei de Judá, mandou esta mensagem ao rei da Assíria, em Laquish:

'Cometi um erro! Retira-te de mim a aceitarei as condições que me impuseres'. (2Rs 18,13ss)

A decisão de Ezequias mostra não haver uma alternativa, exceto reconhecer sua inferioridade frente ao avanço militar dos assírios em direção a Judá. As intervenções militares assírias de Teglat-Falasar III, na região do Levante no séc. VIII, implicaram uma reviravolta radical no mapa geopolítico do Levante. Havia por trás do avanço militar assírio um método eficiente de vassalagem e submissão impostas aos povos locais (PEETZ, 2022, p. 150-1). Primeiro, procurava-se manter o domínio imperial impondo tributação; Segundo, no caso de revoltas lideradas por vassalos rebeldes, a intervenção militar se impunha pela força. Grupos notáveis da população eram, então, deportadas; Terceiro, mais cruel e definitivo, levaria ao golpe fatal de destruir completamente a identidade nacional por meio da mistura de etnias.

As temidas deportações envolviam a troca aleatória de grupos étnicos provenientes dos mais diversos territórios recém-conquistados. Uma vez misturadas, elites e grupos dispersos dentro do próprio império assírio tendiam a se refazer culturalmente com base em antigos traços identitários. Esse processo de enculturação social, por sua vez, envolvia sincretismo religioso devido ao contato com costumes locais. É o que ocorreria após o desaparecimento de Israel-norte. Séculos mais tarde, os judeus passaram a identificar os samaritanos como um povo diferente e miscigenado, afastado do antigo Israel, de cujas tradições passaram a se sentir seus legítimos portadores. Impressões sobre a ruptura entre Judá e Israel assumiram ares de rivalidade hostil entre ambos, encontrando eco em 2Rs 17. Ao narrar a 'origem dos samaritanos', diz o escritor judaíta: "O rei da Assíria mandou vir gente de Babilônia, de Cuta, de Ava, de Emat e de Sefarvaim, e estabeleceu-os nas cidades de Samaria, em lugar dos filhos de Israel; tomaram posse de Samaria e fixaram-se em suas cidades" (17,24).

A política de enculturação sofrida na Samaria foi responsável por acentuar divergências profundas e irreversíveis entre judeus e samaritanos, tornadas mais explícitas após o período da reconstrução pós-exílica, como recorda Esdras 4,1 (considerações mais adiante). A sólida inimizade entre judeus e samaritanos atingiu o ápice na época de Jesus. Ao contar uma parábola, Jesus ensina sobre o cuidado que se deve dispensar a um desconhecido deixado semimorto à beira da estrada, após cair nas mãos de assaltantes. A parábola do "bom-samaritano" mostra sacerdotes e levitas, conhecidos pela suposta piedade, indiferentes enquanto passavam ao lado do desconhecido ferido deixado à beira do caminho. Foi justamente um 'odiado' samaritano quem o socorreu e cuidou das feridas.

A atuação ministerial dos profetas durante o longo e conturbado período monárquico, em Judá e Israel, especialmente entre os séculos IX e VI, pode lançar luz sobre as diversas situações históricas, nas esferas política, social, religiosa e econômica, que permeiam passagens dispersas na Bíblia (PEETZ, 2022, p. 108). Não se deve menosprezar, por exemplo, a pressão social, política e religiosa subjacente em profetas do calibre de Elias, Amós, Oseias e Miqueias, só para elencar quatro dentre os mais atuantes no período que antecede ao exílio babilônico.[14] De um lado, o século VIII foi marcado pela instabilidade política impulsionada pela ascensão da Assíria na região; de outro, as crises decorrentes dessa situação de vassalagem produziram espécie de "época de ouro" no profetismo, representada por Oseias, Amós, Proto-Isaías e Miquéias. Questões do cotidiano profano – alianças políticas, imoralidade, corrupção palaciana e injustiças sociais – são tratadas sob o pano de fundo da Aliança entre IHWH e Israel. Sob essa chave de leitura, a mensagem profética iria moldar a religião de Israel como um programa de compromisso ético sem precedente. Foram esses profetas engajados na luta político-social "os primeiros a compreender a ambivalência da religião", pois a religião pode também constituir força potencialmente favorável à alienação e à manipulação do sagrado.[15] Frente às distorções ético-morais, expressas sobretudo na opressão político-econômica da realeza, que é real, os profetas reagiam, ao denunciar as mazelas come-

---

[14] Não convém inserir aqui uma digressão sobre crítica literária ou detalhar a atividade literária que resultou nos livros que levam nomes desses profetas. Está além do escopo da presente discussão estudar o livro de Amós que reúne coletâneas de épocas distintas. Considerando sua complexidade, por exemplo, Amós 9,11-15 é uma composição pós-exílica. Por isso, é anacrônico tratar esse trecho como contemporâneo à época em que o profeta Amos viveu e exerceu seu ministério.
[15] Ruben ALVES, *O que é religião?* Loyola, 2010, 11ª edição, p. 103.

tidas pela elite governamental, incluindo a elite sacerdotal tradicional, aliada da realeza.

Em defesa da religião *Javista*, os profetas passaram a atuar no território cinzento da fronteira entre o sagrado e o profano, tornando-se os legítimos arautos do *Javismo*. De Elias em diante (séc. IX), Israel viu prosperar o profetismo da ação como força motriz a impulsionar agendas sociais, voltadas em defesa do direito e da justiça aos excluídos da sociedade. Surgia um movimento de vanguarda extraordinário, até então incomparável com outras religiões, que iriam revolucionar a religião de Israel. José L. Sicre oferece um balanço sobre as principais etapas que compõem o profetismo na realeza israelita, mostrando seus desdobramentos na história bíblica, desde as origens mais remotas até os últimos profetas, durante e após o exílio.[16] Nesse esboço didático, o profetismo original, num sentido mais amplo, pode ser concebido sob três principais etapas:

1) Proximidade física e distanciamento crítico do profeta em relação ao monarca, à realeza. Etapa representada por profetas da coorte: Gat e Natan;
2) Distanciamento físico entre o profeta e o rei que tende a se alargar, exemplificados por Aías de Silo e Miquéias;
3) Afastamento progressivo da coorte e a aproximação cada vez maior do povo, a partir de Elias. Com ele e a partir dele, os demais profetas, veem o povo como a razão do seu ministério, mesmo quando não se recusam a falar com os reis.

Essas etapas estão emolduradas pelas tensas relações da religião *Javista* com o influente poder político-econômico emergente, nos primeiros séculos do período monárquico. Os desdobramentos político-sociais entre Judá e Israel-norte, por sua vez, formam o pano de fundo histórico para a atuação profética, interpretada sob a perspectiva teológica *deuteronomista* nos livros de 1-2Reis. Existe um intercâmbio proposital entre os profetas que atuaram no Israel-norte e em Judá, com clara tendência apologética favorável a este último. Assim, tanto Elias, quanto Amós e Oséias, todos defensores do *Javismo* radical, exercem seus ministérios no norte, enquanto o Proto-Isaías e Miqueias encontram-se radicados em Judá.

---

[16] Cf. José L. SICRE, *Introdução ao Antigo Testamento*, Petrópolis, Vozes, 1995, p. 226-9.

7.5 Reino de Judá

A história política de Judá encontra-se vinculada à sobrevivência da realeza davídico-salomônica, cujos descendentes deram orgulho e legitimidade à monarquia, que se estenderá até os últimos dias de Judá no exílio. Não obstante os seus relatos estejam entrelaçados com Israel-norte, num formato de narrativas que alternam os reis de Judá e os de Israel, os judaítas são os que mais se destacam e desempenham papel religioso decisivo, sobretudo, após a morte de Salomão (931/3), quando as tensões tenderam a crescer frente à independência do Israel-norte, sob Jeroboão I.

Com efeito, a divisão submeteu o reino de Judá a uma maior estagnação econômica, já que os recursos naturais mais cobiçados, bem como o desenvolvimento urbano se concentram ao norte. Predominantemente rural e pouco influente na política externa, Judá terá de lidar com a vulnerabilidade econômica, sendo inferior em relação a Israel. A mudança mais expressiva no ambiente agrário de Judá só ocorrerá nas reformas patrocinadas por Ezequias, pressionadas pelas condições políticas trazidas com as invasões assírias, em 701.[17] Ezequias colocou em curso um êxodo rural que introduziria Jerusalém no cenário urbano, cuja projeção definitiva ocorreria sob o reinado de Josias (640-609).

Passadas duas décadas após a ruína de Israel-norte (721), Judá também sofrerá pressão nas mãos dos assírios. Em 701, Senaquerib fez incursões militares no território sulista, conquistando e destruindo vilarejos e cidades fortificadas, como Laquish, a segunda maior cidade. Ezequias, filho de Acaz, suspendeu o pagamento de tributos à assíria alguns anos antes. Teria como ambição política participar de conspiração contra a Assíria, conforme sugere 2Reis: "Revoltou-se contra o rei da Assíria e não mais lhe foi submisso" (2Rs 18,7). Essa pretensa oposição à Assíria, contudo, não se confirma. Como pretendia tornar Judá independente, Ezequias investiu recursos vultosos para ampliar Jerusalém e torná-la um centro urbano. Numa fracassada coalizão anti-assíria, a tentativa de aliança com o Egito recebeu críticas do profeta Isaías (Is 30). Nessa mesma época, levanta-se Miqueias,

---

[17] Uma avaliação mais detalhada sobre fatores sociopolítico-econômicos do projeto reformista proposto por Ezequias é encontrada em Pedro KRAMER, 2006, especialmente págs. 17-24, 114-6 e 183-6.

profeta atento aos graves problemas sociais. Denuncia, sobretudo, o fosso social que separa ricos e pobres, agravado pela prosperidade econômica na fase inicial do rei Ezequias. No começo, o rei até se mostrara conformado com a situação da vassalagem. Logrou vantagem da submissão à Assíria, tendo em vista urbanizar, restaurar e aumentar a cidade de Davi. Chegou a construir impressionante aqueduto subterrâneo, para abastecer a cidade de água potável corrente (2Rs 20,20) (PEETZ, 2022, p. 160).

Sem se importar muito com o que de fato aconteceu nas campanhas militares que dizimaram a população judaíta, embora Jerusalém tenha sido poupada da destruição, o livro de 2Reis faz prevalecer a propaganda favorável à realeza davídica, simbolizada na reforma religiosa introduzida por Ezequias. Foi o primeiro rei a colocar o Deuteronômio no centro das atenções, passando, desde então, a legitimar as decisões assumidas em Jerusalém, capital e centro político-religioso 'escolhido' por Deus. A centralização do culto em Jerusalém, ideologia inspirada no *Código Deuteronômico* (Dt 12-26), porém, nunca identifica o local onde se deve oferecer os holocaustos. Passagens fragmentadas dizem apenas: "No lugar que IHWH houver escolhido" (Dt 12,13.18.26; 16,15 etc). As reformas concentram a atenção no culto e no combate à idolatria. Seduzido pelo programa do Deuteronômio, Ezequias é quem promove Jerusalém como centro político-religioso por excelência. Ele é levado a legitimar a cidade como 'único lugar' onde o povo deve prestar culto a IHWH. Não foi uma medida meramente arbitrária ou desconectada da realidade, mas essencial para a urbanização de Jerusalém, que passou a concentrar a população proveniente da área rural judaíta.

Na perspectiva teológico-deuteronomista, Ezequias foi um rei singular, homem exemplar pela dedicação e devoção a Deus, cujo êxito no campo religioso se deve às reformas cultuais, que ele impulsionou durante a dominação assíria, só concluídas pelo bisneto, Josias. Mas, o problema da idolatria não se reduz simplesmente ao culto a imagens, conforme sugerido nas narrativas. Vai além, por envolver "a competição entre formas de símbolos religiosos" (SMITH, 2006, p. 81) que gerava rivalidade e competição entre os vários santuários na região. Não se deve subestimar os conflitos de interesse econômico gerados, sobretudo, pelo comércio cada vez mais intenso no local controlado pela elite sacerdotal, responsável por conduzir o culto no templo.

A notória desvantagem econômica sugere que Judá manteve uma relação de quase vassalagem com Israel-norte, o estado-irmão mais rico, influente e poderoso. Narrativas bíblicas construídas tardiamente, durante e após o exílio, ilustram essa situação, cujo passado aparece marcado por desentendimentos, desacordos. Dois exemplos conhecidos ilustram bem a rivalidade entre Israel e Judá, sob as figuras dos irmãos Caim e Abel (Gn 4,1-16), e Esaú e Jacó (Gn 25,19-34). Não obstante cada narrativa suscite graus distintos de contendas, ambas repercutem o acirrado conflito vivido pelas duas nações irmãs na história.

7.6 Josias e o mito da unidade nacional

Um evento marcante, ocorrido nos dias de Josias (640-609), colocaria em curso a edificação de um projeto de unidade nacional sem precedente que remonta aos tempos originários da monarquia sob Davi e Salomão. O livro do Deuteronômio encontrado em Jerusalém, em 621 (2Rs 22,1-8), serviu de plataforma ideológica para alavancar tal projeto e legitimar a frágil estrutura sócio-política monárquica em seus primórdios. Tinha como propósito recuperar o passado áureo, idealizado sob a monarquia davídica, modelo ambicioso para a edificação do novo projeto nacionalista de Josias. Mas havia um grande problema para reconstituir esse passado. A monarquia davídica, originalmente formada pelas Doze Tribos, havia sofrido o duro golpe da divisão política que resultou em dois estados, em 931. E pior ainda era o fato de que Israel-norte sobrevivera até 721, quando fora extinto. No tempo de Josias foi colocado em curso um plano ideológico ousado, o qual consistia em recuperar a antiga unidade perdida. A visão utópico-idealista desse nacionalismo judaíta acreditava ser possível recuperar o Estado unificado, que lembrasse os tempos áureos de Davi e Salomão. Estimulados por esse projeto ambicioso, desde 621, escritores *deuteronomistas* se punham a rever o passado, retroagindo à entrada do povo na terra (cf. Josué). O objetivo era conciliar às tradições judaítas as histórias originárias de Israel-norte, idealizando-as sob um patrimônio identitário comum. Esses escritores, no entanto, não teriam realizado o trabalho redacional sozinhos. Suspeita-se de que tenham se beneficiado da elite intelectual, econômica e política israelita, ou ao menos parte dela, quando forçada a se refugiar em Jerusalém após a Samaria ser invadida e destruída, em 721.

Os primeiros esforços, portanto, emergem na obra patrocinada pelos escritores *Deuteronomistas* (*HDtr*), trabalho volumoso, pretensamente histórico, que engloba os livros Josué, Juízes, 1-2Samuel e 1-2Reis. Seu principal objetivo é escrever uma história de Israel/Judá, desde os primórdios, no séc. XIII até o sec. VI a.e.c. Provavelmente, esse trabalho redacional envolve mais de uma etapa, sendo submetida a revisões e acréscimos durante o Exílio (586-539 a.e.c). O pontapé inicial desse trabalho se deu com a reforma patrocinada por Josias (640-609 a.e.c), conforme sugere 2Reis 22-23. Na ocasião teria sido encontrado um documento, o 'Livro-*Sefer*' identificado com o Deuteronômio (pelo menos com o código em sua parte central – Dt 12-26). Seu conteúdo serviu de plataforma para a redação de uma primeira edição da obra *Deuteronômica*. O trabalho visa a fazer uma grande revisão da história de Israel, começando pela conquista de Canaã (Josué) e estendendo-se até Josias e os últimos reis de Judá (1-2Reis).

A narrativa 2Reis 22,1-8 conta uma história curiosa sobre um livro encontrado nas dependências do templo em Jerusalém. O livro, chamado de *Lei-Torah*, pode ser identificado com o Dt 12-26. Informações contendo pormenores podem ser lidos em 2Rs 22-23. O livro alavancou reformas ambicionadas por Josias (621 a.e.c) e acabou legitimando um projeto de centralização político-religiosa em Jerusalém. Pelo menos dois conceitos fundantes sobre a unidade nacional de Israel bíblico podem ser colocados na agenda reformista da obra (FINKELSTEIN, 2015, p. 185-9):

1) O primeiro refere-se à *Centralidade da dinastia davídica*: História da ascensão de Davi ao poder: 1Sm 16,14 – 2Sm 4; História da sucessão de Davi: 2Sm 9-20 + 1-2Rs; Essas 'histórias' (sobre Davi) foram transmitidas oralmente e redigidas no séc. VIII a.e.c no território de Judá (sul), após o fim de Israel (norte); Com o fim do reino do Norte (721 a.e.c), o termo 'Israel' se tornara vago, política e territorialmente;

2) O segundo é o *Templo de Jerusalém*. Com a ruína de Israel-norte, muitos de seus habitantes foram para Judá. Buscaram refúgio e mudaram-se para Jerusalém, trazendo com eles tradições sobre os

reis de Israel-norte, com elogios a Saul e demais dinastias. Tinham tradições sobre o Templo de IHWH, em Betel, perto de Jerusalém, da tribo Benjamim.

Levadas para Judá, as tradições do Israel-norte sofreriam um processo de ajustes redacionais até serem absorvidas pela população de Judá tempos mais tarde. Como o autor queria atender à população de Judá, os textos provenientes de Israel-norte foram adicionados na história judaíta, para criar uma 'grande nação'; essa ideologia teria motivado Josias a recomendar os escribas a comporem a versão histórica *Deuteronomista*.

O trabalho redacional levou o (s) autor (es) a incorporarem tradições do Israel-norte a Judá, ao mesmo tempo em que promoveu os reis davídicos segundo interesses ideológicos: Legitimar a monarquia davídica sobre 'todo Israel', bem como o templo de Jerusalém, o único santuário para o culto verdadeiro a IHWH. Estaria Josias lançando um apelo aos antigos habitantes do norte a juntarem-se à nação, visando a criar uma nova unidade territorial que lembrasse o antigo Israel tribal? Seja como for, nascia a construção ideológica da monarquia, unificando Israel-norte e Judá, governada a partir da sua capital, Jerusalém, sobre todos os israelitas. Uma história assim tinha força ideológica, capaz de tornar Jerusalém capital sobre todos os territórios, que antes formavam as Doze Tribos. Reconstruir esse passado implicava atribuir a Davi o papel de idealizador do Estado.

Vistos sob a ótica *deuteronomista*, as narrativas de 1-2Reis convergem para uma propaganda favorável à monarquia davídica, ensejada para dar suporte a Josias e aliados no grande projeto de unificação nacional pretendido. Seu pano de fundo 'histórico', pretensamente cronológico e linear, oculta imprecisões, mas revela o trabalho redacional monumental conduzido por escribas, preocupados com a edificação e o destino do povo judeu, sob a égide do livro da Aliança, encontrado no Templo, em 621 a.e.c. Para que esse projeto alcançasse êxito no presente, os escribas sentiram-se impelidos a voltar atenção ao passado. A finalidade dessa revisão consistia em investigar e julgar o comportamento e atitudes dos governantes, tendo como critério paradigmático a aprovação a Davi e Salomão.

Esse trabalho literário, porém, não se encerra na obra histórica *deuteronomista*. Há que considerar os desdobramentos subsequentes, levados pela retomada de antigas aspirações político-religiosas. A obra Cronista (sobretudo a etapa elaborada nos livros de 1-2Crônicas), ao que tudo indica, comporta um projeto tão ambicioso quanto a ideologia Deuteronomista. A versão atualizada de 1-2Crônicas, contudo, longe de constituir uma mera repetição daquela, relê os acontecimentos inspirada em narrativas de 1-2Sm e 1-2Rs, sob uma nova ótica.[18] Recentes estudos publicados pelo arqueólogo Israel Finkelstein levaram-no a conjecturar, no que tange aos aspectos territoriais levantados nas listas de 1Cr 2-9, o pano de fundo constituído pelas áreas conquistadas pelos hasmoneus, entre os anos 140 e 100 a.e.c. Se essa hipótese for verossímil, então as listas genealógicas, em 1Crônicas 1-9, "representam a mesma ideologia de legitimação territorial do estado hasmoneu", e que "as listas genealógicas pretendem legitimar o governo judaico sobre áreas transferidas para ou conquistadas pelos hasmoneus" (FINKELSTEIN, 2022, p. 205). Ou seja, podemos estar diante de uma informação anacrônica descrita em Crônicas, se se considerar plausível sua redação final no séc. IV a.e.c.

7.7 Reis reformadores em Judá e a propaganda monárquica

O Deuteronômio emerge como a pedra de toque nas mudanças políticas, sociais e religiosas em curso em Judá, após a divisão do reino davídico-salomônico (930 a.e.c). O critério padrão empregado para julgar se um governante foi bem-sucedido, ou não, durante o tempo em que ocupou o trono, confunde-se com o grau de combate à idolatria. Qual a real dimensão da relação entre a monarquia de Judá, a organização e a prática do culto no período do Primeiro Templo (970 – 586)?[19] Recorda R.H. Lowery:

> Na medida em que a literatura se direciona mais para o passado, os monarcas tendem a resvalar para um padrão um tanto superficial de alternância entre o bem e o mal. Assim, as avaliações de Ezequias, Manassés e Josias formam uma tríade literária fortemente ligada que serve para realçar a estatura de

---

[18] O trabalho redacional *cronista*, construído de fontes entrelaçadas, é resultado de um empreendimento arquitetônico totalmente novo, original. Para um esboço da estrutura teológica da história, ver as argumentações delineadas por A. LAMADRID, 2015, p. 143-159.

[19] Cf. R.H. LOWERY *Os reis reformadores. Culto e sociedade no Judá do Primeiro Templo,* São Paulo, Paulinas, 2004, p. 14-15 (Bíblia e História).

Josias. Manassés é retratado como o oposto completamente perverso do fiel reformador Josias. (R.H. LOWERY, 2004, p. 22)

Um padrão ideológico semelhante foi aplicado pela versão cronista, para referenciar Davi como centro das atenções religiosas após o exílio. Com efeito, o cronista destaca Davi por suas virtudes, próprias de um homem piedoso e temente a Deus. Em 1Cr 11-19, a realeza davídica é idealizada, ao realçar, sobretudo, o lugar ocupado por Davi na organização litúrgica e funcionamento do segundo Templo (LAMADRID, 2015, p. 148-9). Ademais, ele organiza o pessoal e preocupa-se com o culto, deixando a construção material do Templo tudo encaminhado a seu filho Salomão.

O primeiro chefe de Estado judaíta elogiado pelo pensamento *deuteronomista*, lembrado por "andar nos caminhos de IHWH", é Asa (1Rs 15,9-24), considerado o primeiro da lista reformista em Judá. Seus atos em defesa do *javismo* consistiram em abolir a prostituição ritual no culto em Jerusalém: (a) Purificou o Javismo da 'Prostituição Sagrada' (v.12a); (b) Removeu todos os ídolos (v.12b); (c) Depôs a rainha e uma estela que ela havia instalado no templo (v.13). Nas narrativas em Reis e em Crônicas, Asa é apresentado como "precursor espiritual e genético de Ezequias e Josias, seus notáveis ancestrais davídicos".[20] O padrão teológico atribuído pela narrativa *deuteronomista* a Asa não deixa dúvida sobre o alcance limitado da reforma, assim como o foi com seu filho, Josafá (1Rs 22,47). Ou seja, mesmo engajados em promover mudanças impactantes, ambos alcançaram êxito limitado. Mas seus esforços são dignos de reconhecimento.

Longe de purificar totalmente o *javismo* do temido sincretismo religioso, o *deuteronomista* sabe que será preciso se impor numa luta permanente, quase insana, contra as aberrações cultuais que vigoravam em Jerusalém. Estelas erigidas no templo e lugares altos, prostituição sagrada, altares a *ba'al* etc, constituíam o ambiente religioso perverso a que qualquer rei, deveras com certa consciência reformista, tinha obrigação de se opor incondicionalmente. Expurgar tais práticas pagãs abomináveis em Judá é premissa ímpar para a ensejada restauração do culto *javista* no Templo. Eis a medida inegociável para o êxito da reforma defendida na teologia *deuteronomista*.

---

[20] R.H. LOWERY, ibid, p. 130.

Se, de um lado, Asa (1Rs 15,9-24) é julgado favoravelmente em razão do seu esforço em purificar e promover o culto *javista* (15,11-15), por outro, reconhece-se que ele, semelhante a outros, também não se livrou completamente das influências estrangeiras, já que "os lugares altos não desapareceram" (1Rs 15,14). Ainda pior é constatar alguém da sua estirpe, mais à frente, Manassés, ser condenado por ter reintroduzido a prostituição sagrada em Jerusalém. Não obstante Josias tenha demonstrado convicção em levar a cabo um programa reformista, a saber, abolir todo entulho pagão restabelecido por seu avô Manassés, não está claro se ele realmente teve sucesso (2Rs 23,7ss). Parece mais realista considerar o êxito obtido por Asa incompleto, algo humanamente normal em programas idealizados com esse fervor idealista, conforme reconhece Lowery: "a prostituição sagrada continuou a prosperar como elemento aceito do *javismo* ortodoxo do Primeiro Templo, ao longo de toda a monarquia" (LOWERY, 2004, p. 135).

A narrativa *cronista*, porém, não isenta o rei Asa de crítica, quando ele não se mostrou solícito à profecia do vidente Hanani (2Cr 16,7ss). Tendo se encolerizado contra o profeta, o 'intolerante' Asa, agira com insensatez e "mandou metê-lo na prisão, pois suas palavras o tinham irritado" (v.10). Já o escritor Deuternomista (1Rs 15,9ss) não vê maldade em seu coração. Pelo contrário, o esforço de Asa em combater a idolatria, especialmente sua 'retidão', é o que legitima a compará-lo com Davi: "Asa fez o que é reto aos olhos de IHWH, como Davi seu pai" (1Rs 15,11).

Josafá sucedeu ao pai Asa. Ele governou vinte e dois anos em Judá (870-848), ocupando o vácuo deixado pela morte do rei nortista Acab. Diz-se que ele "Seguiu em tudo o procedimento de seu pai, Asa, sem dele se apartar, fazendo o que é reto aos olhos de IHWH" (1Rs 22,43). 1Reis não acrescenta informações relevantes ao julgamento teológico feito pelo deuteronomista: Sua reforma parece se concentrar em abolir a 'prostituição sagrada' (v.47), ação iniciada por Asa, seu pai! Mais tarde, no entanto, o *Cronista* (2Cr 17-21) chega a apresentá-lo como monarca ideal. Uma paz momentânea reinante entre Judá e Israel foi selada, mediante o matrimônio entre Jorão (filho de Josafá e também de Acab? – 2Rs 8,16.25) e Atalia (filha de Acab – 2Rs 11). Informações confusas e desencontradas nessa história já foram consideradas acima.

Fica o questionamento: Esse vai-e-vem reformista, marcado por retrocessos e avanços, não serviria, a propósito, de pretexto ao escritor Deuteronomista, visando a preparar terreno para lançar a pedra fundamental da reforma empreendida por Josias? De um lado, o escriba exalta personagens da realeza, cujos esforços estavam voltados para o ambicioso projeto de Josias. Os reis Asa, Josafá e Ezequias, por exemplo, atendem a essa perspectiva programática e até previsível; De outro, os escribas mostram-se empenhados em condenar os reis que se opunham às mudanças reformistas. Estes teriam rompido a aliança com o Senhor, "praticando o que é o mal aos olhos de IHWH", interpretado no comportamento reprovado de Manassés e o filho Amon. Ambos, pai e filho, são acusados de cometer abominações que interromperam os avanços feitos por seus antecessores. Teriam, assim, dissuadido o povo com práticas abomináveis em Jerusalém, secularizando a religião *javista* por meio de alianças estabelecidas com as nações estrangeiras. Vistas no conjunto, as avaliações 'negativa' (*agiu mal*) e 'positiva' (*agiu com retidão*) tinham por propósito legitimar o pretenso êxito reformista, obtido por Josias, inspirado no programa do 'livro' (Dt 12-26) encontrado no templo (2Rs 23,4ss).

O escritor bíblico não poupa críticas ferozes ao mais longevo rei judaíta, o controverso Manassés (687-642 a.e.c – 2Rs 20). Paira sobre ele a acusação de promover um desmonte perverso nas tradições *javistas*. Com efeito, seu programa de governo estimulou práticas sincretistas condenadas nas reformas de seus antecessores Asa, Josafá e Ezequias, como também por seu sucessor e bisneto, Josias. Manassés é o principal agente responsável por incentivar o sincretismo religioso em Judá desde os tempos assírios: Eram práticas não *javistas*! Manchado pelo pecado da idolatria, Manassés é assim avaliado em 2Reis 21,1-18:

> Ele fez o mal aos olhos de IHWH, imitando as abominações das nações que IHWH havia expulsado de diante dos filhos de Israel. Edificou os lugares altos que Ezequias, seu pai, havia destruído, ergueu altares a Baal [...] Edificou altares para todo o exército do céu nos dois pátios do Templo de IHWH [...] Praticou encantamentos e adivinhação, estabeleceu necromantes e adivinhos e multiplicou as ações que IHWH considera más [...] Então IHWH falou, por intermédio dos seus servos, os profetas, dizendo: 'Já que Manassés, rei

de Judá, cometeu essas abominações, procedendo ainda pior do que os que tinham feito antes dele os amorreus e fez pecar também Judá com seus ídolos, assim fala IHWH: Eis que faço cair sobre Jerusalém e sobre Judá uma desgraça tal...'.

Dentre as práticas mais abomináveis promovidas por Manassés encontra-se o sacrifício humano. Conforme sugere o texto bíblico, essa prática controversa ainda não havia sido abolida antes das reformas de Josias. Reza o texto que o próprio Manassés, não só "edificou altares para todo o exército do céu nos dois pátios do Templo de IHWH"; ele também "fez passar seu filho pelo fogo" (2Rs 21,5-6), provável suplício indicativo do sacrifício humano.[21] A escola pós-exílica Cronista, contudo, reviu o comportamento idólatra do ímpio Manassés, outrora condenado com veemência pelo escritor deuteronomista. Reavaliado pelo *Cronista*, é notável que a culpa de Manassés seja aliviada fazendo com que ele ganhe sobrevida. Aproveitando-se de nova chance concedida, o então rei idólatra mostra-se plenamente arrependido, pede perdão e é reabilitado do mais terrível pecado. Outrora acusado de romper a aliança com IHWH, por praticar idolatria, o rei é transformado num homem devoto e piedoso, cuja humildade o predispõe a voltar o coração contrito a Deus. Convertido, Manassés se vê perdoado pela misericórdia divina (2Cr 33,11-20).

O escritor *cronista* promove certo malabarismo teológico, ao descrever um Manassés solícito à graça divina, um rei cuja conversão sincera o fez ser lembrado por Deus, que o perdoou do grave pecado que cometera (2Cr 33,11ss). Como outros, o pior descendente da linhagem davídica fora reabilitado pela teologia cronista, para que voltasse a figurar como legítimo rei. O mesmo ocorre com o sucessor de Roboão e segundo rei de Judá, Abiam/Abias. O livro de 2Crônicas dedica nada menos do que um capítulo inteiro a ele (2Cr 13), com 23 versículos, o dobro em relação à sua história contada em 1Rs 15. O cronista exalta a 'piedade' exemplar (13,10-12) do rei, legitimando-o a receber território generoso (13,19), maior do que o sugerido em 1Reis 15. No pronunciamento de Abias, o cronista promove

---

[21] Sobre essa questão, John J. COLLINS afirma: "Hoje se reconhece amplamente que o sacrifício humano foi praticado no antigo Israel muito mais tarde do que os estudiosos da geração anterior supunham". *A Bíblia justifica a violência*, Paulinas, 2006, p. 14.

um ato convocatório ao Israel inteiro para permanecer fiel à aliança que IHWH selou com a realeza davídica: "Não sabeis que IHWH, o Deus de Israel, deu a Davi para sempre a realeza sobre Israel?" (2Cr 13,5a) (FINKELSTEIN, 2022, p. 192-3).

Crônicas comporta um plano teológico revisionista voltado para avaliar a idolatria praticada pelos 'maus' monarcas no livro de Reis. O autor de Crônicas tende a reavaliar a postura de certos monarcas e, quando possível, a tratá-los com leniência. Essa visão teológica faz toda diferença na forma como cada rei é apresentado. A narrativa sobre Amasias ilustra bem essa situação. Em 2Rs 14, esse rei "fez o que é agradável aos olhos de IHWH" (v.3), porém teve a infelicidade de ser derrotado e humilhado em batalha por Joás, rei de Israel (vv.11-14). O escritor *cronista*, no entanto, viu-se compelido a ampliar sua culpa, forçando Amasias a cometer grande pecado: "Amasias trouxe os deuses dos filhos de Seir, passou a invocá-los como seus deuses, prostrou-se diante deles e os incensou" (2Cr 25,14-16) (FINKELSTEIN, 2022, p. 201-2). Tal mudança, um tanto radical em relação ao deuteronomista, atribuída pelo escritor cronista ao mesmo personagem, mostra o efeito da releitura feita pela teologia sobre a expectativa da monarquia após o Exílio.

Do ponto de vista econômico, Judá viveu notável recuperação sob o governo bem-sucedido de Manassés, reflexo da sua lealdade política e vassalagem aos assírios que lhe rendeu dividendos. Mas, não foi o relativo êxito no campo político-econômico que caracterizou seu governo. Os escritores bíblicos limitam-se a avaliar seu mau comportamento religioso e sua conduta imoral, associando-o à imagem sombria do idólatra, muito semelhante a Jeroboão. Ao suceder o pai Ezequias, protótipo do rei fiel a IHWH, Manassés carrega a imagem do dirigente desprezível por fabricar um poste sagrado, erguer altares para *Ba'al* nos pátios do Templo, praticar encantamentos e adivinhação, colocar ídolos de Aserá no Templo etc (2Rs 21,3ss). Mas, como explicar o êxito do mais longevo rei judaíta, que durou 55 anos? Após o exílio, o *Cronista* se viu compelido a responder, refazendo sua trajetória na dinastia davídica. Ora, um reinado assim tão longevo só pode ser explicado por que, tendo Manassés se arrependido, já no final da vida, IHWH ouviu suas preces e o perdoou (2Cr 33,11ss).

Avançando no tempo, pouco mais de dois séculos após Abiam/Abias, Josias (640-609 a.e.c) aproveitara certa estabilidade político-econômica que predominou desde seu avô, Manassés. Sem descartar certa dose de sorte, Josias teve a seu favor um lento, porém progressivo, declínio do poder assírio na região, até que a ascensão político-militar babilônica lhe batesse às portas, em 612. Sem a presença de uma potência bélica consolidada na região para lhe fazer oposição, Josias não se viu ameaçado ou pressionado por um império dominante. O vácuo deixado na geopolítica mesopotâmica abriu-lhe, assim, a chance de mobilizar novas forças políticas internas para compor seu exitoso governo no campo religioso.

Sem dúvida, o governo de Josias não apenas trouxe mudança significativa à expansão comercial, revigorando e economia judaíta, como também impulsionou o desenvolvimento da literatura (PEETZ, 2022, p. 167). Nesse contexto está situada a narrativa do *Livro* localizado no Templo, o Deuteronômio, do qual se serviu Josias para emplacar o projeto reformista, que deu origem constitucional à religião de IHWH (2Rs 22-23). Com efeito, esse documento legislativo (detalhes tratados em outro capítulo) inspirou e promoveu a intensa campanha reformista na sociedade judaíta, colocando em curso o mais bem-sucedido projeto da construção identitária do povo judeu até então. Por meio dele, buscou-se, no passado social e religioso longínquo, os principais elementos constitutivos para reforçar Israel como povo eleito.

Josias desfez, sistematicamente, as inovações sincretistas, que haviam sido maciçamente introduzidas em Jerusalém pelo seu avô, Manassés. Graças à meditação da teologia *deuteronomista*, recai sobre Josias o primado do rei fiel nos termos da aliança, numa batalha sem trégua para eliminar a idolatria. Bem ao contrário do perverso avô Manassés, Josias se vê cercado de aliados honrados, gente engajada em promover reformas cultuais, algo sem precedentes. Além dos sacerdotes, o rei manda consultar a desconhecida Hulda, profetiza chamada a ratificar as palavras contidas no livro da Lei (2Rs 22,11).

Sob olhar *deuteronomista*, Hulda não é revestida do mesmo brilho dos antigos profetas de protesto, talvez para evitar que ela fizesse sombra ao rei. Seu protagonismo profético quase apagado se limita à tarefa de autenticar o *status* do livro sagrado para legitimar o palco da reforma. As palavras pronunciadas pela moradora de Jerusalém não têm impacto sobre as medidas planejadas pelo rei, apenas as legitimam. Josias ordena a uma comissão de subordinados a ir ter com ela, formada pelo sacerdote Helcias, Aicam, Acobor, Safá e Asaías (2Rs 22,14ss), tudo dentro do arcabouço legal. E quando retornaram ao rei, eles levaram ao rei a resposta.

Antes da desconhecida Hulda, o sacerdote Helcias havia ocupado lugar de destaque, sendo a voz que comunica o extraordinário achado ao escriba Safã, diante do qual o conteúdo do livro foi lido pela primeira vez (2Rs 22,8). Em seguida, o rei assume a dianteira na cena e ordena reunir diante de si todos os anciãos de Judá e de Jerusalém: "Ele subiu ao Templo de IHWH com todos os homens de Judá e todos os habitantes de Jerusalém, os sacerdotes, os profetas e todo o povo [...] Leu diante deles todo o conteúdo do livro da Aliança" (2Rs 23,1-2). Assim, em seu governo, entrava em vigor as leis religiosas do código *Deuteronômico* (Dt 12-26), cujo programa central propunha: (a) Remover todos os artigos de culto estranhos e adoração, que haviam sido introduzidos por Manassés no templo em Jerusalém; (b) Josias depõe os funcionários do templo ligados a práticas religiosas estranhas às orientações do *Deuteronômio*; (c) Destruição de imagens e ídolos pagãos (2Rs 23,4ss).

Em síntese, a religião bíblico-israelita é uma construção identitária tardia, que ganhou força impulsionada pelas prescrições consignadas no código do Deuteronômio, livro sagrado originário de Israel-norte, convertido na primeira constituição normativa nas reformas de Josias. Ao tramitar no limiar da construção identitária judaica, o Deuteronômio servirá de baliza legal para o ordenamento sociorreligioso do 'novo' Israel após o exílio. Com efeito, a *Torá* (Pentateuco), obra compósita que contém partes mais antigas, pré-exílicas, é o resultado de um grande empreendimento literário edificado sobre o *Livro da Aliança* (2Rs 22,8). Coube aos judeus repatriados à sua terra (comunidade, *golah*), retorno esse autorizado por Ciro (Is 45,1ss), tomarem a frente na reconstrução de Jerusalém e organização social. Essa elaboração, por sua vez, pressupõe a capacidade de a comunidade se adequar às novas circunstâncias deixadas com o exílio. É o que sugere a tradição sacerdotal, preservada no Levítico, como o código da Santidade e as regras de pureza, por exemplo.

Redatores habilidosos propunham unificar tradições mais antigas, oriundas de Israel-norte, às do sul, passado e presente, mediante reformulações que resultaram na volumosa obra redacional *Deuteronomista*.[22] Assim, a postura religiosa monoteísta bíblico-israelita teve desdobramentos iluminados pelo Deuteronômio, tornado normativo apenas depois de Josias, conforme atesta a fórmula clássica do credo judaico, "Shemah Israel" (Dt 6,4ss). Como salienta Mark Smith, "o desenvolvimento do monoteísmo judaíta foi uma interpretação da realidade de Israel à luz dos desenvolvimentos do oitavo ao sexto séculos" (SMITH, 2006, p. 176). Há que se levar conta, ainda, o profetismo como componente paradigmático imprescindível, para uma análise crítica da história social e religiosa de um período marcado por transformações sociais e religiosas. Dotados de carisma divino e impulsionados pela Palavra de Deus, os profetas atuavam como porta-vozes do povo, constituíam arautos do direito e defensores incansáveis da justiça social. Eles cercaram a religião israelita de valor ético inigualável.

Certa 'descontinuidade' histórica nos relatos se deve à trágica ruína do Israel-norte, situação que obrigou muitos habitantes israelitas (reino norte) a procurarem refúgio em Judá. Dentre os 'refugiados' supõe-se que inúmeras lideranças religiosas tenham levado consigo tradições e memórias referentes aos reis nortistas, incluindo elogios a Saul e demais dinastias. Tinham tradições sobre o Templo de IHWH, em Betel, perto de Jerusalém, relacionada à tribo Benjamim.

7.8 1-2Crônicas: breve ponderação sobre o anacronismo nas fontes

Pesquisas arqueológicas recentes lançam nova luz sobre a interpretação das narrativas bíblicas referentes a episódios supostamente provenientes da época monárquica[23]. Israel Finkelstein argumenta que *Crônicas*,

---

[22] De modo similar, o Pentateuco é produto final de um longo processo redacional só concluído após o exílio. Jean L. SKA o explica sob a metáfora de "Dois Terremotos": um ocorrido em 721, com a destruição de Israel-norte; o outro em 586, com a destruição de Jerusalém e início do exílio. Por isso, é uma obra compósita finalizada após o exílio (SKA, 2003, p. 200-202).
[23] Cf. I. FINKELSTEIN, 2022, especialmente o Capítulo 7: "A expansão de Judá em 2Crônicas", p. 177ss.

obra composta por volta do séc. IV a.e.c. e tradicionalmente associada ao período persa, trazem informações adicionais relativas ao século II a.e.c. Como obra teológica sujeita a anacronismos, o redator recorreu a acréscimos com o intuito de ajustar melhor as narrativas ao período asmoneu, contemporâneo ao seu escrito (140–37 a.e.c).

A história de Roboão, por exemplo, que aborda sua preocupação em fortificar cidades (2Cr 11,5-12), "deveria ser compreendida contra o pano de fundo dos tempos hasmoneus" (FINKELSTEIN, 2022, p. 191). A mesma linha de raciocínio *cronista*, no âmbito arqueológico, pode ser aplicada ao governo de Asa (2Cr 14-16): "A área referida em 2Crônicas foi o cenário de diversos confrontos hasmoneus. 1Macabeus (10,77-86) descreve um conflito e uma caça aos invasores do oeste nos dias de Jônatas" (FINKELSTEIN, 2022, p. 195). Finkelstein, afirma que "um dos temas centrais em *Crônicas* que não aparece em *Reis* é a expansão gradual do reino de Judá como resultado de guerras ganhas com a ajuda de YHWH [...]. Em 2Crônicas, Judá, nos dias de Ezequias (o herói do autor, aparentemente uma imagem de João Hircano), estendia-se do Vale de Bersabeia até a zona montanhosa da Samaria" (2022, p. 211-2). Mais ainda, caso as evidências arqueológicas estiverem corretas, "2Crônicas (pelo menos 2Cr 10-36) foi escrito (ou significativamente ampliado), no final do séc. II a.C" (2022, p. 212).

Após a época selêucida (séc. II a.e.c), judeus e samaritanos já constituíam povos autônomos e hostis um ao outro. Esse ambiente hostil, construído ao longo dos séculos passados, contribuiu para a visão estigmatizada da conhecida animosidade entre os dois povos no séc. I e.c. O escritor judeu Flávio Josefo fornece as bases histórico-religioso-culturais dessa dissidência, que marcaram as tensas relações entre judeus e samaritanos através do tempo.[24]

Todos os governantes de Israel-norte, sem exceção, ganham o rótulo de apóstatas, sendo julgados infiéis à aliança com IHWH e manchados pelo mesmo pecado cometido por Jeroboão I. Esse fator comprometeu negativamente o desempenho político-religioso de todos os governantes

---

[24] Para uma síntese sobre esses conflitos no contexto da dominação romana, no séc. I, ver VV. AA, *Flávio Josefo: uma testemunha do tempo dos Apóstolos*. Documentos do Mundo da Bíblia – 3, Paulinas, 1986, esp. pág. 73-82. Esse tema será tratado mais à frente.

do Israel-norte (931–721). Tal pecado é apresentado como principal justificativa para o agravamento da crise e do caminho errático, que resultou na ruptura com a dinastia davídica. Vista no curso da história, séculos mais tarde, essa separação intensificou sobremaneira as já notórias tensões e animosidade entre judeus e samaritanos. A atmosfera hostil entre os dois povos está bem documentada, sendo testemunhada por Flávio Josefo e pelo Novo Testamento.

Nunca é demais salientar o papel decisivo do monumento teológico construído pela história *deuteronomista* (Js, Jz, 1-2Sm, 1-2Rs) para a edificação do povo judeu. Essa construção teológica forneceu suporte ideológico à monarquia davídica, desde suas fundações até a reforma josiânica, lançando, assim, os alicerces incipientes da identidade judaica durante e após o Exílio babilônico. Tornou-se obra imprescindível para se compreender o ressurgimento das tradições do antigo Israel, agora adaptadas e integradas à nova comunidade, os *bnei ha-golâ* ("filhos do exílio"), assumidos como legítimos herdeiros das tradições pré-exílicas.

Podemos sintetizar essa consciência identitária judaica após o exílio, retomando alguns elementos emergentes à luz da visão *deuteronomista*:

1. No desejo de promover a unidade, o autor sentia-se impelido a incorporar o Israel-norte às tradições de Judá, sob a governança da casa real davídica. Legitimar a realeza davídica sobre 'todo Israel' e o templo de Jerusalém como único local de culto;
2. Apelo aos antigos habitantes do norte a se juntarem à nação desejada nos dias de Josias (640-609);
3. Apologia em favor da monarquia unida governada a partir de Jerusalém. A retórica sugere a restauração territorial da antiga unidade tribal mediante a subordinação do norte a Judá;
4. Legitimar uma 'história' que confirmasse Jerusalém como capital soberana que exercesse domínio sobre todo o território originalmente formado pelas "Doze Tribos".

Permanece em aberto o debate sobre o real alcance das leis *deuteronômicas*, que teriam inspirado Josias a promover o programa de reformas no culto, sobretudo em relação ao antigo reino de Israel-norte. O escritor pós-exílio, *cronista*, insinua que as medidas iconoclastas de Josias se estenderam até as "cidades de Manassés, de Efraim, de Simeão e também de

Nefatli", e que ele "derrubou altares de incenso em toda a terra de Israel e depois voltou para Jerusalém" (2Cr 34,6-7). Essa informação controversa, no entanto, não está livre de contestação. Por fim, a releitura feita pelo escritor *Cronista* a respeito do território de Judá, quando Ezequias exerceu seu governo, em linhas gerais, pode remeter às conquistas hasmoneias tardias conduzidas por João Hircano.[25]

---

[25] Ver I. FINKELSTEIN, 2022, p. 200. Para mais detalhes, cf. 195ss.

CAPÍTULO VIII
Profetas e profetismo em Israel

A história de Israel é marcadamente profética em sua essência, na estrutura social e religiosa. Essa premissa subjaz nas entrelinhas da definição lapidar feita por John Brigth: "Uma história de Israel que não seja de alguma maneira também uma história de sua fé não é nem significativa nem possível" (BRIGHT, 2003. p. 15). Constituiria lamentável equívoco entender a história bíblica sem se submeter à mensagem e ao dinamismo ministerial dos profetas mencionados nas Escrituras.

No hebraico, 'profeta' é chamado נָבִיא (nabí = porta-voz): *"quem é convocado por Deus para falar em seu Nome"* (conforme sugere Dt 18,18). O que melhor define o termo hebraico é *Apóstolo*, ou seja, alguém escolhido por Deus e compelido a pronunciar a mensagem divina. 'Apóstolo' pode ser entendido como espécie de 'embaixador' enviado para falar em nome de IHWH, ou, em termos mais popular, um 'mensageiro'.

Por ora, devemos nos ater a um esquema didático e objetivo, que ajude a esclarecer o contexto social-político e religioso, ambiente físico-histórico em que atuaram os profetas clássicos mencionados na Bíblia. O cerne da mensagem sociorreligiosa do profetismo israelita repousa sobre um viés original, que muitos estudiosos modernos costumam identificar com o 'monoteísmo ético', popular. Nesse sentido, os profetas trouxeram significativo avanço nas discussões religiosas, quando transpostas para o campo ético, social e político, simultaneamente, num grau pouco visto nas culturas vizinhas a Israel na antiguidade. Os primeiros profetas punham em pauta questões vitais da vida cotidiana e ordinária, rompendo a preocupação rotineira com a ordem institucional imposta pela estrutura funcional dos santuários gerido pela elite sacerdotal. A definição dada por José L. Sicre corrobora com a tônica político-social do profetismo:

Toda opressão política, social, econômica, se sustenta em uma ideologia opressora, em uma filosofia e até em uma teologia da opressão. A religião tem desempenhado um papel muito importante nisto, sancionando situações injustas, calando-se diante da exploração dos pobres, abençoando em nome de Deus as desigualdades existentes. Os profetas, sem terem lido Marx, também se deram conta desse problema. E jogaram por terra as bases pseudo-religiosas da opressão.[1]

Em geral, o exercício ministerial dos profetas bíblicos era marcado por tensões institucionais e seus representantes, clero e governantes. Com efeito, sua mensagem e estilo de vida costumavam causar fissuras na estrutura político-religiosa funcional do templo e do palácio. Não raramente, líderes religiosos e governantes se viam incomodados com a mensagem de que os profetas eram portadores a ponto de buscarem formas violentas de se livrarem deles (Am 7,10ss).

O notável protagonismo desempenhado pelos profetas na história de Israel e Judá levou José L. Sicre a identificá-los na linha do tempo, desde suas origens mais remotas perdidas na oralidade, passando pelo primeiro e mais extraordinário estágio marcado pela mensagem da justiça social, sob Amós, no século VIII a.e.c, até o período pós-exílio. Numa primeira etapa, verifica-se um distanciamento físico cada vez maior entre o rei e o profeta, entre este e a corte real: Aías de Silo, que não vive na corte, nem perto do rei (1Rs 11,29-39 e 14,1-8), e Miquéias, filho de Jemla (1Rs 22,8ss), ilustram essa situação; Num segundo momento, o afastamento progressivo do profeta em relação à corte leva-o a uma aproximação cada vez mais intensa com o povo. Elias é quem melhor representa esse perfil profético, inaugurando um tempo de rupturas. Ao afastar-se do palácio real, Elias torna-se alvo de perseguição, sendo compelido a dirigir-se ao encontro do povo (1Rs 17,2ss). Ademais, as ações de Elias refletem profundas transformações sofridas na sociedade monárquica do Israel-norte. O reinado de Acab (874-853 a.e.c), marcado pela prosperidade econômica, gera divisão de classes sociais, agravando a pobreza e alargando o fosso da injustiça social. Por trás desses relatos, encontra-se a teologia *Deuteronomista* (Js,

---
[1] J. L. SICRE, *Profetismo em Israel*, Vozes, 2002, p. 380.

Jz, 1-2Sm, 1-2Rs), empenhada em denunciar os problemas sociais, políticos e religiosos durante o governo do então Rei Acab (1Rs 16,29-34).

Mas, será com Amós (750-730) que o profetismo assumirá o primeiro estágio no curso da conscientização político-religiosa e a maturidade social dentro da literatura bíblica. Atuando na linha de frente contra a exploração e a corrupção endêmica, em defesa dos pobres e injustiçados, Amós testemunha um engajamento radical, inédito até aquele momento, alinhado com a agenda social. Suas denúncias contra o rei Jeroboão II e o sacerdote Amasias, por exemplo, sinalizam a consciência crítica que a religião *javista* deve assumir frente os abusos praticados pelos poderosos e pela monarquia. Não à toa, o profeta investe contra as instituições políticas e religiosas que estavam no auge na época (Am 7,10ss). Revestido do carisma profético, intransigente defensor da religião *javista*, Amós inaugura a fase mais dinâmica do profetismo, identificada com o ativismo do protesto social. Com Amós o profetismo jamais será como antes. Essa mudança radical foi assim sintetizada por José L. Sicre:

> Os profetas anteriores a Amós eram reformistas. Admitiam a estrutura em vigor e pensavam que as falhas concretas podiam ser solucionadas sem abandonar a estrutura. A partir de Amós não é mais assim. Este profeta adverte que **o sistema todo está apodrecido** [grifo meu], que Deus não voltará a perdoar seu povo [...] Ou, como dirá Isaías, uma árvore que precisa ser cortada pela raiz até ficar apenas um toco insignificante.[2]

A relação de um profeta com o livro que leva seu nome, ou o valor da sua mensagem, não se reduz, necessariamente, à autoria. Os primeiros profetas clássicos só aparecem no séc. VIII, como Amós, Oséias, Proto--Isaías e Miquéias. Suas mensagens tratavam questões muito sérias, envolvendo a vida ordinária social, política e religiosa. Em seu estágio mais incipiente, um livro pressupõe um processo de transmissão oral, primeiro passo antes da consolidação em forma literária. Isso implica que um livro dedicado a determinado profeta envolve um longo e complexo processo literário, cuja formação e acabamento nem sempre pode ser claramente

---

[2] J. L. SICRE, ibid, p. 242-3.

definido. Os escribas foram os principais organizadores e redatores da literatura profética. Eles juntaram as tradições proféticas, segundo a atuação ministerial de cada profeta, formulando e organizando suas mensagens, com atualizações, inserções e revisões periódicas até o acabamento do livro. Esse critério pode ser observado no livro de Amós, profeta do séc. VIII, cuja literatura reúne tradições tardias como o trecho proveniente da época exílica: Am 9,11-15. Outro exemplo desse processo ocorre no livro de Isaías, cuja composição se divide em três épocas distintas: Proto-Isaías (cap. 1-39) – séc. VIII; Dêutero-Isaías (cap. 40-55) – séc. VI; Trito-Isaías (cap. 56-66) – séc. V. Ou ainda Jeremias, livro que traz Baruc, seu secretário, como autor (cf. Jr 36).

8.1 Moisés: paradigma do profeta na Bíblia

De acordo com Dt 5,24, o ministério do profeta enraíza-se no evento do Sinai, fonte paradigmática da inesgotável Revelação divina estendida no tempo, isto é, na história de Israel. Ao invés de ocupar um espaço físico ou geográfico, o Sinai sinaliza para o tempo sagrado, eterno, onde Deus e Israel perpetuam um encontro presencial, selado com a Aliança sob a mediação de Moisés. A dimensão temporal do Sinai torna perene, irrevogável, a Aliança que IHWH concluiu com seu povo, Israel. Portanto, proibir fazer "imagem esculpida" de Deus (Ex 20,4) significa perpetuar no IHWH o divino em sua essência, sendo IHWH um Deus, cuja presença não pode ser moldada por mãos humanas. Não será outro senão Moisés – "a quem IHWH conhecia face a face e com quem IHWH falava face a face" (Dt 34,10 e Ex 33,11 respectivamente) – o protótipo do profeta que irá moldar as tradições proféticas. Nota-se que a partir de Moisés a comunicação, revestida da Palavra e da escuta, não é privilégio, mas dom divino concedido a todos os profetas: "YHWH nosso Deus **nos** mostrou sua glória e sua grandeza, e **nós ouvimos** a **sua voz** no meio do fogo. Hoje **vimos** que Deus pode falar ao homem, sem que este deixe de viver" (Dt 5,24) (cf. Dt 5,5 e Ex 19,19). Não há profeta maior do que Moisés (Dt 18,15 e 34,10). O código deuteronômico (Dt 12-26), no esforço de livrar Israel das práticas idolátricas, não se omite ao referendar o compromisso com a aliança:

Que em teu meio não se encontre alguém que queime seu filho ou sua filha, nem se faça presságio, oráculo, adivinhação ou magia, ou que pratique encantamentos, que interrogue espíritos ou adivinhos, ou ainda que invoque os mortos; pois quem pratica essas coisas é abominável a IHWH [...] Isso não é permitido por IHWH teu Deus. IHWH teu Deus suscitará um **profeta** como eu no meio de ti, dentre os teus irmãos, e vós o ouvireis (Dt 18,10ss).

A principal credencial do verdadeiro profeta encontra na 'Palavra', fonte portadora da comunicação entre Deus e o povo.

A Aliança firmada entre IHWH e Israel no Sinai/Horeb constitui o evento fundante e paradigmático assumido pelo profetismo na história. Pela Palavra, Deus se humaniza convocando Moisés a executar a dramática missão de libertar o povo escravizado no Egito: "Eu vi a miséria do meu povo que está no Egito. Ouvi o seu grito por causa dos seus opressores; pois eu conheço as suas angústias. Por isso desci a fim de libertá-lo" (Ex 4,7-8). Na relação dialogal, Deus conversa com Moisés como fazem dois amigos, conferindo-lhe autoridade para falar em seu nome: *IHWH,* "então falava com Moisés face a face, como um homem fala com o outro" (Ex 33,11). A autoridade conferida ao profeta para falar em nome de IHWH não repousa no poder ou na força sobrenatural, mas na relação íntima com Deus mediada pela palavra: "Moisés – a quem IHWH conhecia face a face" (Dt 34,10). A imagem vívida desse diálogo, quando Deus se manifestou no evento do Sinai, foi preservada na liturgia anual de *Shavuot* (Lv 23,15-22), festa celebrada como um dos momentos mais marcantes da memória de Israel no deserto.

Nas reformas de Josias (621), antigos costumes camponeses festivos, preservados na *Torah* (Lv 23,15-23; Ex 23,14ss), foram acolhidos pela tradição e incorporados ao calendário litúrgico solene das peregrinações anuais a Jerusalém. *Shavuot* ("Festa das Semanas/Pentecostes") ocorre no mês judaico de *Sivan* (Maio/Junho), cinquenta dias após *Pessach* ("Páscoa"). Suas origens remontam a uma festividade agrícola ligada às primeiras colheitas (*Chag ha-Bikurim*), entre maio e junho. Na ocasião, camponeses faziam peregrinação a Jerusalém levando consigo parte das colheitas, primícias da terra, e as entregavam aos sacerdotes nas ofertas do templo: cevada, trigo, figos, uvas, romãs, tâmaras etc. Avançando no tempo, já na era rabínica (séc. II-III e.c), essa festa adquiriu sentido novo e dinâmico passando a celebrar a outorga das leis prescritas na *Torah*, a Israel, episódio no qual IHWH comunicara seus mandamentos ao povo através de eu servo Moisés, no monte Sinai. Os sábios rabis encontraram na expressão "no terceiro mês depois da saída do Egito" (Ex 19,1) a referência para celebrar em *Shavuot* a "festa da entrega da Torah" (**Ch***ag Matan Torah*).[3]

A origem da inspiração profética, na Escritura, se confunde com a própria atividade literária dos primeiros escribas de Israel. Essa atividade foi expressa por meio dos mais diversos gêneros literários: leis, poesia, sabedoria, música, sonhos, visões e oráculos etc. Emergindo no meio popular ordinário, os profetas eram pessoas carismáticas, inspiradas por Deus. Portadores de carismas ensinavam por meio de oráculos. Diziam ser apenas fiéis comunicadores de mensagens que recebiam de Deus, cujo poder eles próprios insistiam dizer não controlar. Havia, no entanto, sólida consciência de que sua missão em Israel o capacitava transitar a tênue fronteira separando o sagrado e o profano, o religioso e o secular. Com efeito, muitas culturas vizinhas de Israel viam com certa naturalidade alienar a religião das coisas profanas vinculadas à vida secular: política, justiça social, trabalho escravo etc. Tanto profetas quanto sacerdotes faziam parte das estruturas de poder e dominação. Os primeiros atuavam por meio de oráculos, e assumiam para si poderes atribuídos à divindade, a exemplo do que ocorria no Oráculo de Delfos. Dentre os oráculos mais conhecidos no mundo grego antigo, o mais célebre e excêntrico era, sem dúvida, o majestoso edifício construído sobre uma colina, no séc. VIII, dedicado ao deus Apolo, em Delfos;[4] os sacerdotes, por sua vez, principais detento-

---

[3] Para aprofundar o tema das festividades bíblicas cf. MIRANDA, Manoel; RAMOS, Marivan. *O ciclo das festas bíblicas na tradição judaico-cristãs*. São Paulo: Fons Sapientiae-CCDEJ, 2020.

[4] O renomado Templo era procurado por muitas pessoas em busca de conselhos e previsões, desde cidadãos comuns até as classes mais abastadas, como líderes políticos influentes da sociedade. Segundo reza a tradição grega, uma jovem sacerdotisa virgem, com o dom da 'profecia', entrava em transe após inalar gazes, sendo possuída pelo espírito de Apolo. Conhecida como Pítia, a jovem recebia as profecias diretamente de Apolo. A forma mais comum dessa, digamos, consulta à profetisa consistia em dirigir-lhe uma pergunta. Sua resposta era pronunciada por meio de versos enigmáticos, supostamente transmitidos por Apolo. Era comum um sacerdote 'ajudar' a decifrar a mensagem, um hábito passível de manipulação. Para uma abordagem detalhada sobre o Oráculo de Delfos na mitologia, ver Victor CIVITA (editor), "Oráculos – Sibilas", Mitologia – Vol. 3, São Paulo, Abril Cultural, 1973, p. 705-720; Para um estudo da Ciência da Religião, ver Mircea ELIADE, História das ideias e das crenças religiosas, Vol. 1, Porto, RÉS-editora, S/D, p. 247-8.

res do monopólio sobre o sagrado, atuavam nos cultos sacrificais como mediadores entre a divindade e o humano. A magia, aliás, podia fazer parte desse universo cercado pelo poder religioso exclusivo e por tabus. Ambos, sacerdotes e profetas pagãos, tinham em comum o fato de serem profissionais da religião, agentes com enorme potencial de manipulação e domesticação política.

Muitos profetas mostram relações tensas e permanente com o mundo ordinário à sua volta. Assim como as festas religiosas, expressas em ciclos perfeitamente integrados às preocupações do cotidiano mundano, a saber, agricultura, trabalho no campo e as estações climáticas voltadas para o plantio e a colheita (Páscoa, Pentecostes e Cabanas), também a profecia bíblica reflete essa interação com as demandas da vida social. A mensagem profética comporta, em seu núcleo, denúncias contra as estruturas sociais injustas e contra o comportamento ético dissimulado de reis e sacerdotes, acusados de se desviarem dos compromissos da Aliança entre IHWH e Israel, cujas leis foram consignadas na *Torá*. Não faltaram ameaças contra a vida de profetas engajados nessa luta insana: Amós foi covardemente expulso do território para onde fora chamado por Deus para exercer o seu ministério (Am 7,10ss); Joel, por sua vez, declara o quanto a *"penitência"* e o *"jejum"* podem se tornar atos hipócritas quando a conversão a IHWH não é verdadeira ou sincera (Jl 2,12ss). Certamente ele deve ter sofrido alguma reprimenda, omitida em seu livro. E por aí vai.

A profecia clássica assumiu protagonismo social na história da religião israelita com a ascensão da monarquia. Pobres abandonados e lançados na marginalização, o órfão e a viúva evidenciam o fracasso da monarquia consumado no desprezo deles pelas elites. Foi quando a profecia começou a trilhar um novo caminho, especialmente marcado por denúncias contra as injustiças sociais e em defesa dos pobres. A deterioração social no contexto da monarquia teria sido o gatilho que fez avançar a mensagem dos profetas em Israel, desde a era clássica (séc. VIII). Pode-se conjecturar que o berço histórico do profetismo oracular encontra-se na monarquia, devido às crises que irromperam na ordem social, política e religiosa. Atuantes na base da pirâmide social, eles se tornaram o esteio da ética na religião de Israel. Seria, pois, um equívoco entender a atividade dos primeiros profetas alienando-os do destino político-social e da retidão ética. Samuel, por exemplo, recebe ordem divina para 'ungir' Saul (1Sm 9) como líder do povo; não muito tempo depois, Deus ordena a Samuel ungir Davi (1Sm 16) para reinar sobre 'todo Israel'. A transição entre esses dois 'ungidos', no entanto, é pouco clara. Uma explicação racional sobre essa mudança dificilmente resistiria a qualquer lógica política.

O período áureo da profecia israelita clássica, considerando o horizonte histórico-literário bíblico mais abrangente, ocorre entre os séculos VIII e V a.e.c, este último já no pós-exílio (cerca de 450 a.e.c). Profetas são pessoas comuns inspiradas por Deus e portadoras de um carisma o que, por conseguinte. Com efeito, carisma deve ser confundido com 'profissão'. A vida pública de um profeta começa no momento da vocação, quando chamado por Deus a exercer seu ministério no meio do povo, em contato direto com a realidade que o cerca e como um porta-voz de Deus. Um livro profético, não obstante temporal e historicamente contextualizado, pode reunir um conteúdo literário complexo que transcende ao próprio livro que leva seu nome. Isso ocorre porque a elaboração de um livro percorreu longo percurso até ganhar a forma literária final. Muitos se mostraram poetas talentosos, como, por exemplo, o *Proto-Isaías* (Is 1-39), primeira parte de uma obra maior que pode ser separada em três profetas distintos, denominadas *Proto* (1-39), *Dêutero* (40-55) e *Trito-Isaías* (56-66). Existiram profetas cujas tradições orais antigas percorreram um longo percurso até serem registradas séculos mais tarde, como Elias e Eliseu (1Rs 17–2Rs 4). Por ora, não convém entrar no debate sobre estilos ou gêneros literários empregados nos livros.

A diferença principal entre os profetas de Israel e os de outras nações é que nas culturas pagãs os profetas podiam estar associados à adivinhação, magia, encantamentos, invocação de mortos e curandeirismo, práticas condenadas pelas leis *deuteronômicas* (Dt 18,9ss). Falsos profetas e impostores, sob o pretexto de revelar coisas inacessíveis e extraordinárias, costumavam excitar a admiração do povo por meio de curas miraculosas e prodígios de que se diziam serem portadores. Tal postura, contudo, podiam ocultar ambição de poder pessoal reservado a um grupo seleto de iniciados na religião. Em Israel, ao contrário, o profeta/profetiza estava a serviço exclusivo de IHWH, sem a mediação de terceiros para controlar o poder divino, concedido gratuitamente como um dom, carisma. De um lado, as culturas pagãs viam com certa normalidade autoridades políticas, reis e governantes aliadas ao poder religioso, em geral legitimado por profissionais do altar, como a classe sacerdotal. Os profetas de Israel, sobretudo de Elias em diante, romperam com esse modelo de conveniência religiosa interesseira. Na condição de porta-vozes do povo, eles proferiam duras críticas contra os sistemas corruptos da época: fossem eles líderes religiosos (sacerdotes e falsos profetas), fossem reis ou administradores palacianos. Tais atitudes de coragem renderam-lhes sérias ameaças que colocaram os profetas em rota de colisão com os poderes constituídos, gerando perseguições e risco às suas vidas (Am 7,1-10; Jr 20).

A palavra "Profeta", no sentido moderno, provavelmente se firmou somente depois do exílio babilônico (586 a.e.c). Na Antiguidade, a Bíblia também usava termos semelhantes para se referir ao profeta. O "vidente" (Am 7,12) comumente se confundia com "Profeta" (1Sm 9,9; Is 1,1). Mesmo sendo raro, havia no meio popular quem interpretasse a loucura como um grau de profetismo (Os 9,7; 2Rs 9,11). Existe fértil atividade profética atravessando a história de Israel, iniciado após a época de Elias e Eliseu (Séc. IX a.e.c). A esse movimento se convencionou chamar de 'Movimento Profético', em decorrência da mudança paradigmática e identitária construída pela religião bíblica, sem que houvesse dependência de direitos hereditários ou de classe social.

A literatura israelita também herdou o cunho oracular de um profetismo mais eloquente testemunhado em diversos livros. Um oráculo, no entanto, não constitui convenção ideológica, muito menos um documento clerical preocupado em transmitir normas, dogmas ou doutrina. Não obstante haja uma clara preocupação voltada para o comportamento ético e social, não se compara o oráculo com uma cartilha que contém fórmulas sistemáticas voltadas para o "bom comportamento religioso". Tampouco se estabelecem tratados morais ou discursos teológicos respaldados por uma elite detentora de poder religioso. A mensagem profética é, antes, o discurso apaixonado e inflamado no qual o profeta/profetisa, inspirado/a, sentia-se plenamente envolvido com a situação em que estava vivendo. Ele atua diretamente na sociedade de onde ele é chamado por Deus e guiado por Ele para ser porta-voz da Sua Palavra, aqui tomada como principal ferramenta para exercer o ministério a que foi chamado, sem intermediários. Sua missão ministerial consiste em denunciar as injustiças sociais, tanto quanto levar o povo a uma mudança radical de vida, por meio da conversão e da penitência. Às vezes, o profeta reagia de forma espontânea, improvisada, frente às demandas sociais, religiosas e éticas mais urgentes que os cercam. Sua reação envolve o sentido de julgamento e justiça divina sobre o povo eleito de IHWH.

Alguns livros proféticos narram chamados que receberam de Deus para executar uma missão, ilustrando um dinamismo próprio evocado na Escritura. Um dos mais dramáticos e envolventes é Jeremias, profeta que viveu entre os anos 650 e 580 a.e.c. O redator do livro é um secretário que atende pelo nome Baruc, que expressou com rara beleza poética a extraordinária vocação de Jeremias: "Antes mesmo de te formar no ventre materno, eu te conheci; antes que saísses do seio materno, eu te consagrei. Eu te constituí profeta das nações. Mas eu disse: 'Ah! Senhor IHWH, eis que eu não sei falar, porque sou uma criança!'" (Jr 1,5-6). A reação inicial do profeta, "eu não sei falar", não é rejeição, mas expressa humildade e obediência a Deus. Mais tarde, em uma de suas confissões, ele se mostra convencido do peso que essa missão teve em sua vida: "Tu me seduziste, IHWH, e eu me deixei seduzir; tu te tornaste forte demais para mim, tu me dominaste" (Jr 20,7). O profeta não pode resistir a esse apelo divino, tão envolvente, que o domina por completo.

Já o profeta Isaías, cuja primeira parte do livro é chamada de *Proto-Isaías* (Is 1-39), recebe um chamado para proclamar a presença de Deus em Jerusalém nos tempos do rei Acaz (Is 6-7), ocasião em que as tropas assírias marchavam em direção ao reino de Israel-norte. Envolto pela presença divina, Isaías se vê cercado de anjos. Um deles tocou-lhe os lábios com uma brasa: "Vê, isto tocou os teus lábios, a tua iniquidade está removida, o teu pecado está perdoado. Em seguida ouvi a voz do Senhor que dizia: 'Quem hei de enviar? Quem irá por nós?', ao que respondi: 'Eis me aqui, envia-me a mim'" (Is 6,6-8). Novamente, Isaías vive experiência de intimidade com Deus, de quem recebe uma missão à qual responde sem titubear: "Eis-me aqui!" Assim como ocorreu com o maior de todos os profetas – Moisés no episódio da Sarça (Ex 3) – Isaías não resiste ao chamado de Deus, colocando-se humilde e prontamente à sua disposição. Na sequência da primeira parte do livro nos deparamos com outro profeta, anônimo, identificado com o *Dêutero-Isaías* (Is 40-55), cuja narrativa de vocação se aproxima muito de Jeremias: "Desde o ventre materno IHWH me chamou, desde o ventre de minha mãe pronunciou o meu nome [...] Disse-me: 'Tu és meu servo, Israel, em quem me gloriarei'" (Is 49,2-3). Como o nome do profeta nunca é mencionado após a primeira parte do livro (Is 1-39), sugere-se que esse profeta carregue eloquente mensagem coletiva dirigida ao povo judeu, que estava retornando do exílio, após o edito de Ciro (539 a.e.c). Essa trilogia dos "Isaías" termina com o *Trito-Isaías* (Is 56-66), também este portador de mensagem edificante, assim expressa em palavras impactantes: "O espírito do Senhor IHWH está sobre mim, porque IHWH me ungiu; enviou-me a anunciar a boa nova aos pobres, a curar os quebrantados de coração e proclamar a liberdade aos cativos, a libertação aos que estão presos" (Is 61,1).

Poderíamos ainda recorrer a vários outros livros proféticos contendo anúncios de chamado divino, tais como Ezequiel 3, Joel 3 e Jonas 1. Este último, aliás, ilustra a rejeição de um profeta rebelde frente à missão divina que recebeu. A propósito, ao retratar um profeta sob o influxo de novo paradigma, a novela bíblica Jonas sugere uma guinada em relação ao profetismo mais antigo, agora situado à luz das comunidades judaicas da diáspora em contato com outros povos e culturas. Como ser profeta em ambientes pagãos após o exílio, muitas vezes hostis aos costumes e às práticas judaicas? Por isso, emerge a nova imagem do Deus hebreu, outrora conhecido pelos antigos profetas por fazer aliança apenas com Israel. Para surpresa de Jonas, *amor* e *misericórdia* divinos, agora, se estendem também às nações estrangeiras, aos pagãos! A religião, em tempo de desterro e dispersão, precisa ser reavaliada tendo em vista responder às novas demandas antes impensáveis (Jn 4).[5] Contrariando o desejo de Jonas, o castigo divino é radicalmente revertido em perdão, a tônica do livro: "Deus sempre volta atrás de sua decisão de fazer o mal" (Jn 4,2). Israel é convocado e superar o ódio histórico que os antigos nutriram contra os assírios. Por isso, Jonas é desafiado por Deus a anunciar o perdão a todos os ninivitas, sem exceção. Seu ministério pressupõe a nova

---

[5] Para J.L. SICRE, "Jonas é um personagem de ficção... A mensagem deste livrinho cheio de fino humor é das mais interessantes se lermos no contexto dos séculos pós-exílicos, marcados pela política xenófoba de Esdras e Neemias" (SICRE, 2003, p. 328).

postura que o profetismo deverá assumir ao fazer a "Palavra de Deus" chegar aos pagãos.

A tarefa de compreender um profeta pressupõe, sobretudo, associá-lo à agenda do seu ministério e ao contexto em que cada um deles esteve inserido. A agenda do profetismo acena para questões caras à religião *javista*, externadas na misericórdia divina, ética na política e na preocupação com a justiça social, valores que transcendem o campo confessional-doutrinal. Assim, tanto Amós quanto Miqueias, cada um a seu modo, estilo e contexto, atuaram na defesa ferrenha dos pobres e marginalizados, com inequívoco acento na justiça social. Existem outros, no entanto, cujas agendas talvez não permitam externar uma conexão mais explícita. Ageu e Zacarias, por exemplo, contextualizados na volta do exílio, não parecem familiarizados com a temática social na mesma proporção ou equivalência de Amós, Oseias e Miquéias. Os tempos eram outros.

Os profetas bíblicos deram toque distinto à religião *javista*, mostrando a face de um Deus bondoso e misericordioso, um Deus que interage com seu povo na história. Os primeiros capítulos de Oseias ilustram bem isso (Os 1-3). Atuando quase sempre às margens das instituições, acusados por reis e sacerdotes de conspirarem contra a ordem, intrometendo-se em questões políticas, fora do círculo sagrado, os profetas bíblicos se tornaram vanguardistas da religião *javista*. No exercício pleno de seus ministérios, os profetas protagonizaram-se como porta-vozes das camadas sociais mais vulneráveis (pobres e fracos, órfãos, viúvas e até estrangeiros), vítimas diretas de projetos personalistas de poder praticados durante a monarquia. Estavam convencidos de que o *javismo* constituía um modo original de viver e praticar a religião em sociedade, sem se desviar das demandas da justiça social e da ética como primazia.

De volta a Israel e a Judá bíblicos, é interessante verificar como essas nações rivais, que remontam o período monárquico pré-exílico, seriam unificadas pela literatura pós-exílica até constituir a identidade do povo judeu. Assim, numa fase redacional ainda incipiente, escrita no reino do norte (séc. VIII), as tradições do Israel-norte, nação cujo destino foi selado na destruição de 721, teve continuidade na Judá davídica. Após o exílio se construiu essa fusão: "Judá tornou-se o repositório da identidade israelita", ao mesmo tempo em que o termo "Israel" não mais se referia à antiga unidade política (SMITH, 2006, p. 94-5). Isso explica, em parte, as tradições proféticas de Israel-norte herdadas pelos "judaítas" (habitantes de Judá anteriores ao período persa),[6] como atestam as memórias dos profetas Elias, Oséias e Amós. Tradições originárias do Israel-norte sofreram, portanto, uma "movimentação migratória"[7] para o sul, após a destruição de Israel pelos assírios.

A identidade israelita apoia-se no evento fundante relatado no Êxodo, dramatizada na libertação dos hebreus que viviam oprimidos no Egito. Esse evento, consignado no Êxodo (Ex 1-14), é o que inspirou os escritores bíblicos a ler, reler e a interpretar Israel através da história. Os primeiros profetas, Elias, Amós, Oseias e Miqueias, por exemplo, costumam tomar as dores do povo mais sofrido, defendendo-o diante dos opressores. Para entrar nessa história é imprescindível assumir o Êxodo, experiência moldada pelo sofrimento que inspirou Israel a buscar sua liberdade.

O Êxodo é, sem dúvida, o ponto nevrálgico na história israelita: IHWH é o Deus libertador identificado com os mais pobres, injustiçados e oprimidos, com aqueles que mais sofrem. Ignorar as camadas sociais mais vulneráveis que compõem o Êxodo equivale a ignorar a Escritura na sua essência. Conforme já salientado acima, os profetas bíblicos deram a essa história um contorno social original, especialmente voltado para a humanização das leis e do culto conferidas na Torá sob autoridade mosaica. Por isso, a notável obsessão para com as camadas socialmente miúdas e vulneráveis, o cuidado para com as pessoas excluídas do protagonismo em Israel e virtualmente empurradas à marginalização pelas instituições da época. Na medida em que se punham a denunciar as injustiças, os profetas traziam à tona as causas concretas, geradoras dos graves problemas vividos em seu tempo. Com efeito, suas denúncias não ficavam circunscritas à velha e conhecida pauta moral, muito menos a obrigações religiosas cercadas de doutrinas vazias. Oséias, por exemplo, é quem melhor sintetizou as obrigações éticas inerentes à religião: "É o amor que eu quero e não sacrifícios, conhecimento de Deus mais do que holocausto" (Os 6,6).

---

[6] Sigo a orientação de I. Finkelstein sobre uso do neologismo 'judaíta'. Ver I. FINKELSTEIN, 2022, p.133 – nota 314.
[7] Cf. FINKELSTEIN, 2022, p. 155, sugere ainda como parte dessa 'migração' para o sul, as tradições do êxodo e a caminhada no deserto.

Era um chamado do povo à conversão sincera, mas também uma crítica ao comportamento hipócrita dos líderes religiosos.

Frente aos riscos de se perder a memória de IHWH, Senhor libertador na história, identificado com a causa dos oprimidos, os profetas insistem na primazia dos pobres em Israel. Como não é comum ver pobres, escravos e derrotados serem protagonistas na história, o mais provável é que suas memórias logo morressem e caíssem no esquecimento. Afinal, quem ousaria se preocupar com derrotados, visto que registros oficiais costumam enaltecer heróis vencedores em batalhas sangrentas e cruéis? Os derrotados, ao contrário, eram destituídos de honra, amaldiçoados e proscritos da história. Quando muito, eram lembrados como criminosos em nota de rodapé da história.

O Êxodo apresenta os hebreus sob o julgo da servidão no Egito. Essa gente miúda está entre as camadas sociais mais baixas, vulneráveis a todo tipo de opressão. Ademais, Israel não reúne condições bélicas mínimas, para se levantar em batalha contra um império tão poderoso quanto o Egito dos faraós, nem contra qualquer outra potência emergente na época. Onde estaria, então, a novidade trazida por um Deus, que se diz comprometido em libertar um povo condenado à servidão? Uma pista a essa resposta pode ser encontrada nos profetas bíblicos, a começar pelo próprio Moisés, quando chamado por Deus para libertar seu povo (em especial, Ex 1-3). Essa narrativa desconstrói a velha lógica da leitura prevalente na ótica do vencedor. O Êxodo pressupõe, portanto, a inversão radical desse esquema abominável baseado na naturalização do trabalho escravo legitimado por tiranos. Ruben Alves pondera o seguinte: "Em nossa memória restou apenas uma religião dos fortes, dos vencedores, justamente a que os profetas denunciaram" (ALVES, 2010, p. 104).[8] Profetas e profetizas constituem, pois, os verdadeiros guardiões da mensagem bíblica, no que há de mais original.

Sendo portador do fenômeno 'carismático', o profeta é dotado da graça divina. Movido por essa graça, espécie de 'sexto sentido', ele recebe a mensagem viva de Deus, sentindo-se impelido, como Seu mensageiro, a comunicá-la ao povo por meio da Palavra. Assim, na posição de porta-voz de Deus, não é o profeta que escolhe sua missão; é alguém escolhido por

---

[8] Ruben ALVES, op. cit., p. 104.

Deus (Jr 1,4 e Is 49,1), às vezes, contra sua própria vontade (Ez 3,11). O profeta é irresistivelmente compelido a pronunciar a mensagem divina e a comunicar Sua vontade, mesmo quando se declara rebeldia ao chamado de Deus. Essa interação entre o profeta e Deus, longe de ser harmônica, pode emergir moldada na tensão. O livro de Jonas recorda essa tendência, ao mostrar um profeta rebelde, que se recusa obedecer à ordem divina para ir a Nínive com a missão de converter os ninivitas do mau caminho.

A profecia não se assemelha a uma ciência oculta, inacessível à maioria, não se adquire por aprendizagem ou treinamento, nem pode ser totalmente dominada ou controlada por quem a possui. Como mensageiro divinamente designado, o profeta deve traduzir sua experiência de Deus na linguagem do povo, cuidando para não se tornar expectador passivo da revelação divina. Pode-se dizer que o profeta não é um filósofo, muito menos um teólogo preocupado em sistematizar a mensagem divina para convertê-la em doutrina religiosa. Ele ou ela é apenas o mediador/a da aliança, alguém encarregado por Deus de transmitir a 'Palavra' revelada a seu povo, de maneira a dar significado a seu futuro pelas realizações de seu presente.[9]

A fonte primária da profecia na Bíblia é a Palavra de IHWH. Deus, então, lhe outorga o dom de comunicar sua mensagem através do 'espírito' que o instiga ao anúncio. O espírito divino, contudo, não é um poder passível de manipulação ou controle humano, mas age e prepara o profeta para receber a revelação divina. Afinal, é a 'Palavra' que constitui o objeto por excelência da revelação. O que o torna um enviado de Deus, portanto, não é o espírito que o envolve ou move-o, sendo este mesmo espírito que também motiva os anciãos, juízes e reis. A Palavra que ele ouve e o predispõe a comunicar ao povo é que faz dele um verdadeiro apóstolo, mensageiro e agente de Deus que fala em Seu nome.

Os profetas e profetisas de Israel viveram a mais profunda experiência do encontro com Deus por meio da Palavra. Contudo, a mediação dialogal entre Deus e profeta, não obstante pessoal, envolvente e intransferível, não se esgota numa espiritualidade intimista e efêmera fundada na superficialidade emocional. Estes traços, aliás, quando extraídos do contexto

---

[9] Sobre os principais traços e perfil dos profetas, ver José L. SICRE, *Introdução ao Antigo Testamento*, 1994, p. 191-202.

bíblico, tendem a se confundir com oráculos recorrentes no mundo pagão antigo, como o exemplificado no *Oráculo de Delfos* (assunto já tratado anteriormente), ou, para ser anacrônico, próximo às correntes agnósticas semelhantes às que emergiram na cristandade após o séc. II e.c. O 'espírito' e a 'mão' de Deus, sem constituírem um poder paralelo extraordinário ou alienado da realidade humana, são estímulos e não podem ser confundidos com o conteúdo da própria revelação. Segundo uma tradição bíblica encontrada no livro de Números 11,25-29 (cf. Mc 9,38-48), a "efusão do Espírito de Deus" faz parte indissociável da própria Profecia como dom acessível e gratuito a qualquer um, indistintamente. Com efeito, não basta "estar na tenda de Moisés" para receber o dom da profecia, pois não se trata de monopólio exercido por Moisés ou quem quer que seja, como se tivessem poderes pessoais e extraordinários, muito menos por uma elite religiosa. Os "dons de Deus" não dependem de quem governa ou exerce autoridade. É Deus, e somente Deus, quem o concede. Eliseu, por exemplo, pede a Elias que lhe dê uma "dupla porção do seu espírito", ao que Elias responde: "Pedes uma coisa difícil" (2Rs 2,9-10). Mas, quando Elias é arrebatado ao céu e separado de Eliseu, o "Espírito de Elias repousa sobre Eliseu" (2,11ss). Ou seja, não é o profeta quem controla o Espírito.

Conforme revela a célebre tradição pagã do *Oráculo de Delfos*, guias espirituais punham-se a interpretar oráculos comunicados por Apolo à sacerdotisa Pítia a qual, em estado de transe, balbuciava palavras incompreensíveis a serem interpretadas. Esse ambiente religioso favorável ao ocultismo especulativo teria suscitado sacerdotes e profetas revestidos de certa habilidade religiosa para interpretar sentenças enigmáticas. Nesse contexto, tanto profetas quanto sacerdotes exerciam um ativismo religioso profissional. Saberes esotéricos e ocultos, com lastros na magia, lhes rendiam certa credencial e até pretexto, para atuarem como mediadores diretos entre a divindade e as demandas políticas desse mundo, mistérios ocultos ao cidadão ordinário. Os profetas bíblicos denunciaram com veemência esse tipo de ativismo dissimulado sob a hipocrisia e a desonestidade, comportamentos que contrariam a ética da religião *javista*. O profeta Jeremias repreende duramente o comportamento hipócrita dos sacerdotes no templo, acusando-os de 'vendilhões do templo' (Jr 7,1-7; 26,1-19). No início da cristandade (séc. I e.c), o abuso do poder religioso também foi alvo de condenação sob a *simonia*, conforme sugere o caso envolvendo Simão Mago, acusado de trapacear o povo com sortilégios (Atos 8,9-25).

Cada profeta testemunha marcas próprias de criatividade que, ao longo do tempo, tenderão a convergir para um profetismo cada vez mais atuante na esfera social e política de Israel. Eles não apenas ultrapassam os limites de toda e qualquer instituição, como também exercem seu ministério com total independência.[10] Posto sob a dinâmica e critérios da literatura formal, suas mensagens podem ser expressas por meio de gêneros e estilos variados, quais sejam, hinos, preces, parábolas, sermões, cartas, denúncias, pronunciamentos etc. Deus 'fala' com os profetas e estes, dominados por um carisma e sentindo-se envoltos pela presença divina, põem-se imediatamente a pronunciar a mensagem de Deus, sem intermediários.

Talvez o que melhor caracteriza a mensagem profética no plano literário da Escritura Sagrada possa se traduzir nas imagens comumente associadas às formas mais antigas e populares de comunicar a vontade divina, isto é, as "Visões" e os "Oráculos". No entanto, não faltam ideias desencontradas e até mesmo anacrônicas. Durante séculos, o profetismo manteve-se atrelado à imagem do anunciador do messias, como por exemplo, os assim chamados "Cânticos do Servo", transmitidos pelo *Dêutero- -Isaías* (Is 40-55) e por Joel 3, apenas para lembrar duas referências muito conhecidas. Em tempo bem mais recente (século XIX), emergiu nova onda motivada pela retórica do 'romantismo', para situar a época na qual o profeta é apresentado como um sujeito à parte, com potencial de se tornar um 'solitário', um ser alienado da realidade em que vive (SICRE, 1995, p. 195). Essa imagem, porém, não reflete as principais tendências originárias no profetismo bíblico.

Seguindo essa concepção 'romântica' do século XIX, José L. Sicre salienta os atributos do profetismo bíblico, que ajudam a amoldurar o perfil de seus representantes no imaginário popular. Um dos principais é o de 'reformador social', imagem destinada a romper com o *status quo* de poder predominante nas antigas estruturas religiosas. Pelo menos dois textos bíblicos ilustram isso: 2Sm 12, em que Natan denuncia Davi por seus crimes; 1Rs 21, em que Elias recrimina Acab por ordenar o assassinato

---

[10] Cf. J. González ECHEGARAY, et al., *A Bíblia e seu contexto*. Coleção 'Introdução ao Estudo da Bíblia' – vol. 1. São Paulo, Ave-Maria, 2000 (2ª Edição). pág. 198.

de Nabot com a finalidade de tomar posse da sua vinha. Esse profetismo, no entanto, não representa o ponto mais elevado dentro do processo religioso em construção, pois sujeito à falsa premissa, segundo a qual um estágio mais primitivo só atingiria grau religioso e humano definitivo e mais avançado com os profetas clássicos. Esse pressuposto pode induzir a falsas conclusões, como imputar ao profeta *status* incomum e até exclusivo dentre os seus contemporâneos. Ou seja, ao tentar compreender o profeta num grau religioso tão elevado quanto o ponto culminante da evolução religiosa, segundo a ótica do 'evolucionismo', corre-se sério risco de isolá-lo radicalmente da própria humanidade, separando-o desse mundo onde exerce seu ministério (SICRE, 1995, p. 195). Ao colocá-lo acima de outros seres humanos, o profeta não passaria de um desajustado sem lugar nesse mundo caótico. Não é o que prevalece em Israel. Pelo contrário, certos atributos dados a ele, como um homem solitário, ativo em adivinhações, portador de poderes especiais, pessoa culta e funcionário religioso, podem não ser compatíveis com a imagem do profeta *'nabbi'*. Este é, pois, "um gigante admirável, não por retirar-se para a solidão que o coloca em contato com as ideias mais sublimes, mas porque se compromete plenamente com a sociedade de seu tempo e luta por transformá-la" (SICRE, 1995, p. 196). Sem se recolher no comodismo egoísta, nem se isolar ou refugiar-se na segurança do deserto, o profeta é, antes de tudo, um 'homem público', altruísta. Por isso, não perde a oportunidade de estar em contato com as pessoas e com a realidade que o cerca. Inserido num contexto social e religioso bem definido, ele desempenha a missão inspirado por Deus na história, sempre por meio de relações sociais.

CAPÍTULO IX

Exílio babilônico e o Segundo Templo

Em termos cronológicos, o Exílio corresponde ao período que transcorre entre a segunda e mais destrutiva ofensiva militar comandada pelo exército babilônico em Jerusalém, que arrasou o Templo e culminou na segunda deportação (586), e o edito promulgado por Ciro, permitindo o retorno dos judeus à sua terra, em 538. O império babilônico durou cerca de seis décadas apenas, a contar da ascensão como força militar na região, em 605, até sua decadência e queda sob os persas, em 539, ano em que Ciro II tomou a cidade da Babilônia e instaurou o novo regime imperial.

As ações militares babilônicas em terras judaítas tiveram desdobramentos sob três campanhas comandadas por Nabucodonosor: 598, 587 e 582 (2Rs 25-25 e Jr 52,28-30). Ao menos duas principais ocorrências merecem destaque como pano de fundo para entender o advento do exílio. Em 612, a Babilônia ascende como nova potência militar na região do Levante, após o exército invadir e submeter Nínive, capital do então moribundo império assírio. Os últimos dias de Judá eram uma questão de tempo! Com efeito, em 609, o rei Josias perdera a vida, ao ser morto pelo rei egípcio Necao, enquanto este marchava rumo ao norte, para se aliar à Assíria contra os babilônios. Josias foi ferido mortalmente na batalha de Meguido, na planície de Jezrael (2Rs 23,28-30), apressando a ruína nacional, que se abaterá impiedosamente sobre Judá, anunciando tempos sombrios que darão início ao exílio. Sua morte prematura seria mais tarde imortalizada na expressão aterradora sob ares apocalípticos, o *Harmaggedon*, composto originado dos termos *Har* (colina) e *Meguido*.

Como sucessores de Josias, os últimos reis judaítas assistem à crise política se agravar de forma irreversível. Primeiro, o filho de Josias, Joacaz, reinou apenas três meses em Jerusalém (2Rs 23,31-33). Humilhado pelo faraó Necao, que matara seu pai, Joacaz foi feito prisioneiro em Rebla. Necao tomou, então, a Eliacim, o outro filho de Josias, para ocupar seu lugar, mudou seu nome para Joaquim, obrigando-o a pagar-lhe tributos. Joaquim reinou onze anos em Jerusalém, de 609 até 598, ano da primeira deportação (2Rs 23,36–24,7). Sua morte precipita o jovem Joaquin a reinar por apenas três meses em Jerusalém (2Rs 24,8-9). Em 598, o exército de Nabucodonosor marchou contra Jerusalém e sitiou a cidade. Joaquin foi feito prisioneiro, juntamente com "seus oficiais, signatários e eunucos" pelo rei babilônio, que levou para o cativeiro dez mil exilados (2Rs 24,12ss). No lugar de Joaquin, Nabucodonosor "constituiu rei seu tio Matanias, cujo nome foi alterado para Sedecias", que reinou de 598 até 587. Num plano mal-sucedido, Sedecias se rebelou contra o rei da Babilônia, o qual voltou a atacar Jerusalém com seu exército, dando início à segunda deportação (2Rs 24,18-25,12). Por último, Nabucodonosor instituiu Godolias para governar Judá, enquanto parte da população fora deportada para a Babilônia (2Rs 25,22ss).

O profeta Jeremias, contemporâneo desses acontecimentos, pode ser apontado como testemunha ocular dos momentos mais conturbados, que definiram o trágico destino da nação judaica. Sentindo-se chamado por Deus a exercer seu ministério em Jerusalém, Jeremias viveu o bastante para experimentar dois momentos históricos antagônicos. Primeiro, ainda na flor da juventude pode vislumbrar um tempo de avanço e transformações político-religiosas sob a égide das reformas de Josias (Jr 1,1-4). Décadas mais tarde, porém, teve que reformular seus conceitos frente ao choque de realidade sofrido com a decadência nacional sob os últimos reis de Judá. Atravessou, como nenhum outro profeta, os momentos políticos instáveis, que levaram a nação ao colapso sob as campanhas militares babilônicas que arrasaram o Templo. Já Ezequiel, não obstante contemporâneo de Jeremias, contêm escassas informações históricas. O livro de Ezequiel conta a situação dos exilados na Babilônia, onde o profeta exerceu todo seu ministério junto aos judeus que para lá foram desterrados (Ez 1,1-1; 3,23; 40,1 ect). Muitas lacunas históricas foram deixadas em sua obra.

Revestido do linguajar profético ferino da denúncia, Jeremias ocupa lugar de destaque no conturbado cenário político-religioso, que se estende de Josias e os últimos sucessores da dinastia davídica até o colapso final que culminou no exílio babilônico. De acordo com um oráculo, Jeremias testemunhara a batalha de Carquemis (605), vencida pelo exército babilônico, liderado pelo poderoso Nabucodonosor, ação que selou a ascensão do império babilônico: "Contra o exército do Faraó Necao, rei do Egito, que se encontrava perto do rio Eufrates, em Carquemis, quando Nabucodonosor, rei da Babilônia, o derrotou, no quarto ano de Joaquim, filho de Josias, rei de Judá" (Jr 46,2). Com pesar, Jeremias acabou testemunhando os acontecimentos na reta final, que levaram à extinção o Estado judaíta, anexado à Babilônia. Convertida numa província vassala babilônica, "Judá foi exilada para longe de sua terra" (2Rs 25,21b). Quanto ao "povo que ficou na terra de Judá, aí deixado por Nabucodonosor, ele o entregou ao governo de Godolias" (25,22).

Jeremias insurge duramente contra a postura soberba adotada por Sedecias, quando este tentara rebelar-se contra Nabucodonosor, imaginando que o rei babilônico não estivesse tão preocupado com Judá. Em sua mensagem, o profeta "adverte veementemente contra afastar-se de Nabucodonosor" (PEETZ, 2022, p. 186), crítica dirigida àqueles que insistiam em se opor aos babilônios, conforme atesta Jr 27. Por isso, Jeremias sofrerá dura perseguição nas mãos das forças aristocráticas locais, as quais se negaram a ouvir suas palavras, impondo-lhe severa perseguição, incluindo a agressão física (Jr 20). Envolvido num embate com o profeta palaciano Hananias, Jeremias o acusa de mentiroso e chega a desejar sua morte (Jr 28,10-17). Consideradas ofensivas, suas advertências não foram ouvidas, mas tomadas como apoio aos babilônios.

Finalmente, em pouco tempo, os conterrâneos adversários do profeta testemunharam suas advertências sobre a nação se confirmarem. Em 586, o exército babilônio escavou trincheiras e cercou Jerusalém, abriu uma brecha em suas muralhas, invadiu a cidade e destruiu o Templo. O duro golpe fez com que a população e a elite local fugissem de Jerusalém, incluindo o rei Sedecias e sua família. Esse triste episódio encontra-se registrado em 2Rs 25 e Jr 39. Capturado, o rei sofreu impiedosa retaliação, sendo obrigado a presenciar a morte cruel dos filhos. Embora poupado da morte, ele teve os olhos vazados e foi levado para a Babilônia (2Rs 25,1-7 e Jr 39,4ss). Os babilônios nenhum mal fizeram contra a vida de Jeremias. Acredita-se que essa atitude tolerante ao profeta se deva à sua cooperação e empenho em advertir os dirigentes locais, sacerdotes e aristocracia de Jerusalém, a não se envolverem em ofensivas contra Nabucodonosor (PEETZ, 2022, p. 188). É o que sugere um trecho do livro: "Nabuzardã, comandante da guarda, o enviou de volta a Ramá, de onde o tinha retirado, quando ele estava acorrentado no meio dos cativos de Judá e de Jerusalém, que estavam sendo deportados para a Babilônia [...] Eis que eu te liberto, hoje, dos grilhões que tens em tuas mãos" (Jr 40,1.4). Nabuzardã ainda convida o profeta a acompanhá-lo à Babilônia, caso ele desejasse (Jr 40,4ss).

No plano político imediato, ao depor Sedecias, Nabucodonosor destituiu a nação judaica de rei da estirpe davídica. Para administrar a província anexada à babilônia, Nabucodonosor confiou a tarefa de governador a Godolias, ligado a Safã, família tradicional em Judá, mas não pertencente à linhagem davídica. A nova sede do governo foi transferida para Masfa ao norte (2Rs 25,22ss).

Malgrado a rápida ascensão babilônica no cenário do Levante, seu poderio, como qualquer império que teve seu auge, também viveu rápido declínio sob o último rei, Nabônides, em 539. Entrava em cena o rei persa Ciro II. Este, ao conquistar a Babilônia, decretou o fim de uma era. Essa nova fase e suas implicações geopolíticas para Judá serão retomadas mais à frente.

A morte prematura de Josias pelo faraó Necao, em 609, havia inserido o Egito nas atividades comerciais e no cenário político de Judá. O rei Joacaz, filho e sucessor de Josias, foi destituído do cargo por Necao que o conduz exilado para o Egito. Este substitui Joacaz pelo seu irmão, Eliacim, cujo nome é alterado para Joaquim, gesto intervencionista de submissão imposta pelo Egito sobre Judá (2Rs 23,31-35). Após a última incursão militar babilônica, em 582 a.e.c, o território de Judá passou cinco décadas nas mãos de pequenos proprietários, que lá foram deixados para cultivar a terra, numa nação em ruínas e politicamente paralisada. A terra, no entanto, não ficou improdutiva ou estéril. Godolias, instituído governador por Nabucodonosor, teria colocado em curso um programa de reforma agrária, outorgando os cuidados da terra a novos proprietários, "ao povo humilde que não tinha sido deportado para a Babilônia" (Jr 40,7ss). Neto de um oficial de Josias (2Rs 25,22), Godolias não tinha sangue real. Foi assassinado em Masfa por Ismael, filho de Matanias e descendente da realeza davídica (2Rs 25,25 e Jr 41,1ss). Não se sabe as implicações políticas desse assassinato. Todavia, é possível inferir que a terceira deportação para a Babilônia, ocorrida em 582, tenha relação direta com o seu assassinato. Com medo de sofrer retaliações por parte do exército babilônico, Ismael e seus sequazes retiram-se em fuga para o Egito, levando consigo o profeta Jeremias (Jr 43,4-7), onde teria morrido exilado.

Após a terceira e última deportação (582), apesar das informações escassas, parece que o culto prosseguiu sobre os escombros do Templo. Diz-se que "chegaram homens de Siquém, Silo e Samaria [...] Tinham em suas mãos oblações e incenso para apresentar na Casa de IHWH". Mas, Ismael partiu ao seu encontro e, quando estavam no meio da cidade, ele os matou a todos (Jr 41,4ss).

9.1 Significado e contribuição cultural do Exílio

Os judeus encontraram em *Golah,* o termo para se referir ao exílio babilônico, no sentido de "desterro", "despojar-se da terra". A principal resposta à difícil situação de destruição que os babilônios causaram a Judá, mas particularmente a Jerusalém, encontra-se no livro das Lamentações. O sugestivo título Lamentações remete a lembranças fúnebres e simula um "ritual de morte nacional" (SMITH, 2006, p. 99) simbolizado na destruição da cidade, em 586.

Na prática, pouco se sabe sobre o cotidiano da vida dos judeus em Babilônia. Parece provável, contudo, que as dezenas de milhares vitimadas pelo desterro não levassem uma vida tão dura similar àquela associada aos hebreus no Egito, descrita em *Êxodo* 1-13. Muitos judeus exilados haviam se adaptado rapidamente à nova realidade. Os assentamentos judeus consolidaram um processo de integração social local pouco traumático, que não implicou assimilação cultural violenta, nem a perda de identidade semelhante àquela sofrida pelo Israel-norte, em 721.

No exílio as comunidades judaicas continuaram a administrar seus costumes, mantiveram sua identidade solidificada sob um complexo conjunto de valores nacional, social e religioso. Alguns locais de assentamentos judeus na Babilônia são vagamente mencionados nos textos bíblicos. O profeta Ezequiel, levado na primeira deportação juntamente com conterrâneos seus, menciona Tel Abib, um assentamento junto ao rio Cobar (Ez 3,15). Já o livro de Neemias recorda as famílias provenientes de *Tel-Mela, Tel-Harsa, Querub, Adon e Emer*, as quais não tinham como demonstrar sua descendência judaica na época da reconstrução (Nee 7,61; Esd 2,59; 8,17). Jeremias, por sua vez, ao enviar cartas aos exilados, não menciona localidades. Sugere, no entanto, que os judeus lá residentes já se encontravam perfeitamente inseridos na vida social e econômica (Jr 29,1ss). Aliás, o rei Joaquin, com toda sua corte real, passou a desfrutar privilégios e certas regalias na corte babilônica, tratamento incompatível para alguém deportado e preso (2Rs 25,27-30).

Diferente do reino Israel-norte, Judá trilharia outro rumo, após o colapso dos principais pilares, que davam suporte à sua existência física, a saber, terra, templo, clero e realeza davídica. A elite judaíta desterrada para a Babilônia não abandonou as práticas identitárias que, de certa forma, pareciam consolidadas, desde o movimento reformista iniciado por Josias, em 621. O complexo processo literário, baseado na leitura, revisão e interpretação de antigas tradições sagradas condensadas e consignadas no código *Deuteronômico* (Dt 12-26), ajudou a edificar o judaísmo como um complexo tecido vivo humano-social. Com efeito, não é exagero encontrar no exílio "o berço do judaísmo", bem como identificar esse período com a "primeira infância do judaísmo" (PEETZ, p. 191 e 197). Declaração, assim, porém, merece análise mais apurada, no que tange aos desdobramentos históricos, que culminariam em tempos tardios no judaísmo rabínico, séc. I e.c. em diante.[11] O conceito 'judaísmo', como pretenso bloco monolítico circunscrito a um corpo religioso-doutrinal fechado, porém, não resistiria a uma avaliação sociológica pouco mais criteriosa.

Elementos estratégicos sobre a vida social e religiosa encontraram na Babilônia, paradoxalmente, solo fértil, onde a sobrevivência do povo judeu floresceu, dando contorno à identidade judaica em tempos tardios. O 'judaísmo', usado para se referir a um conjunto de práticas religiosas do

---

[11] Cf. Donizete SCARDELAI, *Da religião bíblica ao judaísmo rabínico*, São Paulo, Paulus, 2008.

povo judeu, se tornaria termo ordinário só após o período grego.¹² É o que sugere o prefácio em *Macabeus*, livro escrito em língua grega, que diz: "As aparições vindas do céu em favor dos que generosamente realizaram façanhas pelo judaísmo" (2Mc 2,21) (para mais detalhes ver o capítulo à frente sobre a era macabaica). Podemos conjecturar que a vertiginosa propagação do cristianismo, inicialmente pela Ásia Menor e depois pelo império até chegar a Roma, tenha contribuído para consolidar de vez a expressão 'judaísmo', para distinguir as práticas judaicas do novo movimento, que ascendia no mundo gentil sob o cristianismo. Esse distanciamento sociorreligioso, lento e complexo, mas irreversível em relação à pluralidade judaica do séc. I e.c, só seria consolidado no séc. IV. Nas origens, tanto Jesus quanto a primeira geração de seguidores – os Doze – assim como o mais brilhante e influente dos apóstolos, Paulo de Tarso, eram todos judeus praticantes, identificados com as leis e as tradições milenares do povo israelita.¹³

As principais informações sobre o período referente ao contexto dos judeus repatriados à nação judaica, bem como o processo inicial dessa reconstrução, podem ser colhidas nos livros de Esdras-Neemias, Ageu e Zacarias 1-8. Alguns trechos bíblicos serão brevemente pinçados abaixo.

O edito de Ciro, promulgado em 539, inaugura um novo e decisivo estágio na história de Israel. O empolgado escritor *cronista* celebra esse feito, dizendo:

> No primeiro ano de Ciro, rei da Pérsia, para cumprir a palavra de IHWH pronunciada por Jeremias, IHWH suscitou o espírito de Ciro que mandou proclamar a viva voz e por escrito, em todo o seu reino o seguinte: 'Assim fala Ciro, rei da Pérsia: IHWH, o Deus do céu, entregou-me todos os reinos da terra; ele me encarregou de construir para ele um Templo em Jerusalém, na terra de Judá (2Cr 36,22-23 e Esd 1,1-4).

Com efeito, a volta dos exilados (*Bnei ha-golâ*) encontra na reconstrução do Templo o maior símbolo da restauração sociorreligiosa de Israel.

---

[12] Para aprofundar o tema cf. Dominique de LA MAISONNEUVE, *Judaísmo simplesmente*. Coleção Judaísmo e Cristianismo. São Paulo: Fons Sapientiae; CCDEJ, 2019.
[13] Não convém discutir aqui os seguimentos judaicos e suas diferenças ideológicas apresentadas pelo historiador judeu da época, Flávio Josefo.

Sua reinauguração, ocorrida em 520, abriu novo capítulo na história judaica, chamado "Segundo Templo", período que se estendeu por quase seis séculos. Os novos alicerces do santuário foram colocados por grupos de judeus, que regressaram do cativeiro, por volta de 515 (Esd 3,1ss), sob a liderança de Zorobabel e Josué. Mas, as obras do Templo foram interrompidas "durante todo o reinado de Ciro até o reinado de Dario, rei da Pérsia" (Esd 4,5; 5,5), em razão de acusação apresentada pelos samaritanos (Esd 4). Os trabalhos foram reiniciados em 520, no tempo dos profetas Ageu e Zacarias (Esd 4,24–5,17). Não se sabe, porém, quando as obras foram totalmente concluídas. O Segundo Templo, reinaugurado em 520, durou quase seis séculos, contados até sua destruição sob o comando do general Tito, em 70 e.c.

No âmbito físico-material, o santuário reerguido em Jerusalém representa, sem dúvida, o maior marco da restauração e sobrevivência do povo judeu em sua terra. A volta dos exilados a Judá reacendeu o velho fervor religioso, ao restabelecer o altar dos sacrifícios no Templo, lugar por excelência do culto e das práticas religiosas em que estava ancorada a vida de Israel. O pujante projeto de reconstrução sociorreligioso em curso teve impacto decisivo na formação humano-identitária do povo judeu após o cativeiro. No plano demográfico, por exemplo, a reurbanização de Jerusalém acompanhou a política de ocupação territorial bem-sucedida, estratégia essencial para alavancar o desejo desenvolvimentista judeu no séc. V (Esd 2,1ss). Não só os alicerces do Templo foram lançados, como também os muros da cidade começaram a ser reerguidos (Esd 4,12-13); a reintegração da população na estrutura social urbana (Esd 2 e 4) também requeriam reformulações sobre a relação com antigos e novos valores culturais, religiosos e até administrativo-comerciais (Esd 6,19ss; 9,1ss; 10,18ss; Nee 5 e 8 etc).

O exílio babilônico deixou notável legado na edificação religiosa, espiritual, institucional e cultural do povo judeu. Se, de um lado, se admite a escassez de registros documentais bíblicos, que testemunhem como era a vida dos judeus na Babilônia, de outro, também é plausível conjecturar a relevância da Babilônia, para o renascimento de Israel no povo judeu após o exílio. Alguns componentes elencados abaixo servem para embasar essa refundação.

9.1.1 Torá (Pentateuco)

Novas lideranças, emergentes sob os *Bnei ha-Golah* (exilados repatriados), exercem papel decisivo na recuperação e organização das comunidades judaicas decididas a retornar para Judá. Um trabalho redacional de grande complexidade, de envergadura social e religiosa resultará na Torá, trabalho literário finalizado entre os anos 450 e 400 a.e.c. Conforme narrativa em Ne 8, a Torá, ou parte dela, foi lida pela primeira vez durante um ato público solene, por ocasião da festa de Tendas (8,14). Cerca de cinco séculos mais tarde, os fariseus colocariam em curso o judaísmo rabínico apoiados na Torá. A primeira geração de sábios rabis ficou conhecida como *Tannaim* (séc. I-II e.c), sucessores diretos dos escribas de Esdras e responsáveis por redigirem a lei oral mais antiga do Talmude, a *Mishná*. Eles imortalizaram numa antiga tradição da *Mishná* a relação harmônica entre *Torá Escrita* e *Torá* Oral como portadoras da mesma autoridade da Torá relevada no Sinai:[14]

> Moisés recebeu a Tora no Sinai e a transmitiu a Josué; Josué aos anciãos e estes aos profetas. Os profetas a transmitiram aos Homens da Grande Assembléia [sinagoga]. Estes disseram três coisas: exercei a justiça com ponderação, suscitai muitos discípulos; e levantai uma cerca para proteger a Tora (Pirqei Abbot 1,1). [15]

Erigia-se, assim, uma espécie de mito fundante do judaísmo rabínico, cujo alicerce é a própria Tora revelada por Deus a Moisés no Sinai e transmitida de geração em geração até os mestres *rabis*. Estes a receberam e a transmitiram como Palavra viva pela sinagoga. Todo esse esforço de organizar e compilar memórias, que remontam o passado bíblico, garante à tradição *rabínica* o direito de reivindicar para si o repositório da identidade israelita.

A Torá é, sem exagero, a principal peça na constituição física e existencial judaica após o exílio. Impõe-se como verdadeira estaca para onde converge a complexa organização social, religiosa e espiritual do povo judeu. Ao restaurar antigas tradições provenientes do Israel-norte junto

---

[14] Para aprofundar o tema cf. Anne AVRIL; Pierre LENHARDT. *Introdução à leitura judaica da Escritura*. Coleção Judaísmo e Cristianismo. São Paulo: Fons Sapientiae; CCDEJ, 2018.
[15] Para maiores detalhes, cf. D. SCARDELAI, *O escriba Esdras e o Judaísmo*, Paulus, 2012, p. 176-191.

com as tradições de Judá, como se fossem a mesma história, os escribas judaítas reforçavam a Torá como projeto identitário único. Há pelo menos duas narrativas na Torá, que expressam "mitos fundacionais" provenientes do Israel-norte: Ciclo de Jacó e o relato sobre o Êxodo (FINKELSTEIN, 2022, p. 142-150, esp. p. 148). Era preciso legitimar as tradições do antigo Israel-norte como parte da construção identitária judaica. Para restabelecer os vínculos dessa unidade quase perdida durante o exílio, o termo 'Israel' – politicamente identificado com o Israel-norte liquidado pelos assírios (721) – precisava ser incorporado ao ideal de povo e nação que os judeus remanescentes (*Bnei ha-Golah*) estavam compelidos a construir após o exílio. Apesar da derrota militar que decretou o fim político do Israel-norte, Israel foi preservado nas tradições judaicas, talvez em razão do alcance que o termo já havia adquirido no passado monárquico davídico-salomônico. Politicamente autônomos e independentes no curso histórico dos dois reinos, Israel passou a ser reivindicado pela tribo remanescente Judá, que o assumiu como parte integral de um passado comum.[16]

Tendo assumido primazia na orientação das instituições judaicas após o exílio, a Torá permite, sem exagero, atribuir ao futuro judaísmo o título de "Religião do Livro". Longe da terra natal, as comunidades *Bnei ha--Golah* (Esd 4,1; 1,11; 9,4), em seus primórdios, encontraram na Torá uma espécie de "Santuário portátil" (SMITH, 2006, p. 129), um farol móvel que passou a acompanhar o povo judeu e a orientá-lo na Aliança com IHWH de acordo suas leis, independente do lugar. Não obstante constituir o alicerce legal do novo Israel renascido do exílio, a Torá não é obra do acaso ou peça solta no tabuleiro formativo das instituições judaicas. Ela funcionou como um pêndulo e estimulou os judeus a encontrarem formas alternativas de viver suas tradições religiosas, sobretudo na diáspora, conforme mostram as 'assembleias', berço da sinagoga.

9.1.2 Reuniões públicas

Como práticas comunitárias espontâneas que emergem a partir do exílio, resultantes do culto centrada na Torá, as reuniões preservam as

---

[16] Ver Mark SMITH, *O memorial de Deus*, Paulus, 2006, p. 85; Cf. D. SCARDELAI, *Da religião bíblica ao judaísmo rabínico,* Paulus, 2008, p. 75.

experiências mais incipientes, que deram origem às *sinagogas,* no final do Segundo Templo (séc. I e.c). Textos antigos testemunham práticas comunitárias edificantes antes mesmo da sua institucionalização tardia como locais de culto sob a liderança dos sábios *rabis*. O livro de Salmos ilustra essa prática, ao evocar experiências improvisadas de reuniões antes de evoluíram para a sinagoga:

> À beira dos canais da Babilônia nos sentamos, e choramos com saudade de Sião; nos salgueiros que ali estavam penduramos nossas arpas. Lá os que nos exilaram pediam canções, nossos raptores queriam alegria: 'Cantai-nos um canto de Sião'. Como poderíamos cantar um canto de IHWH numa terra estrangeira? (Sl 137,1-4).

Tal sentimento revela, entre outras coisas, o lugar privilegiado que a Babilônia passou a ocupar na história judaica, tornando-se um notório laboratório, responsável por afetar todas as dimensões da vida social, religiosa e existencial do povo judeu até os tempos atuais.

Com efeito, não é outro senão a tradição em Neemias 8 o que melhor testemunha a primazia da Torá, no ambiente das reuniões ou assembleias, doravante centradas no culto da Palavra. Durante o exílio, os judeus ficaram privados de seus maiores símbolos religiosos, bem como das instituições sócio-políticas da era monárquica: a capital Jerusalém, templo, altar dos sacrifícios, classe sacerdotal e realeza. O cativeiro na Babilônia impôs condições adversas em relação ao período anterior, quando Judá se sentia provido de instituições, que lhe garantiam autonomia em sua terra. Os conceitos abaixo evidenciam, sobretudo, a primazia da Torá na nova ordem social e religiosa assumida pelo povo judeu. Nesse ambiente social dinâmico, as assembleias (*qahal*), em decorrência da leitura pública da Torá, tendem a se impor como paradigma da comunidade cúltica até evoluir para o advento da sinagoga:

   a) **Liturgia:** culto centrado na Palavra. A leitura pública da Torá, a Lei de Moisés (Ne 8,1ss). Dois aspectos litúrgicos apontam a interação harmônica entre leitor e assembleia, em detrimento da classe sacerdotal: (1) Posição de escuta assumida pela comunidade durante a leitura (*we-'azney khol ha-'am 'el sefer ha-tora* – Ne 8,3b); (2) Detalhe envolvendo a postura altiva do leitor en-

quanto se prepara para a leitura (*wa-yia'amod Ezra ha-sofer 'al migdal etz* – Ne 8,4).
b) **Diversidade e inovações trazidas pela literatura bíblica.** Surgem obras antológicas memoráveis, como os livros Poéticos e Sapienciais: Salmos, Eclesiastes, Jó, Eclesiastes, Cântico dos Cânticos. A apocalíptica sinaliza os primeiros impulsos do novo gênero literário, que irá se impor após o séc. II a.e.c. Recortes desse pensamento já aparecem no horizonte bíblico, como em Zc 9-14 e, de forma mais efusiva, no livro de Daniel (séc. II a.e.c). Esse caldo literário diverso, formado por leis, poesias, sabedoria popular, ficção, novelas etc, está no limiar formativo do que se convencionaria chamar Escritura, antes mesmo de as controversas discussões sobre o Cânon entrarem na agenda.

A leitura da Torá, solenemente proclamada pelo escriba Esdras, remete à ascensão social da mais nova classe dirigente, à qual é outorgada autoridade na arte de interpretar. Reconhecido por ser versado na lei mosaica, o escriba não assume, *a priori*, qualquer função religiosa que o associe a culto no templo. Ao transcender a função sacerdotal, que conduzia o culto sacrificial no templo, Esdras encarna a figura do escriba preocupado com a leitura, tradução e interpretação da Torá ao povo (Ne 8,1ss e Esd 7,10). A Torá comporta uma dinâmica social e religiosa única, tornando-a pedra angular do judaísmo. Constitui a principal fonte e suporte para se compreender a organização social e religiosa judaica após o exílio. Assembleias públicas, liturgia 'sinagogal' tardia, culto do *shabbat*, estudo e interpretação das Escrituras sob a liderança dos escribas formariam o alicerce do próprio judaísmo rabínico edificado sobre a *Mishná*. Como legítimos herdeiros das tradições farisaicas que os antecederam (séc. I e.c), os sábios rabis *tannaim* e *amoraim* (séc. II – IV e.c) atuaram na linha de frente na edificação do judaísmo rabínico. Textos bíblicos reportam essas atividades ainda incipientes e precoces, conforme insinuam Ne 8 e Esd 7,10.25; Sl 137,1ss.

9.1.3 Sábado

O costume de reservar um dia para o descanso semanal e consagrá-lo ao Deus criador surge sob o advento do exílio babilônico, primeira diáspora (dispersão); o Sábado assumiria *status* de dia de descanso para todos os judeus. Com efeito, a palavra shabbat, formada pela raiz shin (v), bet (b) e tav (t), evoca tanto o número 'sete' quanto o verbo 'parar', 'cessar', sendo extensiva ao termo adotado também na esfera social do 'descanso'. O costume é fortalecido pela crença no Deus único, IHWH, que os judeus tendem a tomar como postulado basilar no judaísmo. Na esteira desse projeto sociorreligioso, verifica-se o esforço singular de combater práticas idolátricas, segundo o código *Deuteronômico* (Dt 12-26), revitalizado e instituído nas reformas de Josias. Algumas formulações da crença israelita em IHWH, como único Deus, a rigor, só foram elaboradas do exílio em diante, conforme testemunha o "Shemá Israel", profissão de fé acrescentada na parte introdutória do código: "Ouve, ó Israel: IHWH nosso Deus é o único IHWH" (Dt 6,4ss; 4,35).

O judeu professa o judaísmo como religião do tempo, como "lugar" do encontro com Deus. Os judeus, em períodos intermitentes e nos últimos dois mil anos, foram privados do templo como espaço sagrado de culto, lugar do exercício religioso por excelência. Em seu lugar erigiu-se o Sábado (*Shabat*) como tempo sagrado, em resposta consciente às vicissitudes causadas pela profanação do espaço na história. Reiteradas experiências de perdas levaram o povo judeu priorizar a "santidade do tempo" sobre o espaço sagrado. Na Escritura, a *santidade do tempo*, isto é, o *Shabat*, vem em primeiro lugar. A criação ajuda a redefinir a consciência judaica da santidade, sob três dimensões diferentes assim ordenadas: (1) A santidade do tempo; (2) A santidade do homem; (3) A santidade do espaço.[17] Mais do que simples questão semântica, o sábado foi assim definido pelo renomado pensador judeu Abraham Heschel da corrente *hassídica*: "O judaísmo é uma religião do tempo visando à santificação do tempo [...] Os *Schabatot* [*sábados*] são nossas grandes catedrais; e nosso Santo dos Santos é um relicário que nem os romanos nem os alemães foram capazes de queimar" (A. HECSHEL, 2000, p.18). Dada a consciência de que a santidade, em essência, não depende de um único lugar de culto, a santificação do Sábado servirá de estímulo para o surgimento da sinagoga (HESCHEL, 2000, p.114).

---

[17] Abraham J. HESCHEL, *O Schabat. Seu significado para o homem moderno*, S. Paulo, Perspectiva, 2000, p. 21.

9.1.4 Culto e classe sacerdotal

Eis que nas décadas seguintes à reconstrução e repovoamento de Jerusalém, judeus desterrados na Babilônia se viram motivados a retornar à terra dos ancestrais. Recorda-se a mobilização para levantar listas de famílias judias sobre as quais não pairassem dúvidas sobre suas origens: "Eis os cidadãos da província que voltaram do cativeiro e do Exílio... Voltaram para Jerusalém e para Judá, cada um para a sua cidade" (Esd 2,1ss; Ne 7,6ss). Eram cidadãos constituídos por grupos do 'povo de Israel', por sacerdotes, Levitas, cantores, 'doados' etc. Paulatinamente, as comunidades judaicas recém-chegadas vão se organizando em assentamentos. Práticas comunitárias assimiladas a partir da convivência entre grupos passam a ser reelaboras até serem introduzidas na vida religiosa sob formas litúrgicas. Há reconhecido esforço para recuperar as funções dos 'filhos de Levi' na nova estrutura comunitária. Como antigas lideranças sacerdotais, integradas ao serviço no templo, os levitas foram destituídos da função sacrificial quando o Templo foi destruído. Nas reformas de Esdras, porém, os levitas passaram a ocupar "nova função, que se apoia em atividades dentro e ao redor do Templo, fora das obrigações sacrificiais socialmente consideradas dos sacerdotes" (SMITH, 2006, p. 73). É o que sugere Ne 8,7-8, ao retratar os levitas sob as atribuições que passam a ocupar no novo culto, como leitores e intérpretes da Torah ao povo: "**Eles** leram no livro da Lei de Deus, traduzindo e dando o sentido".

9.2 Projetos de reconstrução e a vida na diáspora

O número dos cidadãos cativos na Babilônia, que retornaram a Judá é objeto de controvérsia, aberto a especulações. Sem fornecer detalhes sobre as muitas prováveis ondas migratórias, Esd 2,64 projeta um número, segundo o qual "toda a assembleia reunida era de 42.360 pessoas" (Ne 7,66). A esse número ainda são acrescentados grupos compostos de "escravos, escravas, cantores e cantoras" (Ne 7,67s). Sem que esses cálculos sejam exatos, o mais provável é que apenas uma pequena parcela dos judeus exilados se aventurou a fazer a fatigante jornada a Judá ao longo de décadas. Isto posto, não há informações sobre movimentação imigratória massiva passível de estatística segura. Mesmo que filhos e netos de deportados por Nabucodonosor estivessem determinados a reorganizar a comunidade na província de Judá, a maioria deles permaneceu na Mesopotâmia, em áreas onde já se sentiam socialmente integrados. A percepção de certa integração social e econômica deve ter persuadido aos filhos e netos dos exilados a não se aventurarem num projeto arriscado, sem garantias de êxito. A maioria via na próspera Babilônia uma terra de oportunidades, mais segura e estável onde poderiam desenvolver seus negócios e organizar a vida sem abandonar suas tradições. Afinal, o império medo-persa havia adotado uma política mais amistosa e menos hostil em relação aos povos antes dominados pelos babilônios sob Nabucodonosor.

O número sugerido por estimativas arqueológicas para a população residente em Judá, entre os séculos VI e V, encontra-se envolto em controvérsias. Dadas as condições sócio-políticas persas durante a reocupação gradual e os novos assentamentos em Judá, é plausível supor uma população entre 13 e 30 mil pessoas (PEETZ, 2022, p. 217-8). Uma cifra assim, considerada baixa para os padrões normais da repatriação, não implica minimizar a relevância dos efeitos do retorno, se concebido como projeto de reconstrução identitária israelita-judeu. Restabelecem-se, assim, marcas da identidade social e religiosa judaicas, circunscritas não apenas ao domínio físico do Templo como espaço sagrado. O renascimento de Israel, após o exílio, é incompreensível, sem ponderar o papel que as tradições tiveram na composição da sua identidade, mensuradas acima: Sábado, circuncisão, regras dietéticas. Mas, será a Torá, 'santuário portátil' de Israel e principal fonte de jurisprudência, que tomará frente no processo de reformulação e adaptação das instituições sociais, políticas e religiosas, moldadas às novas condições impostas após o exílio. Os textos bíblicos nascidos a partir dessa perspectiva transformadora ajudaram a redefinir a identidade israelita herdada pelos judeus, reforçando os vínculos de pertencimento entre o antigo Israel e os *bnei ha-Golá*, grupo judeu emergente após o exílio.

Na linha de frente da geração seguinte a Zorobabel, Esdras e Neemias irrompem como ícones da organização social, política e religiosa judaica. Esse cenário, dissimulado por sólidas lideranças populares, conforme sugeridas nos livros Esd-Ne, oculta vozes conflitivas se vistas contra o pano de fundo da polêmica, envolvendo a integração de estrangeiros na comunidade israelita. Em que constitua uma envolvente história ficcional, o conto de Rute toca em agendas de sérios debates em curso na diáspora judaica. Pelo menos três podem ser extraídos nesse opúsculo: (a) O processo de integração social por meio do matrimônio entre judeus e mulheres gentias, a conversão de gentios à fé israelita e a herança. (b) Voz divergente a certas decisões que estavam sendo adotadas nas reformas de Esdras e Neemias, mas não necessariamente frontal; esse livrete de ficção protagoniza o papel que a Torá estava assumindo como principal fonte hermenêutica usada para interpretar e ponderar matrimônios contraídos entre judeus e mulheres gentias durante e após o exílio.[18] Por fim, (c) Rute transcende à problemática em torno dos casamentos mistos e promove discussão sociorreligiosa mais ampliada, ao retratar a vida camponesa dos repatriados em sua complexidade social, envolvendo terra, herança, colheita, pão e lei.

Outra obra bíblica com notável alcance social e político é Ester. Escrita no contexto persa, entre os séculos V e IV, a narrativa retrata em tom dramático a vida judaica em terras estrangeiras, com foco nas perseguições sofridas por judeus da diáspora. Pode-se dizer que este livro é inteiro e exclusivamente sobre o povo judeu.[19] Cercados por um ambiente sociocultural eclético e dinâmico, muitas vezes hostil, judeus da diáspora eram colocados à prova de resistência diante da enculturação. O livro expõe os perigos mortais que desafiavam judeus a preservarem sua identidade em terras estrangeiras hostis a minorias étnicas. Surgido nesse contexto, a narrativa de Ester se propõe a instruir judeus da diáspora a salvaguardarem a memória sobre um evento histórico transformado na festa de *Purim* (Est 9,20-32).[20] Mais tarde (séc. II), já sob a dominação grega, o livro de Daniel também reflete o problema da perseguição contra os judeus num

---

[18] James A. FISCHER vê problemas em sustentar essa hipótese. Afirma, que "se interpretarmos a história como protesto contra as leis matrimoniais excessivamente severas, então o Livro de Rute é uma história medíocre", In: *Comentário Bíblico* – vol. 2, Loyola, 1999, p. 262. De fato, o livro não se limita a fazer apologia contra as severas leis matrimoniais entre judeus e mulheres gentias interpretadas por Esdras. Esse debate promoveu polêmicas que continuaram em aberto até o advento da *Mishná* em tempos rabínicos tardios. Outros temas permeiam o livro, como é a "conversão". Cf. Leila L. BRONNER, "Uma abordagem temática de Rute na literatura rabínica", In: Athalya BRENER, org., *Rute a partir de uma leitura de gênero*, Paulinas, 2002, esp. páginas 202-205.
[19] Cf. Bea WYLER, In: A. BRENNER (org.), *Ester, Judite e Susana a partir de uma leitura de gênero*, São Paulo, Paulinas, 2003, p. 145-147.
[20] Cf. Bea WYLER, ibid. p. 146-7; Ver também Mark SMITH, 2006, p. 116s.

grau ainda mais extremo, tendo como pano de fundo as perseguições de Antíoco IV Epífanes (tema a ser tratado mais à frente). Produzido às portas da apocalíptica judaica, Daniel coloca em pauta dois temas incipientes, mas de enorme relevância para a agenda religiosa da época: martírio e ressurreição. Ambas se tornariam pilares doutrinários sobre os quais repousa a fé judaico-cristã.

De volta à reconstrução sob Esdras e Neemias, os profetas Ageu, Zacarias e Trito-Isaías (Is 56-66) ditam um acento pragmático no campo institucional. Novas tendências tendem a se impor nos séculos vindouros a esses agentes, sobretudo no campo cúltico-religioso: sacrifícios, calendário das festas litúrgicas, ofícios associados à classe sacerdotal. Tempo assaz marcado pela primazia da Torá, principal fonte para a interpretação com lastros na jurisprudência judaica. Seu raio de influência logo será sentido nas mais diversas áreas da sociedade judaica, tanto civil quanto religiosa. A leitura pública da Torá realizada durante as reuniões, assembleias, alavancará uma promissora atividade literária, que deu origem à classe letrada do 'escriba' – *soferim*. Esdras se encontra no limiar dessa cultura, seja associado à liturgia da leitura pública da Torá ao povo, seja como promotor da atividade do intérprete (Esd 8). Neemias, por sua vez, busca consolidar a identidade judaica, ao estabelecer regras sociais e religiosas mais rígidas, algumas polêmicas. Ele advoga, por exemplo, imediata suspensão das relações matrimoniais entre judeus e estrangeiras (Ne 9-10). Na esfera econômica, proíbe o comércio em dia de sábado e defende o perdão das dívidas (Ne 10,32ss; Ne 5), "como estava escrito na Lei" (Ne 10,37b).

Neemias é chamado 'governador' em Judá (Ne 5,14-16), alguém que, originalmente, teria exercido algum ofício ou cargo na corte persa antes de migrar (Ne 1,11b). Mesmo sofrendo forte oposição de Sanabalat, governador da Samaria, Neemias se encarrega de mobilizar a população judaíta a trabalhar arduamente na construção das muralhas que circundavam Jerusalém (Ne 2-3). E o seu empenho incansável rende resultados quase imediatos: "A muralha ficou pronta em cinquenta e dois dias" (Ne 6,15). Três principais feitos projetaram Neemias como força política: (1) No âmbito econômico-administrativo, atua defendendo o imediato cancelamento de dívidas, as quais estavam produzindo endividados em detrimento da justiça social (Ne 5); (2) Defende maior rigor na observância do Sábado, para que comércio algum fosse praticado nesse dia (Ne 10,32); (3) O âmbito cultural-comportamental não é menos relevante. Pede-se a proibição do matrimônio com povos estrangeiros (o *amonita* e o *moabita*–Ne 13,1b), em obediência às cláusulas consignadas na Torá: "Não daremos mais nossas filhas aos povos da terra e não tomaremos mais suas filhas para esposa de nossos filhos" (Ne 10,29ss; Ne 13).

Outra situação controversa emerge da tentativa de organizar os assentamentos em Judá sob as chamadas listas geográficas (Ne 3), e dos repatriados (Esd 2; Ne 7). A arqueologia está propensa a não validar gratuitamente tais informações. Israel Finkelstein contesta a valor documental da lista apresentada em Ne 3, dizendo se tratar de uma inserção redacional tardia. Pondera, ademais, que "pode representar a realidade da construção do Primeiro Muro pelos hasmoneus no século II a.C", já que "a Jerusalém do período persa era um *povoado não fortificado*" [grifo do autor] (FINKELSTEIN, 2022, p. 85). Embora não existam artefatos arqueológicos que demonstrem interesse em (re) povoar Judá no período persa, é plausível supor que relatos sobre assentamentos daquele tempo, não obstante escassos e inverossímeis, tenham sido compilados no período hasmoneu (séc. II a.e.c) (FINKELSTEIN, 2022, p. 76, 102-3). Não se deve descartar, conforme cogita o renomado arqueólogo, que "as referências específicas aos três adversários nomeados e os azotitas são [...] inserções secundárias do período helenístico, visando a representar os verdadeiros rivais da Judéia em uma época em que os hasmoneus estavam expandindo-se em todas as direções" (FINKELSTEIN, 2022, p. 120). Há grande chance, portanto, de os livros Esd e Ne conterem informações anacrônicas, se se admitir o período tardio como mais plausível da compilação e revisões, quando acréscimos ao conteúdo principal teriam sido inseridos na época hasmoneia, dois séculos mais tarde. Isso vale com relação à reconstrução de Jerusalém, levada a cabo no período hasmoneu.

9.3 Judaísmo até o final do Segundo Templo

O contexto exílico judeu desempenhou papel decisivo no renascimento do Israel bíblico após o exílio. Com efeito, antigas histórias e tradições originárias do Israel-norte, como as narrativas sobre Jacó e Saul, por exemplo, foram reunidas, adaptadas e inseridas por escribas de Judá após o exílio. Estes, por sua vez, reivindicavam Judá como verdadeiro depositário do passado identitário e das tradições outrora provenientes do Israel pré-exílico. A edificação do judaísmo passa, necessariamente, pelo reconhecimento de muitas variáveis: o ambiente político-social em que se encontravam as comunidades judaicas no período persa; a reação ou resistência frente ao paganismo no contexto da diáspora; a consciência identitária das tradições religiosas cuja gênese se confunde com o antigo Israel. Esses e outros fatores, com amplos lastros na literatura bíblica como um todo, terão desdobramentos na complexa construção do 'judaísmo' ao longo de todo Segundo Templo.

Vale reiterar que 'judaísmo', termo ordinário adotado popularmente no mundo externo, para designar a religião do povo judeu, não constitui um conjunto doutrinário monolítico formal antes do séc. I e.c, sendo anacrônico se empregado para se referir a uma pretensa unidade formada de crenças, doutrinas e práticas orgânicas sugeridas e estabelecidas em Ne 8.[21] A passagem do antigo Israel bíblico, pré-exílico, para um 'judaísmo' incipiente, emergente nas reformas de Esdras e Neemias, não obedece a um plano linear progressivo, como se aquele Israel constituísse estágio precário ou provisório de uma evolução religiosa concluída em definitivo no judaísmo. Existem aí ambiguidades contingenciais, que acompanham Israel e Judá desde que se tornaram nações independentes. Do exílio em diante escribas judaítas começaram a conciliar as duas histórias, buscando unidade entre ambas. Primeiro trabalho redacional monumental, inspirado no Deuteronômio, a obra *deuteronomista* foi pioneira no reordenamento integrador dessas duas histórias, resultando nos livros de Js, Jz, 1-2Sm e 1-2Rs. Numa construção claramente parcial, seus escritores se mostram convencidos de que a hegemonia política do antigo Israel, cuja soberba o levou à destruição pelos assírios (721), fora suplantada por Judá, herdeiro das tradições israelitas. O viés ideológico que atravessa essas narrativas repercute as fraturas no tecido social, político e religioso nas relações entre

---

[21] Com certa dose de exagero, editores da edição *Bíblia de Jerusalém* associam *Ne* 8 ao "*dia do nascimento do judaísmo*", ao invés de reconhecerem haver continuidade, não obstante as tensões, com o antigo Israel.

Israel e Judá, acentuada sobremaneira na rivalidade, que definiu a ruptura política logo após a morte de Salomão (931 a.e.c).

Deve-se às novas lideranças judaítas após o exílio, particularmente emergentes dentre os *Bnei ha-Golâ* ('exilados'. Esd 4,1; 6,16.19-20), a ascensão do grupo predominante na reconstrução da base identitária dos judeus repatriados a Judá. Portanto, o grupo *bnei ha-golâ* teve contribuição decisiva para a identidade dos judeus que retornavam da Babilônia, em cujo contexto emergem grupos dissidentes, como os *amei ha-aretz* ("povos da terra", Esd 4,4) (SCARDELAI, 2012, p. 61ss). Tais dissenções sociais são decorrentes do encontro entre grupos dissidentes emergentes no contexto da restauração pós-exílica. Não há relação direta entre esses grupos e as crises que geraram a cisma político-religioso entre Israel-norte e Judá, há quatro séculos antes. Dois principais motivos ajudam a explicar isso. (1) Após o séc. X, Israel e Judá bíblicos passaram a constituir duas realidades políticas autônomas e independentes, ideologicamente antagônicas. (2) Não faltam evidências sobre o tratamento sistemático e tendencioso dado pelos escritores judaítas, autores da versão 'teologizada' da história na obra bíblica *deuteronomista*.

Estudos arqueológicos recentes esclarecem que o reino de Israel-norte era mais poderoso do que Judá, em vários aspectos: geográfico, militar, econômico e geopolítico.[22] Essa inferioridade teria fornecido munição para o engajamento ideológico e parcial dos escribas em Judá ao retratarem as tradições do antigo Israel à luz da reconstrução em Judá. A literatura Bíblica traz versão tendenciosa, porque é motivada pelas demandas dos seus escritores em Judá. Mas isso não explica o contexto dissidente após o exílio entre os dois grupos mencionados acima: *bnei ha-golâ* e *amei ha-aretz*.

Fator político externo que favoreceu a retomada e a restauração judaica foi a ascensão do império medo-persa no Oriente Próximo, após o declínio babilônico. O teor marcadamente tolerante do edito publicado por Ciro II, em 539, testemunha a nova postura imperial em relação aos judeus (Esd 1,1-4).[23] O império persa adotou uma política muito mais tolerante e menos

---

[22] Cf. I. FINKELSTEIN, 2022, p. 25-27. Esse assunto já foi tratado em outro capítulo.
[23] Essa atitude tolerante persa é amplamente aceita por estudiosos, como Jean SKA, que usa como argumento o trabalho redacional que resultou no Pentateuco. Em uma de suas ponderações sobre o assunto, afirma: "A meu ver, ele [Pentateuco] é o resultado das exigências internas da comunidade

agressiva do que os antecessores, babilônios e assírios. Tal postura, por sua vez, tinha interesse política e econômica, e não colocava restrições às tradições religiosas em suas províncias. Povos subjugados mantinham inalteradas as relações de vassalagem com o império mediante obrigações fiscais. Esdras sugere algo nesse sentido, quando diz: "Reis poderosos reinaram em Jerusalém, tendo-se tornado senhores de toda a região da Transeufratênia: a eles se pagavam impostos, tributos e direitos de passagem" (4,20; Ne 5,4). A menos que a soberania persa, isto é, os impostos, não fosse contestada a convivência com o império dificilmente sofreria abalos nos campos político, ou intervenção militar. Na política, os persas eram pragmáticos no que tange ao domínio exercido sobre os povos conquistados, fazendo prevalecer postura estratégica de moderação, não-violenta. Ao invés da truculência e hostilidade de estado, como fizeram assírios e babilônios, os persas adotaram tratamento bem mais complacente, estratégia que também favoreceu a liberdade religiosa dos povos. A imagem benevolente e 'generosa' de Ciro em relação aos deportados é historicamente compatível com relatos bíblicos, como em Is 45,1ss, cujo texto atribui a um rei gentio o título de "ungido". O escritor Cronista assim o retrata: "O Deus do céu entregou-me todos os reinos da terra; ele me encarregou de construir para ele um Templo. Todo aquele que, dentre vós, pertence a todo o seu povo, que seu Deus esteja com ele e que se dirija para lá" (2Cr 22-23; Esd 1,1-4).

O componente ideológico-propagandístico imerso nos relatos bíblicos tende a exaltar as conquistas persas realizadas sob Ciro II. Há razões compatíveis com certa euforia demonstrada pelos judaítas, ao celebrarem o êxito militar de Ciro sobre os babilônios. Sua tolerância para com os judaítas pode ser iluminada a partir de uma inscrição cuneiforme, o *Cilindro de Ciro*, composta por sacerdotes babilônicos que se opunham ao rei babilônico Nabônides:

> Da Babilônia até Assur e Susa, da Acádia [...] até a região fronteiriça dos guteus, aos lugares de culto do Tigre, cuja habitação havia muito tempo jazia

---

judaica pós-exílica [...] O objetivo principal do Pentateuco, para quem o lê por inteiro, não é só ordenar a vida de uma província do império persa. Ele possibilita saber quais as condições para fazer parte desse povo. São de dois tipos: os laços de sangue e o 'contrato social'". Jean L. SKA, *Introdução à leitura do Pentateuco*, 2002, p. 239; cf. p. 199-202.

estagnada, eu trouxe de volta para seus lugares os deuses que neles haviam habitado e mandei construir-lhe uma morada eterna. Mantive unidas todas as suas pessoas e trouxe-as de volta às suas habitações.[24]

Nabônides, tendo desprezado o deus Merodac, passou a ser alvo dos sacerdotes babilônicos que, por sua vez, se submeteram ao rei Ciro como se ele fosse seu libertador. Cotejando a inscrição do *Cilindro de Ciro* com o trecho bíblico de Isaías 45,1, não é estranho perceber a estreita relação entre a euforia relatada pelos sacerdotes locais babilônios e a forma como a profecia bíblica trata Ciro, denominando-o "Ungido de IHWH". Tal viés claramente religioso, mas também propagandístico, não pode ser descartado como pano de fundo que revela o clima de exaltação que os judaítas exilados na babilônia devotam a Ciro (Is 45,1; 41,1-5). Ele é reportado como porta-voz da salvação, um *messias*, instrumento usado por IHWH para libertar o povo judeu do julgo babilônico.

9.4 Samaritanos

Os samaritanos emergem como etnia no contexto de suposta oposição coordenada pelo grupo "povo da terra" (*Am ha-aretz*) contra os recém--chegados judeus da Babilônia, os *Bnei ha-Golâ*, conforme sugerem Esd 4,1ss e Ne 4,1ss. Ambos os textos insinuam haver um conluio por parte dos habitantes remanescentes na terra, identificados apenas como *inimigos*, contra os judeus e seus projetos de reconstrução. Supõe-se, pois, que esses habitantes remanescentes, os "povos da terra", designando samaritanos, amonitas e moabitas, já estivessem adaptados ao regime samaritano e sujeito a ele (Esd 3,3; 4,1ss; Ne 4,1-5). Nesse ambiente hostil, os judeus repatriados dão aos samaritanos a pecha preconceituosa de povo sincretista. O marco histórico desse conflito centenário, porém, teve origem no séc. X a.e.c. A morte de Salomão, em 933/1 a.e.c, tornou-se o estopim da crise político-social, que atravessara todo seu governo até culminar no processo cismático em que dez tribos se separaram de Judá para formar Israel-norte. Jeroboão I foi quem liderou as revoltas de independência contra a casa

---

[24] Tradução de M. PEETZ, 2022, p. 208; Ver também suas considerações analíticas nas páginas 206-7.

real davídica-salomônica. Essa desavença fatal acabaria por envenenar o futuro das relações amistosas entre os dois povos.

A literatura bíblica hebraica não emprega o termo "Samaritanos" para identificar os habitantes do antigo reino de Israel-norte. A obra *deuteronomista*, apesar de seu viés teológico, e ideológico, reconhece a população deportada para a Assíria como "Filhos de Israel" (2Rs 17,7.14), ou apenas "Israel" (2Rs 17,6), mas não samaritanos. Os judeus que regressaram do exílio babilônico também são chamados "Filhos de Israel" (Esd 3,1; Ne 8,17). A teologia moderna pode até inferir 2Rs 17,24ss como chave de leitura hermenêutica ou referencial histórico sobre as origens do povo samaritano, embora seja anacrônico aplicá-lo literalmente aos mesmos habitantes do Israel pré-exílico. De forma similar, o "Judaísmo", que começa a ser estruturado no tempo de Esdras e Neemias, ainda é uma construção sociorreligiosa inacabada só consolidada sob o advento da *Mishná*, no séc. I e.c.

Segundo Esdras e Neemias, a inimizade entre os dois povos recrudesceu de maneira sistemática e progressiva, quando os 'residentes da terra' (*am há-aretz*), dentre eles os que seriam samaritanos, decidiram se opor à reconstrução do templo em Jerusalém (Esd 4,4). Decorre desse contexto que a consolidação dos samaritanos, como grupo portador de identidade étnico-religiosa própria, remonta à rivalidade religiosa entre judeus e samaritanos após o exílio, cuja principal fonte bíblica é Esdras-Neemias. Parece parcial avaliar o povo samaritano apenas como movimento religioso uniforme sem incorrer em anacronismo histórico. Os samaritanos do séc. I e.c, cujas leis e tradições religiosas os imortalizaram como rivais figadais dos judeus no período, não são os mesmos que habitaram o Israel-norte, entre os séculos X a VIII. Também não devem ser confundidos com eles os *amei ha-aretz* mencionados por Esdras e Neemias.

De caráter ideológico, a obra *deuteronomista*, favorável à monarquia de Judá, depõe contra Israel-norte, projetando a religião como principal elemento para avaliar a história. Grosso modo, pelo menos dois fatores ajudam a entender as rupturas entre judeus e samaritanos ao longo da história. A principal motivação que levou Jeroboão I a liderar a população do Israel-norte contra a dinastia real de Davi-Salomão, é de ordem econômica, conforme sugerida pelo escritor bíblico (1Reis 11,26ss). A soberania política do Israel-norte, mais rico e poderoso do que Judá, teve o período áureo da sua história no séc. IX, sob os governos de Amri (885-874), Acab (874-853) e, mais tarde, sob o longo reinado de Jeroboão II (783-743). No entanto, toda a pujança que aparece na superfície político-econômica ocultava também graves contradições sociais mediante a crescente pobreza da população. Os profetas Elias e, mais tarde, Amós e Miqueias, se levantam para denunciar essa situação.

Em segundo lugar, a rápida ascensão de uma elite poderosa, abastada e descomprometida com os mais pobres, revelava comportamentos religiosos hipócritas à revelia das leis mosaicas consignadas no código *deuteronômico* (Dt 12-26). Com efeito, desde o século VIII, o Deuteronômio já circulava na Samaria num formato ainda rudimentar, até ser oficializado e adotado sob o *status* de livro sagrado por Josias em Judá 621 (2Rs 22). A história e formação desse livro foi objeto de estudo mais detalhado em capítulos anteriores. A base programática desse documento descortina questões latentes por onde passam as tensões e a dissidência entre os futuros judeus e samaritanos, povos unidos por vínculos religiosos comuns em suas origens israelitas. Apesar das tensões político-religiosas intermitentes, que os acompanharam durante toda época monárquica, até a destruição da Samaria (721), não foi senão após as reformas de Esdras e Neemias (séc. V-IV a.e.c) que a animosidade entre judeus e samaritanos se agravou, tornando-se pedra de toque na rivalidade entre os dois povos. Antes do exílio, supõe-se que sacerdotes samaritanos mantinham vínculos amistosos com Jerusalém, haja visto que, quando a Samaria foi destruída, muitos deles teriam migrado para Jerusalém onde preservaram seus escritos sagrados. No decurso dessas ondas migratórias um primeiro esboço do Deuteronômio teria chegado ao conhecimento do rei Ezequias (716-687), que se sentiu impelido a promover a primeira etapa da reforma religiosa (2Rs 18), tendo por base o livro, cujo conteúdo mais rudimentar parece delineado em Dt 12-26. Coube ao bisneto Josias assumir publicamente o Deuteronômio como livro sagrado e legitimá-lo como constituição.

Os samaritanos adotaram apenas o Pentateuco como sua Escritura Sagrada. Como o Pentateuco foi concluído apenas por volta do ano 400 a.e.c., os samaritanos se ocuparam em fazer ajustes ou alterações em seus textos, a fim de legitimar o monte Garizin como seu local de culto, cujo santuário passou a ser visto como rival de Jerusalém. Uma alteração geopolítica na região, ocorrida na segunda metade do século II a.e.c, levou o judaíta asmoneu João Hircano I, que governou a Judeia entre 135 e 104, à expansão territorial para o norte. Nessas incursões militares, Hircano não só incorporou a Samaria ao 'império' asmoneu, como aniquilou o santuário samaritano localizado no monte Garizim, acentuando muito o ódio entre judeus e samaritanos (PEETZ, 2022, p. 255-6).

Admite-se o primado da Torá (Pentateuco) na liturgia judaica sob o advento do escriba Esdras. Não obstante seja essa premissa verossímil, é preciso reconhecer que o Pentateuco judeu também se tornou a única Escritura Sagrada para os samaritanos. Segundo a teoria apresentada por José L. Sicre, referindo-se às tensões e hostilidades, que marcaram a relação entre judeus e samaritanos na história,

> durante o séc. V a.e.c, quando os judeus e samaritanos foram dominados pelos persas, Esdras, com o apoio da autoridade imperial, conseguiu impor este conjunto de escritos como livros sagrados. Nele se recolhiam as tradições mais antigas, desde as origens de Moisés. (SICRE, 1994, p. 55)

A discussão está longe de um consenso aceitável ou conclusão final, pois não se sabe ao certo como e quando os samaritanos teriam adotado o Pentateuco. Ademais, teria a interversão persa força suficiente para justificar a aceitação do Pentateuco como patrimônio comum para judeus e samaritanos?

CAPÍTULO X
Judeia sob a dominação grega

10.1 Helenismo e dominação grega

A dominação greco-helenista no Oriente Médio, particularmente na Terra de Israel, pode ser sintetizada em quatro principais etapas cronológicas (PEETZ, 2022, p. 233):
1) Dominação dos ptolomeus (após a morte de Alexandre);
2) Dominação selêucida, quando a Judeia viveu seu momento mais crítico sob Antíoco IV Epífanes;
3) Revolta macabaica;
4) Dinastia hasmoneia

Dado o impacto direto que a dominação grega exerceu no universo social, político e religioso dos judeus, dois momentos merecem atenção especial: a revolta dos macabeus e seus desdobramentos no curso da dinastia hasmoneia. Para isso, recorre-se a 1-2Macabeus, principal fonte bíblica devido ao seu alcance para contextualizar o influxo cultural grego na história judaica do período. Ainda assim, apenas um limitado panorama histórico ajuda a esclarecer o complexo período grego no qual a Judeia se encontra inserida.

Com a morte de Alexandre, o também vasto império unificado sob seu nome perdeu força. Não tendo Alexandre nenhum herdeiro para sucedê-lo, coube a seus generais mais influentes disputarem os espólios. Seus sucessores são conhecidos como Ptolomeus, Selêucidas e Lágidas. Não obstante o império dividido tenha alterado o quadro geopolítico na região, o Oriente Próximo não perdeu a forte influência cultural helenística. No séc. III a.e.c, a província de Judá ficará sob a dominação dos Ptolomeus, que controlam os territórios mais ao sul, especialmente o norte da África, cuja zona de influência mais proeminente era o Egito. A Judeia se manteve sob o raio de influência geográfico-cultural helenista. A Ásia Menor, Síria e Babilônia ficaram sob o domínio dos Selêucidas. No séc. II, porém, os selêucidas começam a exercer hegemonia sob a Judeia, em cujo contexto irrompeu a revolta macabaica. É momento decisivo para a Judéia, que passou a sofrer o domínio dos selêucidas (200 a.e.c até 142 a.e.c). A resistência judaica contra o rei selêucida Antíoco IV Epífanes foi liderada por Judas Macabeu, junto com os irmãos Jônatas e Simão. Esses valentes líderes nacionalistas mobilizaram a população local a lutarem pela independência da Judéia, colocando em curso o Estado judeu fundado sob a dinastia hasmoneia.

A infiltração do helenismo entre os judeus foi gradual, mas permanente e irreversível, desde o final da época persa até a dominação romana, inaugurada com a invasão militar de Jerusalém comandada pelo general Pompeu, em 63 a.e.c., que penetrara a Terra de Israel graças ao contato com comerciantes e militares após o exílio. O período helenista (cultura grega) caracteriza-se por traços culturais idiossincráticos e identitários muito peculiares: língua, modo de conversar e estudar, estilo de viver e se organizar na cidade (polis), gosto pela filosofia, retórica e arquitetura, participação nas novidades que os centros urbanos ofereciam: teatros, aquedutos, jogos, banhos e praças públicos, academias etc. Mesmo avançado no tempo, o texto de At 17,22ss sugere o impacto dessa cultura no regime romano, ao mencionar o Areópago, local a céu aberto, reunião do conselho.

Mas, foi com Antíoco IV Epífanes que o avanço do helenismo teve desdobramentos mais violentos, gerando perseguições e hostilidades aos judeus. Em 169 a.e.c. o general selêucida Antíoco IV invadira Jerusalém, profanando e saqueando o templo sagrado. Como medida mais ofensiva à fé judaica, Antíoco erigiu uma estátua de Zeus no Templo, profanando-o com sua vil atitude. Proibiu, ainda, práticas e costumes das leis judaicas. O período mais agressivo de helenização ocorreu entre os anos 167 e 164, sob violenta repressão. O livro de Daniel foi escrito nesse contexto.[1] Ressalta-se, ainda, o papel desempenhado pelo Egito como principal centro da erudição judaico-helenista fora da Judeia. Com efeito, muitos

---

[1] Cf. Alphonse P. SPILLY, "1 Macabeus", In: Dianne BERGANT, Robert J. KARRIS (org.), *Comentário Bíblico*, São Paulo, Loyola, 1999 – vol. 2, p.367.

judeus envolvidos nesse processo de enculturação imigraram para Alexandria, local próspero, onde puderam desenvolver livremente essa simbiose cultural. Um pouco menos influente em relação à Babilônia, Alexandria se tornara local privilegiado do encontro cultural com o helenismo. Uma colônia judaica, social e econômica muito proeminente, emergira num processo muito semelhante ao que ocorrera na Babilônia, onde as academias eruditas judaicas já haviam lançado sólidas raízes desde o século VI a.e.c, estendendo-se até o sec. V e.c., período do *Talmude*.

A razão principal das perseguições ordenadas por Antíoco é, em princípio, menos de caráter religioso, e mais de caráter estratégico-político que a dominação estava assumindo. Ocorre que para os judeus as interferências políticas colidiam diretamente com suas tradições e valores religiosos, sendo impossível separar uma coisa da outra. Antíoco, no entanto, tinha uma visão universal do helenismo avançada para a época, e que chamaríamos hoje 'ecumênica'. Não estava em seu plano, contudo, atacar frontalmente a religião, perseguir ou hostilizar os judeus de forma gratuita. O objetivo maior era estabelecer a dominação política, mostrando a força religiosa de Zeus aos povos conquistados. Divindade pagã que simbolizava autoridade e poder, Zeus representava a figura do soberano maior incorporado em Antíoco, detentor do poder divino sobre os povos. Por isso, imaginava não haver exagero algum entronizar a estátua de Zeus no templo de Jerusalém, como fizera em outras áreas do império. Aliás, Zeus tinha caráter universal e 'conciliador', sendo uma divindade muito mais eclética e popular do que o Deus judeu, IHWH (LAMADRID, 2015, p. 232). Essa estratégia, como se pode imaginar, não deu certo na Judeia e houve reação.

A morte prematura do jovem Alexandre Magno, hábil mentor da expansão territorial e cultural gregas por todo oriente, havia lançado incertezas no horizonte político sombrio do império que criara. Imbuído de ressentimento, o escritor judeu sintetizou assim a ascensão e morte de Alexandre:

Depois que Alexandre, filho de Filipe, venceu Dario, rei dos persas e dos medos, tornou-se rei em seu lugar [...] E recrutou um exército sobremaneira poderoso, submetendo províncias, nações e soberanos. Depois disso tudo, caiu doente e percebeu que ia morrer. Convocou então seus oficiais, os nobres que tinham com ele convivido desde a mocidade e, estando ainda em vida, repartiu com eles o reino [...] E multiplicaram os males sobre a terra (1Mc 1,1-9).

São incontestáveis os efeitos diretos sofridos pelo influxo cultural grego na vida e organização do povo judeu desde o século III a.e.c. A prova mais notável dessa influência é testemunhada na primeira tradução das Escrituras hebraicas para a língua vernácula grega – a *Septuaginta* – visando a atender às comunidades judaicas da diáspora, que não mais falavam ou compreendiam o hebraico bíblico.

Conforme salientado acima, o domínio dos ptolomeus, que administravam o Egito e as províncias da Síria e Fenícia, no séc. III a.e.c., se estendia à Judeia. Nesse período, surgem acirradas disputas entre ptolomeus e selêucidas que deixaram a Judeia sob fogo-cruzado. Onias II ocupa o cargo de sumo-sacerdote em Jerusalém, representado pela *gerousia*, um "sacerdócio aristocrático, da rica nobreza da província, ligado aos grandes proprietários de terra e dos chefes de clãs" (PEETZ, 2022, p. 240). A propaganda helenística ganhara um forte aliado na figura de Josué, cujo nome fora mudado para Jasão. Irmão de Onias e adepto confesso do helenismo, Jasão começou uma manobra para obter o cargo de sumo-sacerdote (2Mc 4,7ss). Estava em curso um intenso movimento de aproximação dos *tobíadas*, elite poderosa de Jerusalém, que arrastará a Judeia ao processo de helenização. Por se tratar de uma elite ambiciosa, atrasada e obstinada pelo poder econômico, apenas uma minoria judaica lograra prosperidade com a helenização. Com efeito, os interesses socioeconômico-culturais alienantes dessa elite judaica teriam desfecho na crise político-religiosa protagonizada no passado por Judas Macabeu e irmãos.

O enfraquecimento gradual do império ptolomaico, no séc. III, corresponde ao fortalecimento dos governantes selêucidas na região, desde o final do séc. III. A fonte histórica mais eloquente e confiável é Flávio Josefo (30-100 e.c), escritor judeu, que buscou compor a obra mais completa sobre o povo judeu, escrita dois séculos mais tarde em relação aos Macabeus. Sua *Antiguidades Judaicas* foi escrita em grego para leitores intelectuais romanos. Josefo remonta às origens do Israel bíblico, visando a oferecer o quadro mais completo e confiável, possível na época, sobre o povo judeu ao qual ele mesmo pertence. O livro XII, em *Antiguidades Judaicas*, por exemplo, cobre o período compreendido entre a morte de Alexandre Magno até a morte de Judas Macabeu, no começo da era macabaica. Os livros seguinte, XIII e XIV, continuam cronologicamente até o advento da era herodiana, iniciada em 37 a.e.c.

A título de retomada, a intensa incursão do helenismo na Judeia ocorrera sob os governantes Selêucidas, no início do séc. II a.e.c, dentre os quais Antíoco IV Epífanes (175-164 a.e.c) é o adversário mais influente e conhecido em 1-2Macabeus. Nesse contexto, deu-se a acirrada revolta nacionalista na Judeia, liderada por Judas Macabeu. Uma elite judaica, inclinada ao helenismo e detentora de poder, demonstrara disposição em colaborar com o regime judeu ainda em estágio rudimentar. No embrionário desse processo, a helenização promovida pela elite judaica local virou realidade. Parte da população, no entanto, reagiu com violência a essa perigosa aproximação com o helenismo. A intervenção de Antíoco IV, visando a assegurar o avanço da helenização na Judeia, apenas acirrou os ânimos, agravando a crise que levaria os judeus à resistência armada.

O enfraquecimento do poder militar grego causado pela divisão do império ajuda explicar a ascensão e crescimento de movimentos libertários voluntários, bem como o fortalecimento de ondas anti-imperialistas nas colônias. O movimento nacionalista judeu identificado com Judas Macabeu é fruto desse sentimento anti-imperialista. Guardada a natureza literária da obra religiosa, 1Macabeus oferece uma perspectiva mais 'histórica' quando comparada com 2Macabeus. Assim, 1Macabeus busca refazer o curso da guerra empreendida pelos judeus contra as intensas ofensivas militares selêucidas, comandadas por Antíoco IV. As batalhas campais macabaicas tinham como alvo controlar áreas estratégicas na Galileia e na Judeia, sobretudo a cidadela de Jerusalém. Liderando a resistência armada contra o exército inimigo, Judas organizou ataques de guerrilhas formadas de milícias. Seu engajamento resultou em severas baixas a Antíoco. Digna do heroísmo mais extremista, a bem-sucedida estratégia militar empregada por Judas não apenas empoderou o nacionalismo judeu, como também pavimentou caminho para a ascensão do movimento político-teocrático mais proeminente até o momento, com os hasmoneus.

10.2 Ideais nacionalistas restaurados sob os macabeus

Tinha origem um estado judeu com atribuições teocrático-militares. A chamada dinastia hasmoneia teve ascensão com João Hircano I (134-104 a.e.c), de magnitude política ímpar para a época. Filho de Simão e sobrinho de Judas Macabeu, Hircano I mais se assemelha a um general. Sua mente beligerante levou-o a se envolver em campanhas militares, que destruíram o santuário samaritano localizado sobre o monte Garizim (Josefo, *Ant.* XIII,255ss). No fim, governantes hasmoneus, elite praticamente integrada ao helenismo, exerceram domínio político-religioso sem paralelo na Judeia. Inevitavelmente, ambição e disputa pelo poder quase absoluto, secular e religioso, legitimaram a política expansionista geradora de conflitos sangrentos e tensões sociais. Segundo Flávio Josefo, o governo de João Hircano submeteu os habitantes de um vasto território no entorno da Judeia, principalmente Idumeia e região, à conversão em massa ao judaísmo (*Ant.* XIII, 257ss).

O sucessor de Hircano I foi seu filho Aristóbolo I, que ocupou o trono por apenas um ano (104-103). Este foi sucedido por Alexandre Janeu (103-76 a.e.c), em cujo governo transcorreu a sangrenta guerra civil, que dizimou milhares de vidas daqueles considerados por ele seus adversários políticos. Sua morte teria apressado um acordo de paz com os fariseus, principal corrente de oposição aos hasmoneus. Coube à filha e sucessora de Janeu, Salomé Alexandra (76-67 a.e.c), acabar com os conflitos traumáticos e selar um acordo de paz, que projetou a ascensão e o fortalecimento dos fariseus no espectro político-religioso judaico. Com efeito, os fariseus firmariam seguimento laico com o qual a elite teocrática saduceia mediria forças políticas tempo mais tarde no Sinédrio, espécie de suprema corte. Essa situação será retomada mais adiante.

Jônatas, irmão mais velho de Aristóbolo e que adotara o nome de Alexandre Janeu, sucede-o na realeza hasmoneia. Salomé Alexandra, viúva de Aristóbolo, é quem deu suporte a Janeu, libertando-o da prisão para que ocupasse o trono (*Ant* XIII,12,1-2), com quem contrairia novo casamento. Mas, os fariseus, um grupo de judeus até então pouco influente, mas crítico ferrenho dos hasmoneus, começam a ganhar espaço nas decisões graças à simpatia conquistada junto à população. Com efeito, os fariseus constituem um expressivo braço sociorreligioso, cujas origens remontam aos *hassideus* ('judeus piedosos') emergentes na era macabaica. Por conseguinte, dos *hassideus* derivaram grupos judeus, como os essênios, bem como os próprios fariseus. Estes fariam ferrenha oposição à aristocracia judaica saduceia no final do Segundo Templo.[2]

O período macabaico mostra a emergência de forças judaicas antagônicas na sua essência. De um lado, Judas Macabeu e seus irmãos se apresentam como trincheira na resistência contra o avanço do helenismo na Judeia. Para os judeus mais piedosos (*hassidim*) o avanço do paganismo colocava em risco as tradições mosaicas, que garantiam a vida e a identidade judaicas, conforme o temor reportado em 1Mc 1. De outra, uma elite judaica reacionária e poderosa admitia não se opor aos ventos do helenismo na Judeia. Com efeito, a influente elite saduceia, formada majoritariamente de sacerdotes, não via problema em se aliar ao helenismo sob o pretexto de manter a Torá a salvo. Essa mentalidade induziu, pois, o sumo sacerdote Jasão a fazer manobras, propondo reformas no judaísmo, a fim de ajustar as leis mosaicas a ideais gregos (2Mc 4). Reza uma tradição que "os próprios sacerdotes já não se mostravam interessados nas liturgias do altar! Antes, desprezando o Santuário e descuidando-se dos sacrifícios, corriam a tomar parte na iníqua distribuição de óleo no estádio" (2Mc 4,14). Com isso, propunha-se uma aproximação cada vez mais alinhada da população judaica ao estilo de vida e à cultura helenistas (PEETZ, 2022, p. 243). As pretensões helenizantes do sumo sacerdote Jasão alcançaram certo êxito, na medida em que muitos judeus que praticavam esportes no ginásio grego se submeteram à cirurgia para remover a circuncisão, pois essa condição, naturalmente, os deixava constrangidos nas arenas (1Mc 1,15).

A crescente onda de adesão aos costumes pagãos gregos criara clima para uma tempestade perfeita, cujos desdobramentos iriam desaguar na revolta macabaica. A ascensão de Menelau como sumo sacerdote usurpador e, por isso, sem legitimidade dentro da linhagem sacerdotal, sinaliza a grave crise que estava por vir. Portando-se como aliado de Antíoco IV, Menelau advogava disseminar o helenismo na Judeia. Antíoco conta com

---

[2] Cf. *Vademucum para o estudo da Bíblia,* Paulinas, 2000, p. 47-8.

seu precioso suporte, ordenando aos judeus que aceitassem mudanças nas leis religiosas da Torá. Dentre as mudanças mais impactantes, que visavam a promover a helenização, constam: (a) Proibir a circuncisão, o sábado e as festas religiosas; (b) Permitir o sacrifício e o consumo de carne suína no templo; (c) Edificar a estátua de Zeus Olimpo no templo (1Mc 1,41-63). Inconformados com tais medidas ultrajantes, Judas e seus irmãos se levantam em revolta armada contra a dominação selêucida, cujas memórias foram imortalizadas nos livros gregos de 1-2Macabeus.

Em sua origem, a assim chamada resistência macabaica contra a dominação selêucida teve o embrião em Matatias, sacerdote, que teria "deixado Jerusalém para se estabelecer em Modin" (1Mc 2,1ss). Ele e seus cinco filhos partem para a área rural, dando início aos primeiros motins, tanto contra as hordas selêucidas, quanto contra concidadãos judeus, que estavam aderindo às práticas pagãs helênicas. Um relato reitera que *Matatias* "e seus companheiros fizeram incursões pelo país, a fim de restituírem os altares e circuncidarem à força todos os meninos incircuncisos, que encontrassem pelo território de Israel [...]. Conseguiram recuperar a Lei das mãos dos gentios e dos reis" (1Mc 2,45ss).

10.3 A guerra macabaica e a ascensão dos hasmoneus

Conforme já salientado, o maior feito desse período está associado a Judas, personagem que deu origem ao apelido Macabeu, que significa "martelo". Seu ativismo rebelde emerge carregado de forte simbolismo político e religioso. O movimento armado, iniciado na área rural sob a liderança do pai, Matatias, tendia a recrudescer, na medida em que as guerrilhas se espalhavam por toda Judeia. Morto Matatias, Judas e seus irmãos assumem o controle, dando moldura ideológica à heroica revolução popular sob tom nacionalista inequívoco, conforme exigia a ocasião. O ato culminante da revolução ocorre em 164, quando Judas e sectários rebeldes judeus avançaram sobre Jerusalém para tomarem seu controle. Pela primeira vez, em séculos de dominação estrangeira, Jerusalém voltava ao domínio político judeu. Num gesto religioso, sem precedente, o templo fora submetido ao ato de desagravo e o altar purificado em razão das impurezas causadas pela contaminação pagã. As leis da Torá foram reafirmadas e voltaram a vigorar em seus domínios. Para marcar tão grandiosa memória foi celebrada a festa de *Hanuká*, que implicou na "Dedicação do Templo", cuja descrição se encontra em 1Mc 4,36-61 e 2Mc 10,1-8. Reza a tradição que, após a vitória, "Judas e seus irmãos disseram: 'Nossos inimigos estão destroçados. Subamos agora para purificarmos o lugar santo e a celebrarmos a sua dedicação'. Todo o exército se reuniu e subiram ao monte Sião" (1Mc 4,36-37).

Com efeito, o episódio ocorrido em 164 suscitara, naquele momento, um divisor de águas na história político-religiosa de Israel, selando um sentido paradigmático na edificação do judaísmo. Ao recuperar o legítimo direito ao exercício das tradições religiosas, o povo judeu tratava a independência política um atributo indissociável para a plenitude da fé *javista*. Definitivamente, a mobilização político-ideológica da guerra macabaica, que resultou na independência nacional, seria incompreensível se alienada dos nutrientes religiosos submersos nas histórias de Israel e de Judá desde a monarquia davídica. Manifestações sociais e revoltas populares ocorridas na Judeia e na Galileia dos séculos I-II e.c, por exemplo, encontraram no nacionalismo macabaico inspiração ideológica para suas demandas libertárias mais urgentes. O evento nacionalista macabaico, por sua vez, serviu-se da tradição do êxodo como provável fonte inspiradora. Não é demais reiterar, o êxodo converteu-se em poderosa chave de leitura hermenêutica para os movimentos sociais engajados na luta e resistência contra a opressão ao longo da história. Por fim, apesar de a tradição do êxodo ter sido preservada sob contornos literários, uma experiência religiosa, na essência, prevalece que o êxodo foi assumido por Israel e Judá como mito de fundação.

Semelhante à maioria das revoltas inicialmente bem-sucedidas, parece que, passada a euforia da vitória obtida por Judas, as crises tendiam a se acumular na fase seguinte. A dialética entre o 'agora' e as tensões de um 'depois' incerto, nebuloso, é que moldam a tênue linha separando o êxito momentâneo e o fracasso no curso da revolução. A libertação saudosista do passado egípcio, por si só, não responde às demandas do presente, especialmente marcado por contradições e tensões próprias de cada tempo. O espírito religioso, que estimulou os primeiros combatentes judeus a lutarem contra a gentilidade helênica, costuma se perder ao longo do caminho. É o que parece ter ocorrido no final da era macabaica, nos desdobramentos, que levariam à ascensão do estado teocrático dominado pela elite aristocrática dos hasmoneus.

Para traçar a trajetória da ascensão até o auge dos hasmoneus, no ano 142, é necessário retroagir quase três décadas, ou seja, à morte de Judas Macabeu, ocorrida no conflito bélico em 160. Sem o mesmo brilho do irmão Judas, Jônatas manteve o espírito revolucionário vivo, mas evolui para um afastamento do propósito original, que embalou os primeiros rebeldes à marginalidade. Numa manobra política bem-sucedida, Jônatas contrai matrimônio com uma descendente selêucida. Em troca de favores, ele se torna fiel aliado dos antigos inimigos, ao ser promovido a governador da Judeia. E como se o cargo político não lhe bastasse, também foi instituído 'sumo sacerdote' pelo rei Alexandre, conforme recorda 1Mc 10,15ss:

> Encontraremos acaso outro homem igual a este? Vamos, pois, agora fazer dele um amigo e aliado! Escreveu-lhe, então, uma carta: 'O rei Alexandre a seu irmão Jônatas, saudações! Fomos informados a teu respeito, de que és um homem poderoso e valente, e que mereces a nossa amizade. Por isso agora te constituímos, hoje, sumo sacerdote da tua nação (PEETZ, 2022, p. 247-8).

Essa nomeação irregular e incoerente gerou protestos dos judeus mais fiéis piedosos, insatisfeitos por não ser ele um legítimo descendente da linhagem sacerdotal sadoquita. Sua atitude ilustra bem a política do patronato.

Um ligeiro esboço histórico do período macabaico pode ser assim delineado. À primeira vista, os três irmãos, Judas Macabeu, Jônatas e Simão, entraram para a história como heróis nacionais. Lembram de perto antigos líderes tribais dos tempos bíblicos, particularmente os juízes (1200 a.e.c). De Macabeu derivam as ações corajosas lideradas por Judas, que foi sucedido pelos irmãos Jônatas e Simão, os três filhos de Matatias. Judas chefiou os judeus entre os anos 166 e 160 (1Mc 3,1-9,22), período em que o processo de helenização atingiu seu grau mais agressivo na Judeia. Jônatas levantou-se no lugar do irmão morto e comandou os judeus, entre 160 e 143 (1Mc 9,23-12,53). Simão, o terceiro a assumir o destino da nação, entre 143 e 134, sucedeu a Jônatas (1Mc 13,1-16,24). Além de autoridades políticas atuantes na governança da Judeia, os irmãos Jônatas e Simão também exerceram funções religiosas de "sumo sacerdote" e "etnarca", respectivamente. Mas, é com Simão e seus descendentes que o reino asmoneu começa a ganhar forma na história judaica. Sob a liderança de Simão repousa a fundação do primeiro estado judeu religioso, independente, governado pelos hasmoneus. A dinastia real hasmoneia sobreviveu por cerca de um século, de 142 até 37 a.e.c, após se render a Herodes, cuja ascensão ao poder inaugurou a dinastia herodiana.

Por esse tempo, contemporâneo a Jônatas, assassinado em 143, ocorre a mais importante fratura no tecido sociorreligioso judaico após exílio, quando um grupo de sacerdotes abandona Jerusalém, para fundar uma comunidade alternativa de ascetas em pleno deserto de Judá. O grupo era formado por um seguimento de judeus 'piedosos' – *hassidim* –, que adotou um estilo de vida social e religiosa marcada pela extrema rigidez, um puritanismo extremo vivido segundo as leis da Torá. Muito do que sabe sobre esse grupo se deve a duas principais fontes. Primeira, a obra monumental de Flávio Josefo, de onde vem o termo "*Essenoi*", até hoje usado para identificar os essênios; Segunda, os *Manuscritos do Mar Morto*, artefatos encontrados em cavernas próximas à localidade de Qumran, assentamento onde, supostamente, teria vivido um grupo essênio. Estudos acadêmicos têm avançado hipóteses em diversas frentes investigativas, sobretudo arqueológica, sobre se Qumran deve ou não ser identificado com um assentamento religioso essênio. Tendo em vista o escopo temporal, cobrindo o período formativo de Israel com seus desdobramentos até a era macabaica, seria temerário expor aqui uma digressão sobre os essênios, dada a sua complexidade.

Com a morte de Jônatas, seu irmão Simão preside a liderança de forma hereditária. Ele se torna o homem mais poderoso ao exercer cargo tríplice: "Comprazeu-se em exercer o sumo sacerdócio, em ser estratego e etnarca dos judeus e dos sacerdotes, e em presidir a todos" (1Mc 14,47). Em 135 Simão sofre um atentado, sendo assassinado pelo genro. Será seu filho João Hircano quem o sucederá no comando da Judeia entre 134 e 104, fato lembrado nos momentos derradeiros do livro, em 1Mc 16,11ss. Diz-se que "Ptolomeu [...] tinha ouro e prata em grande quantidade, pois era, genro do sumo sacerdote. Exaltando-se, por isso, o seu coração, sentiu-se *à* vontade de apoderar-se do país e começou a tramar perfidamente contra

Simão e seus filhos, com o objetivo de eliminá-los [...]". Ptolomeu ofereceu um grande banquete e preparou homens armados para uma emboscada. E "quando Simão e seus filhos já estavam sob o efeito da bebida, Ptolomeu levantou-se com seus homens, arremessaram-se contra Simão e o matarem: a ele, e aos dois filhos". Mas, não conseguiu eliminar a João Hircano, o responsável pela grande expansão territorial do estado hasmoneu em todas as direções a partir da Judeia (FINKELSTEIN, 2022, p.117-8). Essa expansão, aliás, sugere certo anacronismo em relação a Neemias, na medida em que o livro de Macabeus fornece o pano de fundo para os supostos 'inimigos' judaítas contrários à reconstrução do templo nos dias de Neemias, quase três séculos antes. Não apenas 'samaritanos' (Ne 4,1; 1Mc 3,10), como também amonitas e azotitas (Ne 2,10; 4,1; 1Mc 5,6), o árabe Gosem (Ne 2,19; 6,1), podendo ser ampliado ainda mais. A menção nominal aos supostos 'adversários' de Neemias (Ne 3,33–4,2; 6,1ss) – Sanabalat, Gosem e Tobias, um influente membro da família aristocrática dos *tobíadas* – devem ser identificados com pessoas do período hasmoneu (séc. II a.e.c), inseridas posteriormente, ou seja, quase três séculos mais tarde.[3]

Sob o governante João Hircano, filho do etnarca Simão, teve início um maior empoderamento hasmoneu, cuja influência se prolongará até 64/3 a.e.c, a fronteira histórica que a separa da dominação romana, inaugurada pelo general Pompeu. Nossa linha temporal na história de Israel cobre até esse episódio. De João Hircano em diante os reis hasmoneus já estavam culturalmente comprometidos com o avanço praticamente irreversível do helenismo na Judeia (não é objeto da discussão cobrir o escopo histórico, que se estende até a dominação romana). Sucederam a João no trono Aristóbolo I, Alexandre Janeu e sua esposa Salomé Alexandra. Ao contrário do que era esperado, o período hasmoneu gerou conflitos, violência que explodiu em guerra civil. Tempo em que predomina a instabilidade política, com dissensões sociais e protestos contra os governantes hasmoneus. Flávio Josefo dá por pressuposto o surgimento dos dois principais grupos judaicos organizados na época hasmoneia: *Saduceus*, composta pela elite aristocrática ligada às famílias sacerdotais de Jerusalém. Sempre foram impopulares; *Fariseus*, grupo que passaria a ser apoiado pela população

---

[3] Sobre a identificação dos nomes e sua representação com cada 'povo', ver os detalhes em I. FINKELSTEIN, 2022, p.109 e 119.

judaica majoritária. Os fariseus rejeitavam a legitimidade de Alexandre Janeu, por considerarem incompatíveis as funções de sumo sacerdote e a realeza sob a mesma pessoa. Protestos populares começavam a se espalhar pela Judeia, concorrendo para deflagrar sangrenta guerra civil.

As tensões envolvendo os irmãos João Hircano II e Aristóbolo II, em brigas obsessivas pelo poder, expunha fraturas político-religiosas no ambiente hasmoneu. Já no leito de morte, Alexandre Janeu teria confidenciado à sua esposa e sucessora, Alexandra, a fazer as pazes com seus principais adversários, os fariseus, convertidos em críticos ferozes dos hasmoneus, (que mais tarde formariam a elite aristocrática judaica dos Saduceus) que os perseguiam de morte. Além de conquistarem reputação no meio popular, considerados exímios intérpretes da Torá, os fariseus se transformariam numa espécie de irmandade leiga muito respeitada, cujas lideranças, sábios e escribas, acusavam os hasmoneus de usurparem a função de sumo sacerdote. Não se via legitimidade na função dúbia e antagônica que os hasmoneus desempenhavam: líderes militares e sumo sacerdote ao mesmo tempo (*Ant* XIII,288ss). Até aquela época, os fariseus foram duramente perseguidos e muitos mortos durante o regime opressor do hasmoneu Janeu.[4] Com efeito, relevantes campanhas militares comandadas por João Hircano na Galileia, Samaria e Idumeia haviam obtido sucessivas conquistas religiosas, estratégicas, na medida em que João forçara seus habitantes a submeterem-se ao judaísmo (*Ant.* XIII,257s). Essa, no entanto, é outra história.

10.4 Produção literária e as teologias produzidas durante o helenismo

A progressiva infiltração cultural do helenismo na Judeia não foi um processo pacífico. Pelo contrário, gerou ferozes reações populares que

---

[4] Para uma síntese sobre quem foram os fariseus e os saduceus, segundo Flávio Josefo, ver VV.AA, *Flávio Josefo: uma testemunha do tempo dos apóstolos*, Coleção "Documentos do Mundo da Bíblia – 3, São Paulo, Paulinas, 1986, 2ª Edição, especialmente sobre os "quatro partidos" judaicos, pág. 44-46; Sobre suas relações com a *Escritura*, bem como as diretrizes ideológicas dos principais grupos judaicos na época, ver A. PAUL, *O que é intertestamento*, Coleção Cadernos Bíblicos – 10, Paulinas, 1981, pág. 09-20. Para aprofundar sobre o grupo dos fariseus cf. Philippe HADDAD, *Como Jesus lia a Torá: sair do mal-entendido entre Jesus e os Fariseus*. Coleção Judaísmo e Cristianismo. SP: Fons Sapientiae; CCDEJ, 2022. Marivan. S. RAMOS; Marcio MATOS. *Jesus, o mestre entre os sábios*. Coleção Judaísmo e Cristianismo. SP: Fons Sapientiae; CCDEJ, 2022

explodiriam em guerra civil. A semente do nacionalismo judeu plantada no solo da cultura helenista germinou até se tornar um sólido movimento revolucionário, singular e paradigmático que levou os judeus ao confronto com a cultura grega. O helenismo respingou no judaísmo, fazendo com que muitos judeus reagissem contra o avanço cultural estrangeiro, conforme retratado em 1Mc 1-2.

Os judeus não passariam ilesos, portanto, às incursões culturais gregas, especialmente sentidas na literatura bíblica estigmatizada com caráter de 'escritos religiosos'. As reações em favor do confronto militar hostil à cultura grega não foram unânimes entre os judeus. Segmentos mais elitizados e influentes da pirâmide social, sobretudo o clero, não pareciam dispostos a se indisporem contra a nova força cultural trazida pelo helenismo. Pelo contrário, escritores judeus se mostraram tolerantes e favoráveis à integração, admitindo uma simbiose entre duas culturas diametralmente opostas. *Macabeus* chega a testemunhar, sem constrangimento, um sentimento de abertura ao novo: "Também muitos de Israel comprazeram-se no culto [pagão] deles, sacrificando aos ídolos e profanando o sábado" (1Mc 1,43). Paradoxalmente, desse inevitável encontro cultural nasceram obras excepcionais do pensamento teológico, algumas acolhidas no cânon bíblico hebraico, como Cohélet ou Eclesiastes, outras rejeitadas, como os livros de Jesus ben Sirac ou Eclesiástico, Judite, Tobias e Macabeus.[5] Seja como for, o influxo do helenismo, cultura grega, na vida judaica, direta ou indiretamente, carrega farto testemunho da produção literária judaica. Esse avanço cultural grego havia impregnado os judeus de Alexandria numa extensão tal que a maioria já não dominava mais a língua hebraica. Tal limitação compeliu a classe erudita judaica local a buscar uma solução, que impulsionaria um trabalho redacional complexo muito eficiente, a saber, a tradução da Escritura Hebraica para a língua grega.[6]

---

[5] Não me atrevo a tratar aqui a árida questão do cânon bíblico, sua formação e desdobramentos ocorridos no período do Segundo Templo. Para uma abordagem diacrônica detalhada sobre o cânon hebraico, ver o capítulo "História Literária do Cânon Bíblico", em Julio Trebole BARRERA, *A bíblia judaica e a bíblia cristã. Introdução à história da bíblia*, Petrópolis, Vozes, 1996, p. 175- 237, esp. p. 210-214, que traz um quadro esquemático sobre as principais vertentes sociais e gêneros literários nos textos bíblicos.

[6] A literatura bíblica composta durante o período do Segundo Templo não está dissociada do contexto social dos livros que a compõem. Sobre as influências do helenismo na literatura bíblica e na religião

■ JUDEIA SOB A DOMINAÇÃO GREGA ■

Iniciada no séc. III a.c, essa tradução, mais tarde denominada *Septuaginta*, ou *Bíblia dos Setenta*, encurtou a distância cultural então existente entre as comunidades da diáspora judaica que não dominavam o hebraico. É praticamente impossível discorrer aqui sobre o significado dos avanços, bem como as controvérsias, gerados por esse trabalho erudito sem precedente. No século I a.c, por exemplo, a *Septuaginta* foi determinante para difundir e edificar o cristianismo no mundo ocidental. Esse processo de cristianização no mundo ocidental talvez não fosse possível sem o envolvimento pessoal de Paulo, iminente intelectual judeu originário de Tarso, localizado na atual Turquia. Judeu de formação, Paulo orgulha-se de ter sido discípulo de rabi Gamaliel, um renomado mestre fariseu, que o instruiu nos estudos das Escrituras. Convicto da primazia das Escrituras, o judeu Paulo se tornou profeta chamado por Deus a propagar um novo projeto no meio dos gentios (Gl 1,15-16), extraordinária experiência vivida à luz do caminho para Damasco (Atos 9).

Informações sobre a dominação grega indicam que os reis selêucidas eram propagadores contumazes da cultura grega. Adotaram uma eficiente política de disseminação do helenismo, cuja base englobava padrões culturais poderosos e atraentes: (a) Projeto de urbanização, visando a converter cidades em centros com fortes traços culturais gregos; (b) Arquitetura. Construção de anfiteatros, ginásios (práticas esportivas e centro de educação), templos, locais de cultos religiosos em honra aos deuses do Olimpo e às divindades locais, reuniões, assembleias e conselhos de anciãos etc; (c) Estrutura política de dominação imperial: fundada na propaganda sociocultural-religiosa grega.

No âmbito das práticas e costumes importados, os judeus se sentiam frontalmente agredidos durante as competições esportivas públicas, ocasiões em que os atletas se apresentavam nus. No mundo grego a nudez expressava o belo, a arte, não havendo, pois, motivo de pudor. Esse comportamento, no entanto, despertava reações injuriosas aos judeus, compelindo muitos jovens a renunciarem à circuncisão. Expor as genitálias em público trazia constrangimento a um judeu, porque revelava sua identidade conferida pela circuncisão. Envergonhados, quando se mostravam no giná-

---

judaicas, ver Julio T. BARRERA, ibid, p. 43-50.238-241; Cf. Benedikt OTZEN, *O judaísmo na antiguidade*, S. Paulo, Paulinas, 2003, p. 21-47 ("A história política") e p. 207ss ("A apocalíptica") e D. SCARDELAI, 2008, p. 86-88.

sio, homens se apressavam em se submeter à cirurgia para remover a circuncisão, conforme registra uma nota: "Construíram, então, em Jerusalém, uma praça de esportes ['ginásio'] segundo os costumes das nações, restabeleceram seus prepúcios e renegaram a aliança sagrada" (1Mc 1,14-15).

Dentre as medidas adotadas por Antíoco IV, cujo projeto previa consolidar o avanço progressivo do helenismo na sociedade judaica, em detrimento das leis mosaicas como as "normas dietéticas e o sábado". Tais práticas identitárias judaicas dificultavam o avanço do helenismo na Judeia.

No âmbito literário, os dois livros de 1-2Macabeus não seriam aceitos como sagrados nas Escrituras hebraicas, mas rejeitados, orientado pelo critério da língua original em que foi escrito, ou seja, o grego. Acredita-se que o primeiro livro tenha sido escrito em hebraico, cujo original se perdeu. Por si só, essa razão era suficiente, para que um livro fosse rejeitado na *Tanack*, as Escrituras judaicas. Em tempos tardios, os fariseus, já sob a liderança dos sábios rabis, firmaram *Yabneh* (90 e.c), como local simbólico das assembleias, onde as grandes decisões sobre o futuro do judaísmo seriam tomadas. Em *Yabneh*, começou-se a discutir o cânon das Escrituras, a definir que os escritos aceitos na *Tanack* (*Antigo Testamento* na Bíblia cristã) deveriam ser escritos em hebraico ou aramaico. Mesmo rejeitado na *Tanack*, porém, a obra 1-2Macabeus ocupou lugar especial na cultura judaica. Graças ao evento que deu origem à festa de *Hanuká* (1Mc 4,36ss; 2Mc 10,1-8), a narrativa de cunho lendário enaltece o espírito religioso, fazendo memória ao ato litúrgico de desagravo pela profanação que o templo sofreu por Antíoco IV.

Relatos históricos contidos em 1Macabeus, não obstante ocupem plano secundário, não devem ser menosprezados. O escritor estava particularmente empenhado em compor uma obra literária, mantendo ao fundo os acontecimentos, que definiram os rumos da independência nacional judaica sob a liderança de Judas Macabeu e seus irmãos. Judas e seus dois irmãos, Jônatas e Simão, assunto já tratado acima, ditaram o curso, que levou à ascensão da dinastia asmoneia, que governou a Judeia até a chegada de Herodes Magno, em 37 a.e.c. Por isso, o plano literário que subjaz nessa obra é de grande relevância teológica. Deve-se ao livro de 2Macabeus conter uma robusta densidade teológico-religiosa, em detrimento de um interesse político quase nulo. Estabelece-se o Templo como estaca temática de onde irradiam questões de grande envergadura teológica para os judeus. Destacam-se os sacrifícios, o papel dos sacerdotes no culto como mediadores do sagrado, a santidade das leis (*Torá*), oração e expiação através do martírio. Mas, a maior contribuição nesse livro emerge na esteira da crença na ressurreição dos justos e a intercessão dos santos (LAMADRID, 2015, p. 168s).

O caráter originalmente político-nacional da revolta macabaica estimulou ainda mais a índole religiosa que o povo judeu sempre teve, com desdobramentos surpreendentes no campo religioso. As perseguições ordenadas por Antíoco IV, no início da revolta, suscitaram debates teológicos sobre a crença na vida após a morte daqueles que tombaram em combate para testemunhar a fé obedientes às leis da Torá. Essa atmosfera pagã hostil contra os judeus exigia reformulações urgentes em detrimento da obediência cega às leis mosaicas. Práticas e costumes religiosos consignados na Torá deveriam, enfim, ser cumpridos diante de ameaças reais à vida? Novas respostas começam a ser formuladas com base na ética da Torá. Assim, na ocasião em que combatentes judeus foram violentamente atacados e mortos em dia de sábado, foi tomada a seguinte decisão: "Todo aquele que vier atacar-nos em dia de sábado, nós o afrontaremos abertamente. Assim, não morreremos todos, como morreram nossos irmãos em seus esconderijos" (1Mc 1,41), reação que contrariava a decisão anterior, 1Mc 1,34-38.

Ao assumir primazia na construção identitária judaica religiosa e social após o exílio, a Torá constitui também o principal pilar da literatura sobre o qual repousa a complexa atividade teológico-hermenêutica desenvolvida desde os escribas de Esdras (Ne 8,8). Mesmo sujeita a profundos desacordos teológicos, a atividade de interpretar a Torá nos tempos de Esdras lançará as bases rudimentares da hermenêutica bíblica. No campo doutrinal, por exemplo, o martírio e a ressurreição dos mortos são construções teológicas do Segundo Templo, mas impulsionadas por um núcleo histórico real: As perseguições de Antíoco IV contra o povo judeu.

O martírio. A guerra macabaica forneceu o combustível ideológico que motivou a crença na vida após a morte. Movidos pela firme convicção de que "o Rei do mundo nos fará ressurgir para a vida eterna, a nós que morremos por suas leis" (2Mc 7,9b), muitos judeus fiéis, submetendo-se voluntariamente às cruéis e mortais torturas, prefeririam testemunhar sua fé a negá-la. O relato mais emblemático desse testemunho conta o cruel martírio ao qual sete irmãos foram submetidos, em 2Mc 7. Seu propósito era animar os judeus a perseverarem nos mandamentos da Torá, certo de que Deus restauraria a vida na ressurreição dos justos. Essas memórias foram imortalizadas em 2Macabeus e em Daniel, livros que retratam a mais autêntica teologia do martírio, ao evocar as crueldades a que os judeus foram submetidos no tempo macabaico. Tomadas como obras anônimas, contextualmente paralelas, 2Macabeus e Daniel ressaltam o valor supremo da fé *Javista,* testemunhada na forma mais radical e extrema. Alguns relatos exemplares desse gesto heroico ganham destaque, dentre os quais: Eleazar (2Mc 6,18-31), tortura e morte dos sete irmãos e sua mãe (2Mc 7), os três jovens (Dn 3) e Daniel na cova dos leões (Dn 6).[7]

Foram as perseguições encampadas por Antíoco IV, no contexto macabaico, e que lançaram a semente do martírio judaico em seu sentido mais pleno. Esse fértil terreno político-social fez avançar a crença na vida além-túmulo e a doutrina da ressurreição dos mortos, segundo a qual os justos ressurgirão na outra vida e reviverão para sempre. Que destino teriam esses santos tementes a Deus? E a resposta:

> Agora, aos que estiverem defrontando-se com este livro, gostaria de exortar que não se desconcertem diante de tais calamidades, mas pensem antes que esses castigos não sucederam para a ruína, mas para a correção de nossa gente. De fato, não deixar impunes por longo tempo os que cometem impiedade, mas imediatamente atingi-los com castigos, é sinal de grande benevolência (2Mc 6,12-13).

A palavra grega 'martírio', no entanto, não é de domínio da Bíblia hebraica.

10.5 A ressurreição[8]

Mesmo em estágio ainda rudimentar, uma crença notável ganhará força entre os judeus piedosos décadas mais tarde, a saber, a ressurreição dos mortos. Iluminados pela experiência de crentes justos martirizados, que

---

[7] Para mais detalhes, bem como as características do martírio, ver Antonio LAMADRID, 2015, p. 169.
[8] Cf. o capítulo, Na origem do movimento farisaico: tradição oral e ressurreição, p. 59-108 (Lenhardt, 2020).

não pouparam a própria vida para testemunhar obediência incondicional a Deus e às suas leis, os autores de 2Mc e Daniel passam a convicção de que "nem a morte poderia romper a comunhão de vida entre Deus e seus fiéis" (LAMADRID, 2015, p. 169). Um trecho no livro de 2Macabeus testemunha o sacrifício expiatório por aqueles que morreram:

> E o nobre Judas exortou a multidão a se conservar isenta do pecado, tendo com os próprios olhos visto o que acontecera por causa do pecado dos que haviam tombado. Depois, tendo organizado uma coleta individual, enviou a Jerusalém cerca de duas mil dracmas de prata, a fim de que se oferecesse um sacrifício pelo pecado: agiu assim absolutamente bem e nobremente com o pensamento na ressurreição. De fato, se ele não esperasse que os que haviam sucumbido iriam ressuscitar, seria supérfluo e tolo rezar pelos mortos (2Mc 12,42-44).

A teologia do martírio se completa na teologia da ressurreição. Mas, a ressurreição se aplica apenas aos 'justos', aos 'santos' que testemunharam fidelidade às leis: "O rei do mundo nos fará ressurgir para uma vida eterna, a nós que morremos por suas leis" (2Mc 7,9); "Mas para ti [aqueles que torturavam os irmãos até a morte], ao contrário, não haverá ressurreição para a vida!" (7,15).

Pela primeira vez um livro bíblico torna explícita a convicção na crença de que haverá ressurreição do justo (2Mc 7,11; 14,46). Experiências vividas na era macabaica, preservadas em forma de memórias populares, tornaram férteis o ambiente religioso e social em que o judaísmo seria implantado até se consolidar no final do Segundo Templo, sob a égide dos sábios *rabis*. Contudo, o termo 'judaísmo' só assumiria seu lugar no senso-comum ocidental para identificar os judeus e sua religião após os macabeus. A esse respeito, decorrem algumas ponderações. (a) 'Judaísmo' não constitui um termo encontrado na Bíblia hebraica; (b) 'Judaísmo' é termo vago, não consensual, incapaz de abarcar as nuances históricas, que envolvem o complexo passado judeu-israelita. A concepção de um judaísmo monolítico, tomado como religião organizada em conformidade com ortodoxia definida, deve-se mais a um construto sociológico do ocidente cristão, que não se aplica aos judeus como um todo. O pluralismo é característica sociológica[9] fundamental para compreender a religião bíblica assumida pelos judeus após o exílio, um fenômeno social-religioso variado, pouco convencional e até mesmo antagônico, semelhante ao que se poderia denominar 'judaísmos', no plural; (c) Apenas na era macabaica emerge um conjunto de costumes e práticas sociais e religiosas explicitamente identificadas pela Bíblia grega, como 'judaísmo': "Os fatos referentes a Judas Macabeu e a seus irmãos, a purificação do grandioso Templo e a consagração do altar; as guerras contra Antioco Epífanes e seu filho Eupátor; as aparições vindas do céu e em favor dos que generosamente realizaram façanhas pelo Judaísmo" (2Mc 2,19-21).

Por fim, nunca é demais ressaltar a natureza teológica primária submersa na literatura bíblica de 1-2Macabeus, motivo que suscita revisão sobre o suposto teor histórico aí retratado. Não se descarta o tom propagandístico embutido nesta notável obra literária. Por conseguinte, a julgar o impacto imediato na esfera político-nacionalista judaica, a guerra macabaica evoluiu, para se tornar epicentro ideológico de uma elite política em ascensão, sob os hasmoneus, que usou o discurso religioso para legitimar sua força. A natureza teológica desse discurso fica patente em Macabeus,

---

[9] Dois grandes intérpretes do judaísmo pós-exílio, Max WEBER (1864-1920) e Julius WELLHAUSEN (1844-1918) adotam visão monolítica e pragmática da religião judaica. Pioneiro expoente do pensamento sociológico, WEBER retrata os judeus como "Povo Pária". Efraim SHMUELI, no entanto, contesta os limites desse conceito para compreender o 'judaísmo' em sua complexidade, com sistemas e subsistemas vinculados à cultura. Julga, portanto, um conceito 'inadequado' por não cobrir toda riqueza e dinamismo cultural na história milenar do povo judeu, particularmente após o exílio. É 'inadequado' porque foge ao domínio de religião monolítica e devido ao largo horizonte histórico no qual o judaísmo foi se reformulando e se organizando. Ver suas ponderações, em "'The Pariah-People' and Its 'Charismatic Leadership'. A Revaluation of Weber's Ancient Judaism", *Proceedings of the American Academy of Jewish Researche* 36 (1968): 167-247, pág. 169, apud Renan Springer de FREITAS, "A bíblia hebraica no pensamento sociológico", In: LEWIN, H., coord. *Judaísmo na modernidade: Suas múltiplas interelações* [online]. Rio de Janeiro: Centro Edelstein Pesquisas Sociais, 2009, p. 705-719. ISBN 978-85-7982-016-8. https://books.scielo.org/id/ztpr5/pdf/lewin-9788579820168-57. Consulta realizada em 08/01/2024. Com efeito, as raízes de um 'judaísmo' em estágio embrionário, pós-exílio, foram plantadas na religião primitiva do Israel bíblico, quando este constituía um Estado autônomo e em tensão permanente com Judá. Há que considerar também o período antecedente ao exílio, acompanhado das mudanças decorrentes do processo histórico. A postura anti-judaica de J. WELLHAUSEN, por sua vez, nos é conhecida no verbete "Israel", publicado em *Encyclopedia Britannica*, 9th ed. 1881, Vol. 13, p. 369-431; Cf. também *Prolegomena of the History of the* Israel, Atlanta-Georgia: Scholars Press, 1994, p. 500s. A discussão mais detalhada no campo da sociologia, por extrapolar os limites do presente trabalho, merece tratamento acadêmico à parte.

cujo escritor se mostra convicto na crença de que Deus é a maior garantia da vitória que seu povo impõe sobre os inimigos. Deus constitui a força maior que auxilia o povo a combater os inimigos e a reverter a sorte do mais fraco sobre o mais forte (FINKELSTEIN, 2022, p. 207). Enquanto o exército judeu se prepara para batalha campal, Judas Macabeu assim exalta a força divina concedida ao mais fraco: "É bem mais fácil que muitos venham a cair nas mãos de poucos. Pois não há diferença, para o Céu, em salvar com muitos ou com poucos. A vitória na guerra não depende do tamanho do exército; é do Céu que vem a força" (1Mc 3,18-19ss; 4,10-11;30-33; 7,41).

Conclusão

Embora Israel e Judá bíblicos terem existido lado a lado como duas nações autônomas e rivais até o abalo sísmico causado pelas incursões militares assírias, que selaram a ruína de Israel-norte, em 721, suas tradições e memórias foram preservadas e reunidas a Judá para formar uma grande história. A primeira e talvez mais relevante expressão dessa relação paradoxal seja o Deuteronômio, obra notável, cujo esboço redacional rudimentar foi produzido no reino norte, antes de ser introduzido em Jerusalém, vinda a se tornar programa ideológico que alavancou as reformas de Josias, em 621 (2Rs 22-23). Situado estrategicamente no final da Torá, o Deuteronômio ocupa a primazia do repositório legal da revelação, por cuja lente os escribas lançariam olhar crítico ao passado para edificar o presente. Inspirados no Deuteronômio, escribas judaítas construíram a primeira revisão da história, que deu moldura à obra redacional formada por Josué, Juízes, Samuel e Reis. Se aclamado como primeiro repositório da revelação divina a Israel, o Deuteronômio comporta, sem exagero, o *status* de ser a primeira 'constituição' escrita. Mesmo que o trabalho final mantenha ao fundo viés ideológico e parcial favorável a Judá, suas origens incipientes remontam ao Israel-norte.

Muito se tem discutido nas últimas décadas sobre uma possível matriz legitimadora do Israel bíblico ao longo da história. Seria, pois, o termo "Israel" portador de conceito monolítico suficiente para abarcar fatores e variantes identitários tão complexos, capitaneados nas tradições do povo judeu como o mais legítimo herdeiro das antigas tradições israelitas? Até que ponto o Israel bíblico, sobretudo aquele concebido como Estado independente no séc. IX, sob Jeroboão, passou a ser adotado pelos judeus após o exílio até alcançar plena aceitação e incorporado à sua identidade étnica, política, social e religiosa? Israelitas e judeus são, enfim, sinônimos e referentes ao mesmo povo? A presente obra lança um desafio sobre a constituição do povo bíblico que, em última análise, ultrapassa o próprio escopo originalmente pensado. É comum no meio teológico pressupor que Israel e Judá possam se referir ao mesmo povo, embora se reconheça que, nas origens, ambos não apenas se separaram como constituíram duas nações, tão antagônicas quanto inimigas. Pelo menos enquanto duraram as duas nações até a derrocada final de Judá, sob a destruição de Jerusalém pelos babilônios.

O abismo sociopolítico-nacional, que marcou as duas nações divididas, Israel e Judá entre os séculos X e VII, sofreu um processo de junção bem-sucedido, porque estimulado por tradições religiosas comuns, que uma história linear seria incapaz de preencher. Trata-se da idealização de um *status* integral inexistente ensejado na construção de narrativas do passado patrocinada pelo grupo judeu *Bnei ha-Golá* durante e após o exílio babilônico. Arestas, no entanto, não foram totalmente aparadas. Em que pese Israel-norte tenha se firmado como nação autônoma, após o episódio cismático, que culminou na ruptura com a Casa de Davi/Salomão, em 933, suas tradições sobreviveram mesmo após a queda de Samaria (721). Em pouco mais de dois séculos da sua independência nacional, o Israel-norte é convencionalmente referido pelos escritores bíblicos como "Casa de Israel", cuja intenção era distingui-la de Judá, ou a "Casa de Davi".

Apesar dos notáveis avanços da arqueologia nas últimas décadas, muitas incertezas ainda permanecem no que tange ao processo histórico, que definiu a harmonia entre ambos, Israel e Judá. Carecem estudos exegéticos detalhados sobre o momento dessa inflexão em que Israel se tornou pleno e coletivamente integrado ao quadro identitário do povo judeu. Estudos recentes sustentam, por exemplo, que as mais antigas tradições bíblicas, originadas no reino do norte, não se perderam, porque teriam sido restauradas, adaptadas e incorporadas a Judá por escribas preocupados em compor uma grande história. Dois exemplos ilustram bem essa situação à luz da atividade literária, desenvolvida a partir do séc. VIII: O Êxodo, antiga tradição oral, que já circulava desde longo tempo, só teria sido redigida no séc. VIII, para servir de "mito funda-

■ CONCLUSÃO ■

cional" ao reino de Jeroboão I, antes de ser apropriada por escritores de Judá, que a integraram à sua história (FINKELSTEIN-RÖMER, 2022, p. 126ss). Um pouco mais complexo, as narrativas sobre os dois reinos divididos teriam sido organizadas em Judá sob duas obras ideologicamente distintas: *Deuteronomista*, que busca legitimar a supremacia de Judá sobre Israel, duramente condenado pelo 'crime' de idolatria cometido por todos seus governantes; *Cronista*, obra pós-exílica que, embora ignore os reis israelitas (norte), já parece conformado em integrar Israel em sua identidade. O termo 'Israel' se confunde com a história, desde suas origens patriarcais, tendo sua continuidade na Judá restaurada após o exílio. Os "Filhos de Israel", aqui formados pelos doze filhos de Jacó, já estão incontestavelmente integrados à 'história' como um todo (1Cr 2,1-2; 7). A expressão "Israel", ou "todo Israel", faz parte desse ajuste integrador construído na obra *Cronista* (1Cr 11,1.4; Esd 3,1 etc), assim como "homens do povo de Israel" (Esd 2,2b).

O primeiro documento escrito de forma orgânica é identificado com o *Código Deuteronômico* (Dt 12-26), composto no Israel-norte (séc. VIII). Os primeiros escribas, portanto, são provenientes de Israel-norte. Paradoxalmente, a preservação desse documento se deve aos escribas de Judá quando, durante o governo de Josias (640-609), o adotaram e o transformaram na primeira constituição do Estado sulista. Não é minimamente possível se desvencilhar dessa dupla origem do Deuteronômio, base sobre a qual os escribas judaítas irão erguer o monumental trabalho redacional que constituirá a Torá durante o exílio. Sobre essa plataforma o povo judeu construirá as Escrituras, processo formativo longo e complexo, que atravessará o exílio, bem como se desenvolverá nos séculos subsequentes, sob as dominações persa e grega.

A literatura, conforme verificamos, é um veículo necessário para se preservar a identidade de povo. Passado o período historicamente conturbado, entre as duas nações – Israel e Judá – duas principais chaves de leitura servem para avaliar a identidade de povo construída após o exílio. Aliança e Eleição formam os pilares 'ideológicos' dessa nova consciência, os quais também podem explicar o significado dos livros, que formariam todo o universo literário bíblico durante séculos, seja antes, durante e depois do exílio. Será, pois, a Torá (Pentateuco) que lançará luz sobre as mais diversas áreas da existência identitária do povo Israelita-Judeu, ou seja, o principal núcleo da constituição social-religiosa herdada pelo povo judeu posterior ao exílio.

Podemos ponderar, ainda, os efeitos decisivos da reforma de Josias, bem como do extraordinário trabalho redacional elaborado pela escola *deuteronomista*. É sob sua mediação que emergirá a ideologia de povo 'Eleito', cuja história remete às origens em que Israel e Judá se confundem sob as Doze Tribos, representadas pelos filhos de Jacó, patriarca ligado ao Israel-norte. Sob esse patrocínio é que narrativas e livros proféticos do passado foram recuperados para formar a Escritura. Todo profetismo e demais demandas, inclusive situados antes do Exílio (ciclos de Elias e Eliseu, Natan, Amós, Oseias, Proto-Isaías, Miqueias etc), são vozes realocadas séculos mais tarde na Escritura, visando a atender às demandas de ordem social, jurídica, política e religiosa, fundadas nos dois principais pilares da Torá: Aliança e Eleição. Ambos sustentam todo edifício social e religioso, ético e moral, constitutivo do novo Israel sob o povo judeu.

Incorre-se, pois, em anacronismo histórico converter a religião bíblica em sinônimo linear de judaísmo como se este fosse estruturalmente correspondente àquela, ou vice-versa. A religião bíblica originária não comporta um corpo doutrinário normativo, definido, por envolver um percurso milenar temporal complexo, que transcende à própria história em que Israel emergiu, desde seus primórdios e ajudou a edificar a religião dos judeus, após o exílio sob a primazia da Torá.

Podemos ainda dar devida tônica a uma 'pré-história' como espaço mediado pela oralidade, que antecede o trabalho redacional mais rudimentar iniciado no séc. VIII. Um tempo assaz incipiente atravessará séculos na Bíblia hebraica até o advento do judaísmo como organismo social e religioso sob Esdras e Neemias. Lideranças judaicas *bnei ha-golâ* punham em curso uma nova ordem social na Judá persa alicerçada sobre a Torá. Ainda sem formato definido e carente de ortodoxia consistente, o 'judaísmo' começará a irromper no limiar do grupo fariseu, a se organizar sob seus sucessores diretos, os rabis, na geração dos sábios *tannaim* compiladores

■ Conclusão ■

da *Mishná* (séc. I-II e.c). Desde a era romana, o termo 'judaísmo' tem sido adotado, para se referir ao conjunto de crenças e doutrinas, que deram forma à principal matriz sócio-étnico-religiosa do povo judeu, desde a ascensão dos fariseus liderados pelos sábios rabis. Apesar da identidade com tribo de Judá, o uso corrente de 'judaísmo' no plano semântico pressupõe raízes bem mais profundas, que se estendem ao Israel-norte, reino destruído pelo império assírio no século VIII. Compreendido sob a ortodoxia rabínica, que ganha corpo no fim do Segundo Templo, o judaísmo foi gestado no antigo Israel bíblico, histórico e politicamente uma entidade paradoxal autônoma, quando situado frente ao também Judá bíblico. Mas, essa questão merece um estudo à parte.

Referências

ALVES, Ruben. *O que é religião?* São Paulo: Loyola, 2010.

ANDERSON, Ana; GORGULHO, Gilberto. *Êxodo 1-15: A formação do povo.* 1992,

AVRIL, Anne; LENHARDT, Pierre. *Introdução à leitura judaica da Escritura.* Coleção Judaísmo e Cristianismo. São Paulo: Fons Sapientiae; CCDEJ, 2018.

BAL, Mieke. "The Phenomenon of Violence", In: RICHES, D. (ed.), *The Anthropology of Violence*, Oxford, Blackwell, 1986.

BARRERA, Julio Trebole. *A bíblia judaica e a bíblia cristã. Introdução à história da bíblia*, Petrópolis, Vozes, 1996.

BEREZIN, Rifka. "Projeções da Bíblia na literatura hebraica: o 'Midrasch' moderno", In: *Cultura Oriental e Cultura Ocidental: projeções, Simpósio Internacional*, USP-FFLCH, 1990.

BÍBLIA DE JERUSALÉM. São Paulo: Paulus, 2002.

BÍBLIA PASTORAL. São Paulo: Paulus, 2018.

BÍBLIA TEB. São Paulo: Loyola, 208.

BOCCACCINI, Gabriele. *Além da hipótese essência*, São Paulo, Paulus, 2010.

BRENNER, Athalya, *A mulher israelita. Papel social e modelo literário na narrativa bíblica*, São Paulo, Paulinas, 2001.

BRIGHT, John. *História de Israel*, São Paulo: Paulus, 2003.

BRONNER, Leila L. "Uma abordagem temática de Rute na literatura rabínica", In: Athalya BRENER, org., *Rute a partir de uma leitura de gênero*, Paulinas, 2002.

BROWN, Raymond E. et. al (org.), *Novo Comentário Bíblico São Jerônimo: Antigo Testamento*, Academia Cristã / Paulus, 2015.

CAMPBELL, Antony F.; FLANAGEN, James W. In: *Novo Comentário Bíblico São Jerônimo*.

CHARPENTIER, Etienne. *Para ler o Antigo Testamento. Orientação inicial para entender o Antigo Testamento*, São Paulo, Paulinas, 1986.

CHARPENTIER, Etienne. *Para uma primeira leitura da Bíblia*, São Paulo: Paulus.

CHWARTS, Suzana. *Uma visão da esterilidade na bíblia hebraica, Humanitas*, 2004.

CIVITA, Victor (editor). "Oráculos – Sibilas", Mitologia – Vol. 3, São Paulo, Abril Cultural, 1973.

COLLINS, John J. *A Bíblia justifica a violência.* São Paulo: Paulinas, 2006.

CRB. *A formação do povo de Deus*, São Paulo, Loyola, 1990, Vol – 2.

DONNER, Herbert. *História de Israel e dos povos vizinhos*, Sinodal/Vozes, 1997 Vol. I,

ECHEGARAY, J. González (et al.). *A Bíblia e seu contexto.* Coleção 'Introdução ao Estudo da Bíblia' – vol. 1. São Paulo, Ave-Maria, 2000.

ECHEGARAY, Joaquín González. *O Crescente fértil e a Bíblia.* Petrópolis: Vozes, 1993.

ELIADE, Mircea, História das ideias e das crenças religiosas, Vol. 1, Porto, RÉS-editora, S/D

FINKELSTEIN, I.; RÖMER T. *Às origens da Torá,* Petrópolis: Vozes, 2022.

FINKELSTEIN, Israel. *Realidades hasmoneias subjacentes.* São Paulo: Paulinas, 2022.

FREITAS, Renan Springer de. "A bíblia hebraica no pensamento sociológico", In: LEWIN, H., coord. *Judaísmo na modernidade: Suas múltiplas interelações* [online]. Rio de Janeiro: Centro Edelstein Pesquisas Sociais, 2009.

FREYNE, Sèan. "Bíblia e teologia. Uma tensão não resolvida". Revista CONCILIUM, 279 – 1999/1, p. 28-34.

GOTTWALD, Norman K. *As tribos de Israel.* São Paulo: Paulus, 1986.

GRELOT, Pierre. *Homem, quem és?* São Paulo, Paulinas, 1982.

GRENZER, Matthias. *O projeto do Êxodo,* São Paulo, Paulinas, 2004.

HADDAD, Philippe. *Como Jesus lia a Torá: sair do mal-entendido entre Jesus e os Fariseus.* Coleção Judaísmo e Cristianismo. SP: Fons Sapientiae; CCDEJ, 2022

HESCHEL, Abraham J. *O Schabat. Seu significado para o homem moderno,* S. Paulo, Perspectiva, 2000.

KRAMER, Pedro. *Origem e legislação do Deuteronômio. Programa de uma sociedade sem empobrecidos e excluídos,* São Paulo, Paulinas, 2006.

LA MAISONNEUVE, Dominique de. *Judaísmo simplesmente.* Coleção Judaísmo e Cristianismo. São Paulo: Fons Sapientiae; CCDEJ, 2019

LAMADRID, Antonio Gonzalez. *As tradições históricas de Israel. Introdução* à história do Antigo Testamento. Petrópolis: Vozes, 2015.

LENHARDT, Pierre. À escuta de Israel na Igreja. Tomo 1. Coleção Judaísmo e Cristianismo. SP: Fons Sapientiae; CCDEJ, 2020.

LOWERY, R.H. *Os reis reformadores. Culto e sociedade no Judá do Primeiro Templo,* São Paulo, Paulinas, 2004.

MAZAR, Amihai. *Arqueologia na terra da Bíblia* 2003.

MIRANDA, Manoel; RAMOS, Marivan. *O ciclo das festas bíblicas na tradição judaico-cristãs.* São Paulo: Fons Sapientiae-CCDEJ, 2020.

NEUENFELDT, Elaine Gleici. "Fertilidade e infertilidade na Bíblia: suspeitas a partir da teologia feminista". REVISTA AULAS, n. 4, 2007.

OTZEN, Benedikt. *O judaísmo na antiguidade. A história política e as correntes religiosas de Alexandre Magno até o imperador Adriano.* São Paulo, Paulinas, 2003.

PAUL, A. *O que é intertestamento,* Coleção Cadernos Bíblicos – 10, Paulinas, 1981.

PEETZ, Melanie. *O Israel bíblico,* Paulinas, 2022

PONTIFÍCIA COMISSÃO BÍBLICA, *Interpretação da Bíblia na Igreja.* São Paulo: Paulinas, 1993.

PUERTO, Mercedes N. In: *O Pentateuco,* 1998.

RAMOS, Marivan. S.; MATOS, Marcio. *Jesus, o mestre entre os sábios.* Coleção Judaísmo e Cristianismo. SP: Fons Sapientiae; CCDEJ, 2022.

■ REFERÊNCIAS ■

RECIO, Jesus G., In: Félix G. LÓPEZ (org.), *O pentateuco* [rad. José Afonso Beraldin Silva], São Paulo, Paulinas, 1998, p. 18-19 (Coleção Resenha Bíblica).

RÖMER, Thomas. *A chamada história Deuteronomista. Introdução sociológica, histórica e literária*, Petrópolis, Vozes, 2008.

SASSON, H.H. Ben (ed.). *A History of the Jewish People*, Cambridge-Massachusetts, Harvard University Press, 1976.

SCARDELAI, D. "A luta de Jacó como paradigma de violência: Gn 32,23-33: do simbolismo à realidade", In: *Revista Espaços*, Revista Semestral de Teologia, Instituto São Paulo de Estudos Superiores/ITESP, 2005 – Ano 13/2, p. 117-131 – ISSN 1677-4833.

SCARDELAI, Donizete. *Da religião bíblica ao judaísmo rabínico*, São Paulo: Paulus, 2008.

SCARDELAI, Donizete. *O escriba Esdras e o Judaísmo*. São Paulo: Paulus, 2012.

SCHÜNGEL-STRAUMANN, "Sobre a criação do homem e da mulher em *Gênesis* 1-3: Reconsiderando a história e a recepção do texto", In: Athalya BRENNER, org., *Gênesis a partir de uma leitura de gênero*. Paulinas, 2000

SCHWANTES, Milton. *Breve história de Israel*, São Leopoldo, OIKOS, 2008.

SCHWANTES, Milton. *Projetos de Esperança. Meditações sobre Gênesis 1-11*, S. Paulo, Paulinas, 2002.

SERESKO, Anthony R. *Introdução ao Antigo Testamento numa perspectiva libertadora*, Trad. José Raimundo Vidigal, São Paulo, Paulus, 1996.

SHMUELI, Efraim. The Pariah-People' and Its 'Charismatic Leadership'. A Revaluation of Weber's Ancient Judaism", *Proceedings of the American Academy of Jewish Research* 36 (1968).

SICRE, José L. *Introdução ao Antigo Testamento*. Petrópolis: Vozes, 1995.

SICRE, José L. *Profetismo em Israel: O profeta. Os profetas. A mensagem*, Petrópolis, Vozes, 2022.

SILVA, Airton José da. "A história de Israel na pesquisa atual". In: Jacir de Freitas FARIA (org.). *História de Israel e as pesquisas mais recentes*. Vozes, 2003. p. 43-87

SILVA, Cássio M.D. da. *Metodologia de exegese bíblica*, São Paulo: Paulinas, 2000.

SKA, Jean L., *Introdução à leitura do Pentateuco*, São Paulo: Loyola, 2002.

SMITH, Mark S. *O memorial de Deus. História, memória e a experiência do divino no Antigo Israel*, São Paulo: Paulus, 2006.

SPANIER, K. "A rainha-mãe na corte de Judá: Maaca – um estudo crítico", In: A. BRENNER (org.), *Samuel e Reis a partir de uma leitura de gênero*, São Paulo, Paulinas, 2003

SPILLY, Alphonse P. "1 Macabeus", In: Dianne BERGANT, Robert J. KARRIS (org.), *Comentário Bíblico*, São Paulo, Loyola, 1999 – vol. 2

TILLESSE, Caetano Minette de (org.), *O Deus pelas costas. Teologia Narrativa da Bíblia*. REVISTA BÍBLICA BRASILEIRA, Ano 15 – Número Especial 1-2-3, Fortaleza, Nova Jerusalém, 1998, p. 363.

Vademecum para o Estudo da Bíblia / BÍBLIA – Associação laical de cultura bíblica [trad.: José Afonso Beraldin], São Paulo, Paulinas, 2000.

VALLINA, Francisco J. F. In: Luis Fernando Girón BLANC (org.), *Israel, uma terra em conflito*, São Paulo, Paulinas, 2000.

VILLAC, Sylvia; SCARDELAI, Donizete. *Introdução ao Primeiro Testamento. Deus e Israel constroem a história,* São Paulo, Paulus, 2007.

VIVIANO, Pauline A. In: Dianne BERGANT e Robert J. KARRIS (orgs.), *Comentário Bíblico,* São Paulo, Loyola, 1999, Vol. 1, p. 81.

VV. AA, *Flávio Josefo: uma testemunha do tempo dos apóstolos,* Coleção "Documentos do Mundo da Bíblia – 3, São Paulo: Paulinas, 1986.

WELLHAUSEN, J. *Prolegomena of the History of the* Israel, Atlanta-Georgia: Scholars Press, 1994

WYLER, Bea, In: A. BRENNER (org.), *Ester, Judite e Susana a partir de uma leitura de gênero,* São Paulo, Paulinas, 2003

Publicação

Acesse a loja virtual para adquirir os livros:
https://loja.sion.org.br | www.livrarialoyola.com.br

GROSS, Fernando. *O ciclo de leituras da Torah na Sinagoga*. Prefácio de Elio Passeto. Coleção Judaísmo e Cristianismo, nº 1, segunda edição. São Paulo: Centro Cristão de Estudos Judaicos-CCDEJ-FASI e *Fons Sapientiae*, 2015.

RIBEIRO, Donizete Luiz. *Convidados ao banquete nupcial: Uma leitura de parábolas nos Evangelhos e na Tradição Judaica*. Prefácio do Rabino Uri Lam, CIM. Coleção Judaísmo e Cristianismo, nº 2. São Paulo: Centro Cristão de Estudos Judaicos-CCDEJ-FASI e *Fons Sapientiae*, 2015.

HADDAD, Philippe. *Jesus fala com Israel: Uma leitura judaica de Parábolas de Jesus*. Prefácio do Rabino Ruben Sternschein, C.I.P. Coleção Judaísmo e Cristianismo, nº 3. São Paulo: Centro Cristão de Estudos Judaicos-CCDEJ-FASI e *Fons Sapientiae*, 2015.

RIBEIRO, Donizete Luiz; RAMOS, Marivan Soares (orgs.). 2ª edição, *Jubileu de ouro do diálogo católico-judaico: primeiros frutos e novos desafios*. Prefácio do Cônego José Bizon e do Rabino Michel Schlesinger, Coleção Judaísmo e Cristianismo, nº 4. São Paulo: Centro Cristão de Estudos Judaicos-CCDEJ-FASI e *Fons Sapientiae*, 2019.

HADDAD, Philippe. אבינו – *Pai Nosso. Uma leitura judaica da oração de Jesus*. Prefácio do Padre Fernando Gross. Coleção Judaísmo e Cristianismo, nº 5. São Paulo: Centro Cristão de Estudos Judaicos-CCDEJ-FASI e *Fons Sapientiae*, 2017.

MIRANDA, Manoel. *As relações entre judeus e cristãos a partir do evangelho segundo São João*. Prefácio do Pe. Donizete Luiz Ribeiro. Coleção Judaísmo e Cristianismo, nº 6. São Paulo: Centro Cristão de Estudos Judaicos-CCDEJ-FASI e *Fons Sapientiae*, 2018.

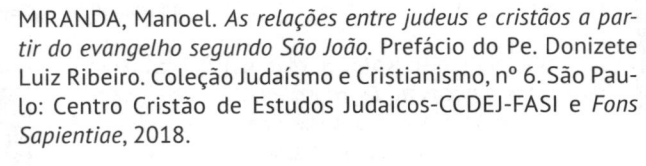

AVRIL, Anne e LENHARDT, Pierre. *Introdução à Leitura Judaica da Escritura*. Coleção Judaísmo e Cristianismo, nº 7. Prefácio do Dr. Pe. Boris A. Nef Ulloa. São Paulo: Centro Cristão de Estudos Judaicos-CCDEJ-FASI e *Fons Sapientiae*, 2018.

LENHARDT, Pierre. *A Unidade da Trindade: À escuta da tradição de Israel na Igreja*. Coleção Judaísmo e Cristianismo, nº 8. Prefácio da Drª Maria Freire. São Paulo: Centro Cristão de Estudos Judaicos-CCDEJ-FASI e *Fons Sapientiae*, 2018.

RAMOS, Marivan Soares. *Por trás das Escrituras: Uma introdução à exegese judaica e cristã*. Prefácio do Pe. Manoel Miranda. Coleção Judaísmo e Cristianismo, nº 9. São Paulo: Centro Cristão de Estudos Judaicos-CCDEJ-FASI e *Fons Sapientiae*, 2019.

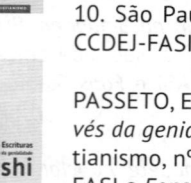

DE LA MAISONNEUVE, Dominique de La. *Judaísmo Simplesmente*. Coleção Judaísmo e Cristianismo, nº 10. São Paulo: Centro Cristão de Estudos Judaicos-CCDEJ-FASI e *Fons Sapientiae*, 2019.

PASSETO, Elio. *As Sagradas Escrituras explicadas através da genialidade de Rashi*. Coleção Judaísmo e Cristianismo, nº 11. São Paulo: Centro Cristão de Estudos Judaicos-CCDEJ-FASI e *Fons Sapientiae*, 2020.

LENHARDT, Pierre. *À escuta de Israel, na Igreja - Tomo I*. Coleção Judaísmo e Cristianismo, nº 12. Prefácios de Donizete Luiz Ribeiro e Dom Maurice Gardès. São Paulo: Centro Cristão de Estudos Judaicos-CCDEJ-FASI e *Fons Sapientiae*, 2020.

FRIZZO, Antonio Carlos. *A Trilogia social: o estrangeiro, o órfão e a viúva no Deuteronômio e sua recepção na Mishná*. Prefácio de João Décio. Coleção Judaísmo e Cristianismo, nº 13. São Paulo: Centro Cristão de Estudos Judaicos-CCDEJ-FASI e *Fons Sapientiae*, 2020.

LENHARDT, Pierre. *À escuta de Israel, na Igreja - Tomo II*. Prefácios dos Pes. Donizete Luiz Ribeiro e Dom Maurice Gardès Coleção Judaísmo e Cristianismo, nº 14. São Paulo: Centro Cristão de Estudos Judaicos-CCDEJ-FASI e *Fons Sapientiae*, 2020.

LENHARDT, Pierre. *Uma vida cristã à escuta de Israel*. Prefácios dos Pes. Donizete Luiz Ribeiro e Jean Massonnet. Coleção Judaísmo e Cristianismo, nº 15. São Paulo: Centro Cristão de Estudos Judaicos-CCDEJ-FASI e *Fons Sapientiae*, 2020.

Miranda, Manoel e RAMOS, Marivan Soares. *O ciclo das festas bíblicas na Escritura e na Tradição judaico-cristãs*. Prefácio da Irmã Anne-Catherine Avril, NDS. Coleção Judaísmo e Cristianismo, nº 16. São Paulo: Centro Cristão de Estudos Judaicos-CCDEJ-FASI e *Fons Sapientiae*, 2020.

HADDAD, Philippe. *Fraternidade ou a Revolução do Perdão: Histórias de fraternidade. Do Gênesis aos ensinamentos de Jesus*. Coleção Judaísmo e Cristianismo, nº 17. São Paulo: Centro Cristão de Estudos Judaicos-CCDEJ-FASI e *Fons Sapientiae*, 2021.

BLOCH, Renée. *Escritura e Tradição: Ensaios sobre o Midrash*. Coleção Judaismo e Cristianismo nº 18. São Paulo: Centro Cristão de Estudos Judaicos-CCDEJ-FASI e Fons Sapientiaie, 2022.

RAMOS, Marivan Soares e MATOS, Marcio. *Jesus, o mestre entre os Sábios*. Coleção Judaismo e Cristianismo nº 19. São Paulo: Centro Cristão de Estudos Judaicos-CCDEJ-FASI e *Fons Sapientiae*, 2022.

HADDAD, Philippe. *Como Jesus lia a Torá: sair do mal-entendido entre Jesus e os fariseus*. Coleção Judaismo e Cristianismo nº 20. São Paulo: Centro Cristão de Estudos Judaicos-CCDEJ-FASI e *Fons Sapientiae*, 2022.

HADDAD, Philippe. *Deus, um homem, uma mulher e uma serpente*. Coleção Judaismo e Cristianismo nº 21. São Paulo: Centro Cristão de Estudos Judaicos-CCDEJ-FASI e *Fons Sapientiae*, 2023.

SUZUKI, Francisca Cirlena Cunha Oliveira. *A justiça de Tamar: estudo exegético de Gênesis 38*. Coleção Judaismo e Cristianismo nº 22. São Paulo: Centro Cristão de Estudos Judaicos-CCDEJ-FASI e *Fons Sapientiae*, 2024.

O papel da fraternidade e da conversão à amizade social, no contexto do cristianismo neste tempo, na expectativa de suscitar uma vivência teológico-cristã autêntica.

v. 5 , n. 1 (2024)

Levando-se em consideração o diálogo entre o texto bíblico Mt 23,8, as reflexões do Papa Francisco na Encíclica Fratelli Tutti e o tema da Campanha da Fraternidade 2024, reconhecendo que somos todos irmãos e irmãs, apresentamos artigos que apontam reflexões e questionamentos sobre o papel da fraternidade e da conversão à amizade social, no contexto do cristianismo neste tempo, na expectativa de suscitar uma vivência teológico-cristã autêntica. A fraternidade tem origem e reconhecimento na paternidade de Deus, que nos torna todos irmãos e irmãs, reunidos em um único Pai. Esta é uma maneira de relação que visa ao bem recíproco de todas as pessoas, sem nada perder de si e sem nada tirar uns dos outros.

Acesse ccdej.org.br: Revista Cadernos de Sion
https://ccdej.org.br/cadernosdesion/index.php/CSION/issue/archive

Este livro foi impresso em papel offset 75g, capa triplex 250g.
Edições Fons Sapientiae
é um selo da Distribuidora Loyola de Livros

Rua Lopes Coutinho, 74 - Belenzinho 03054-010 São Paulo - SP
T 55 11 3322 0100 | editorial@FonsSapientiae.com.br
www.FonsSapientiae.com.br